분열된 자기

분열된 자기

온전한 정신과 광기에 대한 연구

로널드 랭 지음 | 신장근 옮김

문예출판사

The Divided Self: An Existential Study in Sanity and Madness
by R. D. Laing

내 어머니와 아버지에게
이 책을 헌정합니다.

차례

일러두기

- 인명은 학계에서 관례적으로 사용하는 경우를 제외하고는 국립국어원의 외래어표기법을 기준으로 했습니다.
- 옮긴이가 추가한 주는 마지막에 '—옮긴이'라고 밝혔습니다.

초판 서문

《분열된 자기The Divided Self》는 실존주의 심리학과 정신의학 연구 시리즈의 첫 번째 책이다. 이 시리즈의 목적은 정신의학 분야에서 수많은 저자가 남긴 독창적 공헌을 보여주려는 데 있다.

이 책은 조현성 성격장애나 조현병 환자를 연구한 기록이다. 내가 이 책을 쓴 근본 목적은 광기, 즉 미쳐가는 과정을 설명하기 위함이다. 이 목표가 성공했는지 여부는 독자마다 다르게 판단할 것이다. 하지만 나는 이 책에서 내가 말하지도 않은 내용을 근거로 이 책을 판단하지 말아달라고 독자들에게 요청하고 싶다. 특히 이 책은 조현병에 대한 포괄적 이론을 제시하지 않는다. 또한 조현병의 체질적·유기적 측면을 탐색하지도 않는다. 나는 조현병 환자와 나의 관계를 언급하거나 내 치료 기법을 설명하려고 하지 않았다.

이 책을 쓴 두 번째 목적은 평이한 영어로 **실존주의**의 용어를 빌려 광기의 형태 가운데 일부를 설명하려는 것이다. 이 책이 이런 주제에 관해서는 최초일 것이라고 믿는다. 대부분의 독자는 내가, 시작되는 몇몇 장에서 사용한 전문용어가 평범하지 않다고 느꼈을 것이다. 사실 그런 용법을 사용할 때마다 나는 신중하게 생각했다. 그렇게 해야만 한다는 느낌이 강하게 들지 않으면 채택하지 않았다.

이 지점에서 내가 의도하지 않았던 것에 대한 간단한 언급을 하면 오해를 막을 수 있을 것이다. 독자가 실존주의 문학과 현상학적 문학에 정통하다면, 이 연구가 확립된 실존주의 철학을 그대로 적용한 것이 아님을 금방 알아챌 것이다. 예를 들면 나는 이 연구에 키에르케고어Kierkegaard, 야스퍼스Jaspers, 하이데거Heidegger, 사르트르Sartre, 루트비히 빈스방거Ludwig Binswanger, 폴 틸리히Paul Tillich의 저작에서 서로 불일치하는 중요한 논점들을 포함시켰다.

모든 세부 사항에서 일치점과 불일치점을 논의하려 했다면, 당면한 임무에서 벗어날 수는 있었을 것이다. 하지만 그런 논의는 다른 책에나 어울린다. 그렇다고 해도 실존주의 전통에 가장 중요한 개념을 빚졌음을 나는 인정하지 않을 수 없다.

다음에서 언급하는 환자들과 그 부모들에게 감사하고 싶다. 내 언급이 길든 짧든, 모든 사람이 이 책을 출판하는 데 자발적으로 동의했기 때문이다. 이름과 장소 그리고 신원을 확인할 수 있는 모든 세부 사항을 변경했지만, 독자들은 소설을 읽는 것이 아님을 확신할 수 있다.

이 연구의 임상적 근거를 위한 시설을 제공하고, 격려해준 앵거스 맥니븐Angus Macniven 박사와 퍼거슨 로저T. Ferguson Rodger 교수에게도 감사한다.

이 연구들이 근거한 임상 작업은 모두 1956년 전에 완료되었다. 그때는 내가 타비스톡 클리닉Tavistock Clinic에서 의사보조사가 되기 전이었다. 서덜랜드J. D. Sutherland 박사는 내가 마지막 원고를 준비할 때 비서 업무를 자처하며 너그러이 나를 지원해주었다. 1957년 탈고 이후, 많은 사람이 이 책을 읽었고, 나열하기 힘들 정도로 너무나 많은 개인들에게 격려와 유용한 비평을 받았다. 칼 아벤하이머Karl Abenheimer 박사, 미시즈 매리언 밀너Marion Milner, 퍼거슨 로저Ferguson Rodger 교수, 찰스 리크로프트Charles Rycroft 박사, 쇼르슈타인J. Schorstein 박사, 서덜랜드J. D. Sutherland 박사, 위니콧 D. W. Winnicott 박사에게 특히 감사한다. 이분들은 이 책의 원고에 대해 건설적으로 반응해주었다.

R. D. 랭

펠리칸판에 붙이는 서문

한 번에 모든 것을 다 말할 수는 없다. 나는 스물여덟 살에 이 책을 썼다. 우리는 정신병 환자라고 진단받은 사람들을 흔히 생각하는 것보다 훨씬 잘 이해할 수 있다. 이것이 무엇보다도 내가 이 책에서 전하고 싶었던 사실이다. 정신병 환자들을 이해하려면 사회적 배경, 특히 가족 내 권력 상황을 이해할 필요가 있다. 하지만 특정한 유형의 조현병 환자에게 집중하고 이를 잘 묘사하려고 해도 나는 이미 어느 정도 피하고자 했던 함정에 빠져 있음을 느낀다. 나는 여전히 이 책에서 정신병 환자들에 관해 너무 많이 말하고, 우리에 관해서는 너무 적게 말한다.

프로이트S. Freud는 서구 문명이 억압적 문명이라고 주장했다. 순종하라는 요구와 본능적 에너지, 명백하게 말하자면 성적 에너지가 충돌한다. 프로이트는 이러한 반목의 쉬운 해결책을 알 수 없었고, 우리 시대에는 사람들 사이에서 순전하고 자연스러운 사랑의 가능성은 이미 사라졌다고 믿게 되었다.

서구 문명은 '본능'이나 성욕뿐 아니라, 모든 형태의 초월도 억압한다. 일차원적 사람들[1] 중 다른 차원의 강렬한 경험을 한 사람이 있다는 것은 놀랄 일이 아니다. 다른 차원에서 한 경험을 완전히 부인하거나 잊을 수 없었던 그는 결국 타인에 의해 파괴되거나, 자신이 아는 것을 배신하는 위험을 무릅쓸 것이다.

현재 광범위하게 퍼진 광기를 정상, 제정신, 온전한 정신, 자유라고 부른다. 이 광기라는 배경 속에서, 모든 평가 기준 체계는 모호하고 애매해진다.

공산주의자가 되느니 차라리 죽기를 선택하는 사람은 정상이다. 자신이 영혼을 잃었다고 말하는 사람은 미친 것이다. 인간은 기계라고 말하는 사람은 아마도 위대한 과학자일 것이다. 자신이 기계라고 말하는 사람은 정신과 전문용어로 '이인화depersonalize된 것'이다. 검둥이Negro는 열등한 인종이라고 말하는 사람이 널리 존경받을 수도 있다. 자신의 흰 피부가 암의 일종이라고 말하는 사람은 머리가 이상한 것이다.

정신병원에 입원한 열일곱 살 어린 소녀는 내게, 자기 안에 원자폭탄이 있어서 두렵다고 말했다. 그것은 망상으로 치부된다. 하지만 자신이 지구 종말을 불러올 무기를 갖고 있다고 떠벌리고 위협하는 세

---

1   최근(1964년)에 출판된 Herbert Marcuse, *One-Dimensional Man*, Beacon Press, 1964(한국어판:《일차원적 인간 : 선진산업사회의 이데올로기 연구》, 한마음사, 2009)를 보라

계의 정치인들은 훨씬 위험하고, '정신병자'라는 딱지가 붙은 수많은 사람보다 훨씬 '현실'에서 소외되어 있다.

정신의학은 초월과 진정한 자유, 참된 인간 성장의 편에 설 수 있다. 일부 정신과 의사는 실제로 그렇다. 하지만 정신의학은 (되도록이면) 무해한 고문을 통해 세뇌 기법이나 적응된 행동을 유발하는 기법이 되기 쉽다. 그 최상의 장소에서 사람들은 구속복을 없애고, 병실 문을 열어두며, 전두엽 절제술을 대부분 중단한다. 하지만 환자의 **내면에** 정신병원의 철창을 세우고 그 문을 닫는 더 섬세한 전두엽 절제술과 안정제가 이 모든 것을 대신할 수 있다. 따라서 나는 다음과 같이 강조하고 싶은 것이다. 우리의 '정상적'이고 '적응된' 상태는 황홀경의 포기일 때가 너무나 흔하며, 이는 우리의 진정한 잠재력에 대한 배신이다. 또한 우리 중 많은 사람이 가짜 현실에 적응할 거짓 자아를 얻는 데 지나치게 성공한다.

현실을 그대로 두자. 이 책은 늙은 젊은이의 작품이다. 내가 더 늙었다고 해도 나는 지금 여전히 더욱 젊다.

런던
1964년 9월

감사의 말씀

《성도착증의 의미와 내용Meaning and Content of Sexual Perversions》일부를 인용하도록 허락해준 저자 메다드 보스Medard Boss와 그룬 앤 스트래튼 출판사Grune&Stratton에 감사한다. 베일리J. B. Baillie가 번역한 헤겔Hegel의 《정신현상학The Phenomenology of Mind》(*Phänomenologie des Geistes*의 영역)을 인용하게 해준 조지 알렌 앤 언윈 출판사George Allen&Unwin에도 감사한다. 크레펠린E. Kraepelin의 《임상 정신의학 강의Lectures on Clinical Psychiatry》를 인용하도록 허락해준 바이에르 틴달 앤 콕스 출판사Baillière Tindall&Cox에도 감사한다. 《지그문트 프로이트 심리학 저작 전집The Complete Psychological Works of Sigmund Freud》 제18권인 《쾌락의 원리를 넘어서Beyond the Pleasure Principle》를 인용하도록 허락해준 호가드 출판사the Horgath Press와 정신분석연구소the Institute of Psychoanalysis에도 감사한다. 메다드 보스의 《꿈의 해석The Analysis of Dreams》과 장-폴 사르트르의 《상상의 심리학The Psychology of Imagination》을 인용하게 해준 런던의

라이더 앤 코 출판사Rider&Co., London에도 감사한다. 라이오넬 트릴링 Lionel Trilling이 쓴《대립하는 자기The Opposing Self》를 인용하게 해준 마 틴 세커 앤 와버그 출판사Martin Secker&Warburg에 감사한다.

나는 저자로서 해이워드M. L. Hayward 박사와 테일러J. E. Taylor 박 사에게 감사한다. 두 사람은《정신의학 계간지Psychiatric Quaterly》(30, 211~266)에 실린 두 사람의 논문〈조현병 환자 집중 심리 치료의 효과 를 말하다A Schizophrenic Patient Describes the Action of Intensive Psychotherapy〉가 운데 상당히 긴 분량을 이 책에서 인용하도록 친절하게 허락해주었다.

여기서 나는 주관적인 작업을 제시하지만
그 작업은 힘을 다해 객관적인 것을 향해 나아간다.

Je donne une œuvre subjective ici,
œuvre cependant qui tend de toutes ses
forces vers l'objectivité.

– 민코프스키 E. Minkowski

The Divided Self

1부

R.D.Laing

1장

인간과학을 위한
실존현상학적 기초

    '조현성schizoid'이라는 용어는 두 가지 주된 방식으로 경험의 총체가 분열된 개인을 가리킨다.[1] 먼저, 그 개인이 세상과 맺는 관계에 균열이 생긴다. 다음으로, 그 개인이 자신과 맺는 관계의 붕괴가 일어난다. 이런 사람은 자신이 타인들과 '함께'한다고 느끼거나 세상 '속에서 편안하다'고 느낄 수 없다. 이들은 자신이 절망적 고립과 소외에 빠졌다고 느낀다. 게다가 이런 사람은 자신이 온전한 사람이라고 느끼지 못한

---

1   조현성schizoid과 조현병schizophrenic의 의미는 다음과 같이 다르다. 먼저 형용사로 쓸 때, 'schizoid'는 사회관계에서 물러남social withdrawal과 정동flat affect, 情動이 그 특징으로 조현성 성격장애를 가리키는 반면, 'schizophrenic'은 '조현병'이란 뜻이다. 명사로 쓸 때, 'schizoid'는 '조현성 성격장애 환자'를 가리키는 반면, 'schizophrenic'은 '조현병을 겪는 사람', 즉 '조현병 환자'를 가리킨다. —옮긴이

다. 대신 다소 애매하게 몸에 연결된 몸처럼, 또는 둘이나 더 많은 자아가 있는 것처럼 다양한 방식으로 '분열된' 사람이라고 느낀다.

이 책에서 나는 '조현성 성격장애 환자schizoid'나 '조현병 환자schizophrenic'를 실존현상학적으로 설명하고자 한다. 하지만 이러한 설명을 하기 전에, 이 접근법을 공식적 임상 정신의학과 정신병리학에서의 설명과 비교할 필요가 있다.

실존주의적 현상학은 한 사람이 세계와 자신을 어떻게 경험하는지 그 본질을 규정한다. 즉 그 경험의 객관적 대상을 묘사하기보다는 모든 개별 경험을 세상 속에 사는 그 사람의 전존재全存在라는 배경 안에 넣으려는 시도다. 조현병 환자의 실존적 배경을 알지 못한다면, 조현병 환자의 말이나 그의 미친 행동들은 본질적으로 불가해한 일로 남을 것이다. 사람이 미치는 방식을 설명하면서, 나는 세계-내-존재being-in-the-world가 건전한 조현성 성격장애적 존재방식에서 정신병적 존재방식으로 넘어가는 이해할 만한 전환이 있음을 증명하려 한다. 이 책에서는 '**조현성 성격장애**schizoid'나 '**조현병**schizophrenic'이라는 용어가 각각 건전한 상태와 정신병적 상태라는 의미를 유지하겠지만, 나는 이 용어들을 임상 정신의학적 준거 체계 속에서가 아니라, 현상학적이고 실존적인 의미로 사용할 것이다.

나는 임상 초점을 좁혀서 조현성 성격장애가 되거나 조현성 성격장애에서 출발해서 조현병 환자가 되는 여러 방식 중 일부만 다루고자 한다. 하지만 다음 장에서 검토할 사람들이 평생 앓았던 조현성 성격장애나 조현병에 대한 설명은 한 가지 사실을 보여주기 위한 것이다. 즉 오늘날 있는 그대로의 임상 정신의학과 정신병리학의 방법으로는 이 문제들을 파악할 수 없고, 오히려 두 장애의 진정한 인간적 타당성과 의미를 보여줄 실존현상적 방법이 필요하다는 것이다.

이 책에서 나는 되도록이면 직접적으로 환자들에게 특별히 정신의학과 정신분석에 **관해** vis-à-vis 제기된 역사적·이론적·실천적 문제를 최소한으로만 논의했다. 여기서 우리가 직면하는 인간 비극의 특이한 형태는 아무도 충분히 뚜렷하고 확실하게 제시하지 않았던 것이다. 나는 다른 모든 고려 사항에 우선해 이 인간 비극을 철저하게 묘사할 임무가 있다고 느꼈다. 그러기에 나는 이 책의 기본 방향에 대해 짧게 진술하고자 이번 장을 썼다. 가장 비참한 오해를 피하기 위해서다. 이 진술은 두 대상을 향한 것이다. 한편으로는 정신과 의사다. 정신과 의사는 조현성 성격장애나 조현병 '환자case'의 유형에 매우 정통하지만 이 책에서 말한 대로 그 '환자case'를 사람으로 보는 데는 익숙하지 않을 수 있다. 한편, 조현성 성격장애나 조현병에 걸린 사람들에 익숙하거나 공감하지만 그 사람들을 임상 가검물로 대하지 않는 사람들이 있다. 양쪽 모두에게 내 설명이 다소 만족스럽지 않으리란 건 당연하다.

정신과 의사 시절 초기에, 나는 큰 난제를 경험했다. 내가 마음대로 쓰는 정신의학 전문용어 때문에 환자들이 나를 멀리한다면, 내가 어떻게 환자들에게 곧바로 다가갈 수 있을까 하는 문제였다. 정신과 의사가 사용해야만 하는 용어가 특정한 임상적 실체에게 환자의 삶의 의미를 분리하고 제한하기 위해 특별히 고안되었다면, 그 정신과 의

사는 어떻게 그 환자의 건강 상태에서 보편적인 인간적 적절성과 의미를 설명할 수 있을까?

　정신의학과 정신분석에서 쓰는 전문용어에 대한 불만은 사람들 사이에, 특히 그 용어를 주로 사용하는 사람들 사이에 꽤 폭넓게 퍼져 있다. 정신의학과 정신분석의 전문용어가 '진짜 의미하는 것'을 표현하는데 실패했다고 느끼는 사람이 많다. 이 전문용어는 한 사람이 말하는 것과 실제로 생각하는 것이 다를 수 있음을 가정하는 자기기만이다.

　현재 정신의학과 정신분석에서 사용 중인 전문용어를 일부 살펴보는 일로 시작하면 편리할 것이다. 비트겐슈타인L. Wittgenstein이 말했듯이, **생각은 언어다.** 전문용어는 단지 언어 안에 있는 언어다. 이 전문용어를 생각하는 일은 동시에 그 용어가 드러내거나 감추는 현실을 발견하려는 시도다.

　현재 정신과 환자를 표현하려고 쓰는 전문용어를 사람들이 가장 심각하게 반대하는 이유는 그 전문용어가 이 책에서 기술할 실존적 분열과 비슷하게 말로 사람을 나누는 단어로 이루어져 있다는 점 때문이다. 하지만 단일체라는 개념에서 시작하지 않는 한, 그 실존적 분열을 적절하게 설명할 수 없다. 또한 단일체라는 개념은 존재하지 않거나, 현재의 정신의학과 정신분석 언어 체계 안에서는 그런 개념을 표현할 수 없다.

　현행 정신의학과 정신분석에서 쓰는 전문용어들은 타인과 세계에서 소외된 사람, 즉 타인이나 세계와 본질적으로 관련이 없는 존재를 가리키거나, 이 소외된 존재의 그릇되게 실체화된 측면을 가리킨다.

정신과 신체, 마음과 몸, 심리적인 것과 신체적인 것, 성격, 자기, 유기체가 그런 단어들이다. 이 모든 전문용어는 난해하다. 나와 너라는 본래의 결합 대신, 우리는 소외된 한 사람을 선택해서 그 사람의 다양한 측면을 '자아the ego(Ich)', '초자아the superego(Über-Ich)', '원초아the id(Es)'로 개념화한다. 타인은 내적 대상이나 외적 대상 또는 이 둘이 융합된 대상이 된다. 어쨌든 어떻게 하면 한 정신기제와 다른 정신기제의 상호관계라는 말로 **나와 너**의 관계에 대해 적절하게 말할 수 있을까?

전통적인 프로이트 학파의 메타심리학에서만 이 문제에 직면한 것이 아니다. 한 사람에게서 시작하거나, 한 사람이 타인과 맺는 관계에서 추출한 한 사람의 요소에서 시작하는 모든 심리학 이론이라면 똑같이 직면하는 문제다. 사람은 세계 안에서 그리고 세계를 통해서 자신이 될 수 있음을 경험을 통해 안다. 또한 내가 없어도 세계는 지속되겠지만, '나의' 세계는 나와 함께 사라진다고 생각한다. 실존주의 사상가들만이 이 전체성을 적절하게 나타내는 용어를 써서 자신의 독창적 경험을 자신의 세계 속에 사는 타인들과의 관계 속에 조화시키려고 시도했다.

실존주의에서는 구체concretum를 한 사람의 실존, 즉 **세계-내-존재** being-in-the-world로 본다. 우리는 타인과의 관계 속에 있고, 처음부터 세계 '속에' 있는 사람이라는 개념에서 시작해야 한다. 또 사람은 '자신의' 세계가 없이는 존재하지 않으며, 그 사람 없이는 그 세계도 존재하지 않음을 깨달아야 한다. 그렇지 않으면, 사람들은 우리가 분열된 세계-내-존재의 분열된 전체성에 필적하는 분열된 언어와 개념으로 조현성 성격장애 환자나 조현병 환자에 대한 연구를 시작했다고 비난할 것이다. 게다가 다양한 파편들을 재통합하는 두 번째 언어적·개념적 임무는 자신의 분열된 자기와 세계를 다시 합치려는 조현병 환자의 절망적 노력과 일치한다. 요컨대 우리에게는 이미 산산이 깨어진 험티 덤티[2]가 있다. 정신-물리적, 정신-신체적, 정신-생리적, 정신-병리적, 정신-사회적…… 하이픈으로 연결된 어떤 말로도, 어떤 합성어로도 이 깨어진 험티 덤티를 다시 합치지 못한다.

그렇다면 조현성 성격장애 이론의 유래를 살펴봄으로써 조현성 성격장애 환자의 경험을 잘 이해할 수 있을 것이다. 다음에 나오는 절에서 나는 현상학적 방법으로 이 질문에 답할 것이다.

우리는 인간의 **존재**(앞으로 나는 단순히 한 사람의 모든 것을 가리키기 위해 '존재'라는 단어를 사용할 것이다)를 다른 여러 관점에서 볼 수 있다.

그런 다음 한 측면이나 다른 측면을 연구의 주안점으로 삼을 수도 있다. 특히 인간을 사람으로 볼 수도, 사물로 볼 수도 있다. 이제 같은 사물이라도 다른 여러 관점에서 볼 수 있고, 완전히 다르게 묘사할 수 있다. 그 다른 이론들은 완전히 다른 행동들을

---

2 영국 동요에 등장하는 사람 모양 계란으로 담장에 앉아 있다가 떨어져서 산산조각이 난다. ─옮긴이

낳는다. 처음에 한 사물을 어떻게 보느냐가 그 후 그 사물을 다루는 모든 방식을 결정한다. 애매하고 모호한 그림 한 편을 살펴보자.

이 그림을 보면 한 사물이 종이 위에 있다. 꽃병 같기도 하고 서로 바라보는 두 사람의 얼굴 같기도 하다. 종이 위 사물은 두 개가 아니다. **하나의 사물**만이 있다. 하지만 그 사물을 어떻게 생각하는가에 따라 두 개의 다른 물체를 볼 수 있다. 한 물체에서 전체에 대한 부분의 관계는 다른 물체에서의 전체에 대한 부분의 관계와 매우 다르다. 우리가 이전에 보았던 사람들 얼굴 가운데 하나를 그린다면 위에서 아래로, 즉 이마, 코, 윗입술, 입, 턱, 목을 그릴 것이다. 똑같은 선을 그렸어도 보는 데 따라 그 선은 꽃병의 측면이 될 수 있었을 것이다. 하지만 우리는 꽃병의 측면이 아니라 얼굴 윤곽을 그린 것이다.

이제 당신이 내 반대편에 앉아 있다고 하자. 나는 당신을 나와 같은 사람으로 볼 것이다. 당신은 어떤 것도 바꾸거나 다르게 할 필요가 없다. 이제 당신은 하나의 복잡한 물리화학 체계다. 개성이 있지만 화학적 체계인 것이다. 이렇게 보면 더는 사람이 아니라 유기체다. 실존주의 현상학의 언어로 표현하면 다른 대상은 그것이 사람으로 보이느냐, 아니면 유기체로 보이느냐 하는 것과는 상관없이 다른 고의적 행동의 대상일 뿐이다. 그 대상 안에 영원과 몸 같은 두 개의 다른 실체나 개체가 공존한다는 의미에서의 이원론은 없다. 오로지 인간과 유기체라는 두 개의 다른 경험적 형태가 있을 뿐이다.

한 사람이 유기체와 맺는 **관계**는 그 사람이 타인과 맺는 관계와는 다르다. 한 사람을 유기체로 묘사하는 것과 사람으로 묘사하는 것은 다르다. 꽃병의 측면에 대한 묘사와 사람의 옆얼굴에 대한 묘사가 다른 것과 마찬가지다. 이와 비슷하게, 한 사람을 유기체로 보는 이론은 그 사람을 사람으로 보는 어떤 이론과도 거리가 멀다. 사람은 유기체에는 타인에게 하는 것과는 다른 방식으로 행동한다. 인간과학은 같은 사람인 타인과의 관계에서 시작해서 여전히 인간인 타인에 대한 설명까지 나아가는 인간에 대한 연구다.

예를 들어 타인의 말을 듣는다는 것은, (a) 신경 프로세스neural process와 전체 발성기관의 관점에서 언어행동을 연구하는 것 혹은 (b) 그 사람이 말하는 내용을 이해하려고 노력하는 것이다. 후자의 설명에서는 화자의 언어행동이 언어 표현에 **필수불가결한 조건**conditio sine qua non이며, 반드시 계속 진행해야 할 유기적 변화의 연결체라고 설명한다. 이런 설명은 화자가 말하는 내용을 적절하게 이해하는 데 전혀 도움이 되지 않는다. 반대로, 그 개인이 말하는 내용을 이해해도 그의 뇌세포들이 어떻게 산소를 대사하는지를 아는 데는 도움이 되지 않는다. 즉 그 사람이 말하는 내용을 이해한다고 해도 이와 관련된 유기체적 과정을 설명할 수 있는 것은 아니다. 반대 경우도 마찬가지다. 이번에도 여기나 그 어느 곳에도 심신이원론과 관련된 문제는 없다. 이런 경우에, 발언이나 관찰 가능한 인간행동을 개인적으로 그리고 유기체적으로 설명하는 것은 각각 한 사람이 고의적으로 행동한 결과다. 각각의 고의적 행동은 제 갈 길로 이끌고, 그 행동만의 결과를 낳는다.

사람에게는 한 가지 행동을 한 후에 어떤 행동을 할지 전체적 맥락이 존재한다. 사람은 그 맥락 안에서 관점이나 의도적 행동을 선택한다. 연구자는 사람을 유기체로 보느냐, 아니면 사람으로 보느냐에 따라 인간 현실의 다른 측면을 보게 된다. 방법론적으로는 양쪽 관점 모두 가능하다. 하지만 둘을 혼동할 가능성이 있으므로 주의해야 한다.

사람으로서의 타인은 책임감 있고 선택할 수 있는 사람, 즉 스스로 행동하는 주체로 보인다. 하지만 그 타인을 유기체로 보면, 유기체 안에서 이루어지는 모든 일은 원자계, 분자계, 세포계, 체계, 유기체같이 어떤 복잡계의 단계에서도 개념화할 수 있다. 한 행동을 인간의 행동으로 보면, 그 사람의 경험과 의도라는 관점에서 보게 된다. 하지만 같은 행동을 유기체의 행동으로 보면, 특정 근육들의 수축과 이완으로만 볼 수 있다. 즉 순서를 경험하는 것 대신 과정의 순서에 관심을 두는 것이다. 그러므로 유기체로 여겨지는 인간 안에는 욕망이나 두려움, 희망이나 절망 같은 감정을 둘 자리가 없다. 우리가 유기체적 인간을 설명할 때는 세계에 대한 그 사람의 의도가 아니라, 에너지 시스템 안에서 에너지의 양이 최종 단계가 된다.

유기체로 볼 때, 인간은 사물들의 복합체, 즉 **그것들 its**의 복합체다. 궁극적으로 유기체를 이루는 과정은 **그것-과정들** it-processes이다. 사람들이 흔히 착각하는 것이 있다. 한 사람에 대해 자신이 이해한 것을 그것-과정들의 순서나 체계라는 비인격적인 용어로 바꿀 수 있다면, 어느 정도 더 잘 이해하게 될 거라는 생각이다. 이론적으로 정당화할 수 없을 때에도, 우리는 여전히 사람으로서 타인에 대한 우리의 개인적 경험을 그 사람에 대한 객관적 설명으로 바꾸는 경향이 있다. 그 타인을 설명하기 위해 기계의 은유를 사용하든지 생물의 은유를 사용하든지, 우리는 타인에 대한 경험을 어느 정도 객관적 설명으로 바꾸는 것이다. 분명히 말하지만 나는 여기서 기계나 생물의 은유를 사용하거나 사람을 복잡한 기계나 동물로 보는 고의적 행위에 반대하자는 것이 아니다. 사람을 기계로 보거나, 유기적 체계 또는 그것-과정들로 설명하면 인간을 사람으로 보는 이론은 길을 잃는다. 이것이 내 주장이다. 그 역도 옳다(브리얼리Brierley, 1951).

사람들은 사물의 세계를 의인화하거나, 동물의 세계 속에서 인간적 의도를 읽으려 한다. 그것-과정들의 물리과학과 생명과학은 대체로 이런 경향에 대해 승리를 거뒀다. 반면에, 정통 인간과학은 사람에게서 개성을 빼앗거나 사람을 물화시킨다는 이유로 거의 시작조차 못했다. 놀라운 일이다.

다음 장들에서, 우리는 자신이 로봇이나 작은 기계 같은 자동기계라고 느끼거나, 심지어 동물이라고 느끼는 사람들을 구체적으로 다룰 것이다. 이 사람들을 미쳤다고 보는 것은 정당하다. 하지만 왜 사람을 자동기계나 동물로 바꾸려는 이론은 똑같이 미친 생각으로 간주하지 않을까? 자신이나 타인을 사람이라고 느끼는 것은 기본적이고 그것 자체가 옳은 일이다. 이것은 그런 경험이 어떻게 가능한지, 또는 그런 경험을 어떻게 설명할지에 대한 과학적 난제나 철학적 난제보다 앞선 문제다.

왜 우리의 모든 사고 속에는 맥머레이MacMurray가 '생물학적 은유 biological analogy'라고 부른 것의 요소들이 계속 남아 있을까? 사실 이것을 설명하기는 어렵다. 맥머레이는 《주체로서의 자기The Self as Agent》

(1957)에서 "우리는 과학적 심리학의 등장과 동시에 유기체적 사람이 인간적 사람으로 바뀔 것을 기대해야 한다. (…) 그것은 통합의 개념이다"라고 말했다(37쪽). 또한 한 개인을 물체나 유기체가 아닌 사람으로서 경험해야 하며, 그 개인을 **생각**할 수 있어야 한다고도 했다. 그리고 특별히 개인적 통합의 형식을 표현할 방법이 있어야 한다고 주장했다. '개인의 통합을 일관성 있게 생각할 수 있는 논리적 형식을 찾는 것'(ibid.)은 여전히 미래 과제다. 그럼에도 우리는 매우 특별하게 개인적 형식의 이인증depersonalization과 붕괴disintegration를 동시에 설명해야 한다. 이것이 뒷장에서 우리에게 주어질 엄청난 임무다.

물론 지금까지 정신병리학자들은 이인증과 붕괴에 대해 많이 설명했다. 하지만 어떤 정신병리 이론도 한 사람이 왜곡되는 것을 완전히 막을 수는 없다. 그 이론이 전제하는 것들 때문이다. 그 이론의 전제들을 부정해도 결과는 마찬가지다. 반대로, 한 개인이 말하는 내용을 이해한다고 해도 그 사람의 뇌세포들이 산소를 대사하는지는 알 수 없다. 즉 한 개인의 말을 이해하는 것이 이와 연관된 유기체적 과정에 대한 설명을 대신할 수는 없다. 그 역도 참이다. 제대로 된 정신병리학이라면 '정신psyche', 즉 정신기제나 심리 내적 구조를 전제해야 한다. 또 허구적 '사물'이나 체계라는 면에서 생각할 때 부여되는 물화reification가 있든 없든 대상화objectification가 다른 사람들과 함께 행동하는 한 사람으로서 그 타인에 대한 적절한 개념적인 상관물임을 전제해야만 한다.

게다가 정신병리학은 다음과 같은 사항을 가정해야만 한다. 즉 그 이론의 개념적 모델이 기능하는 방식이 유기체가 건강하게 기능하는 방식과 유사해야 하며, 또한 몸이 병들었을 때 유기체가 보이는 기능 방식과도 유사해야 한다. 그런 비교는 불완전한 유추를 내포하지만 정신병리학에서는 환자의 분열 증상, 즉 환자가 매우 개인적 형태의 통합을 성취하지 못하는 것을 어떻게 해도 이해할 수 없다고 본다. 정신병리학의 근본적 접근법 때문이다. 그것은 끓는 물로 얼음을 만들겠다는 것과 마찬가지다. 그런 정신병리학의 실체는 모든 정신병리학자가 피하고 싶어 하며, 명백히 오류로 볼 수 있는 이원론이다. 하지만 일원론에 빠지는 것으로는 이 이원론을 피할 수 없다. 일원론은 한 용어를 다른 용어로 바꾸는 것일 뿐이고, 거짓의 악순환에 대한 또 다른 왜곡일 뿐이다.

한 사람이 자신의 '객관성'을 유지하지 않는다면, 그 사람은 과학적이라고 할 수 없다. 인간 실존을 연구하는 성실한 과학자라면 되도록이면 편향되지 않으려고 노력해야 한다. 물체를 연구하는 물리학과 다른 과학들은 인간과학에 고유한 연구 분야에 충실하면서도 편향되지 않을 권리를 허용해야 한다. 사람들은 편향되지 않으려면 '객관적'이어야 한다고 주장한다. 그것도 우리 연구의 '대상'인 사람의 개성을 빼앗을 정도로 '객관적'이어야 한다고 한다. 하지만 그렇게 주장하려면, 한 사람이 그렇게 하면 과학적일 수 있다는 생각에서 그 일을 하려는 어떤 유혹에도 철저하게 저항해야 한다. 인간에 대한 이론을 만들고자 세운 한 이론에 포함된 이인화는 다른 이론들 속에 있는 조현성 이인화만큼이나 잘못된 것이며, 결국 의도적 행위다. 과학이란 이름으로 행한다 해도, 그런 물화는 그릇된 '지식'을 야기한다. 이것은 사물에 대한 그릇된 의인화만큼이나 형편없는 오류다.

개인적이나 주관적이라는 말로는 타인을 사람으로 보려는 어떤 진정한 행위도 전달하지 못한다(그런 진정한 행위를 전하고자 한다면, '객관적'이란 말로 돌아가야 한다). 이렇게 사람들이 '개인적' 혹은 '주관적'이란 말을 남용하는 것은 유감스러운 일이다. 개인적 혹은 주관적이란 말은 누군가가 타인을 연구하면서 그 사람에 대한 우리의 인식을 왜곡하는 방식으로서, 그 연구 안에 자신의 감정과 태도를 병합함을 의미한다. 평판이 좋은 '객관적' 또는 '과학적'이란 말과는 대조되게도, 우리는 '주관적', '직관적' 또는 가장 나쁜 말인 '영감에 의한'이라는 용어를 사용한다. 예를 들어 한 사람을 주관적이라고 말할 때에는 흔히 '그저'라는 말을 붙인다. 하지만 한 사람을 두고 말하면서 '그저' 객관적이라고 하는 것은 상상조차 할 수 없다. 흥미로운 일이다.

프로이트는 지금까지 존재한 가장 위대한 정신병리학자다. 그는 영웅이었다. '지하 세계'까지 내려갔고, 거기서 완전한 공포와 맞닥뜨린 사람이다. 프로이트가 늘 들고 다닌 이론은 이 공포를 돌로 바꾸는 메두사의 머리였다. 프로이트를 따르는 우리는 프로이트가 가지고 돌아와 전한 지식의 혜택을 받는다. 프로이트는 살아남았다. 프로이트의 이론은 어느 정도 방어의 도구가 된다. 우리는 이제, 우리가 그 이론을 사용하지도 않고도 살아남을 수 있는지 알아내야만 한다.

사람으로서 환자와의 관계, 사물로서 환자와의 관계

실존적 현상학에서 말하는 실존은 한 사람 자신의 실존일 수도 있고 타인의 실존일 수도 있다. 그 타인이 환자라면, 실존적 현상학은 환자가 자신의 세계에서 자신이 되려는 방식을 재건하려는 시도가 된다. 물론 치료적 관계에서는 환자가 자신과 함께 지내는 방식에 초점이 맞춰질 것이다.

환자들은 정신과 의사에게 이런저런 불평을 하는 것으로 자신을 드러낸다. 그 불평은 가장 뚜렷하게 부차적인 고충에 관한 것("나는 비행기에서 뛰어내리는 것을 꺼려요.")부터 가장 흔한 어려움("정말 내가 왜 왔는지 말하지 못하겠어요. 저만 제정신이 아닌가봐요.")에 이를 만큼 다양하다. 하지만 처음에 호소한 불평이 얼마나 주변적이거나, 지엽적인지와는 상관없이, 환자는 의도와 상관없이 치료 현장에 자신의 존재, 즉 세계-내-존재를 끌어들인다. 환자의 존재의 한 측면은 어느 정도 다른 모든 측면과 관련이 있다. 물론 환자가 이 측면들을 표현하는 방식은 결코 명확하지 않다. 무엇이 타인의 '세계'이며, 무엇이 그 세계 안에서 타인이 존재하는 방식인지 표현하는 것은 실존적 현상학의 과제다. 치료 초반, 환자의 존재의 한계나 한도가 이러이러할 것이라는 내 생각은 환자 자신의 생각과 일치하지 않을 수 있다. 또 그 문제에 대한 다른 정신과 의사의 견해와도 다를 수 있다.

예를 들어 나는 어떤 특정한 사람도 일단 시작했으면 끝을 보아야 한다는 식으로 유한하게 여기지 않는다. 그 사람은 태어났고, 죽을 것이다. 그사이에 몸을 갖는데, 그 몸 때문에 이 시간과 이 공간에 정착한다. 나는 이 진술이 모든 개개인에게 다 해당될 수 있다고 믿는다. 내가 타인을 만날 때마다 이 진술들을 다시 확인할 수 있을 것이라고 생각하지 않는다. 사실 이 진술들은 증명할 수도, 반증할 수도 없다.

내가 만난 한 환자는 삶과 죽음 너머까지 존재의 한계에 대한 생각이 확장되어 있었다. 그 환자는 기본적으로 자신이 하나의 시간과 장소에 매이지 않는다고 말했다. '사실'이었다. '상상'으로 하는 말이 아니었다. 나는 그 환자가 정신증 환자라고 생각하지 않았다. 또 그런 일을 좋아하지는 않는다 해도 그 환자가 잘못되었음을 증명할 수도 없었다. 한 사람이 자신의 존재를 어떻게 생각하고 느끼느냐하는 것은 그 사람의 실제 생각이나 느낌과 다를 수 있다. 실제로 이 사실을 아는 것은 매우 중요하다. 이럴 경우, 치료자는 타인을 나의 세계 속에 있는, 다시 말해서 나의 전체 참조 체계 안에 있는 대상으로 보는 대신, 타인의 사물 체계 안에 있는 사람이라는 자신의 위치를 확인할 수 있어야 한다. 치료자는 누가 맞고 누가 틀렸는지를 미리 판단하지 않고 이렇게 다시 방향을 잡을 수 있어야만 한다. 이 능력은 정신증 환자를 치료하기 위한 절대적이고 명백한 선행조건이다.

다른 치료와는 대조되며, 심리 치료에서 매우 중요한 요소인 인간 존재의 측면이 있다. 사람은 각자 동료들과 분리되어 있으면서도 동시에 연결되어 있다는 사실이다. 그 같은 분리와 연결은 서로 불가피한 필요조건들이다. 분리되어 있지만 고립되지 않은 존재들 사이에서만 개인적 연결이 있을 수 있다. 우리는 서로 격리된 사람들도 아니고,

같은 몸의 일부도 아니다. 여기에 역설이 있다. 비극적일 수 있는 역설이다. 그것은 우리가 타인과 연결되어 있음이 우리 존재의 본질적인 한 측면이라는 것이다. 우리가 타인과 분리됨도 마찬가지다. 하지만 어떤 특정한 사람도 우리 존재의 필수 요소는 아니다.

심리 치료는 환자가 타인과 맺는 관계라는 환자의 존재의 측면을 치료적 목적을 위해 활용하는 활동이다. 심리치료사는 그 원칙에 따라 치료한다. 관계성은 잠재적으로 모든 사람들 안에 있기 때문이다. 그렇다면 치료자가 조용한 긴장증 환자와 몇 시간 동안 앉아 있다고 해도, 시간 낭비라고 볼 수 없다. 환자는 스스로 자신의 존재를 인식하지 못한다는 모든 증거를 제공하기 때문이다.

2장

정신증을 이해하기 위한
실존현상학적 기초

현대 정신의학 전문용어에는 더 많은 특징이 있다. 정신의학에서 말하는 정신증이란 사회적으로 혹은 생물학적으로 적응하는 일에 대한 **실패** 또는 특별히 극단적인 **부적응**, 현실과의 접촉 **상실**, 통찰의 **결여**를 말한다. 반 덴 베르크van den Berg(1955)가 말했듯이, 정신증이라는 정신의학 용어는 정말로 '모욕적인 용어'다. 적어도 19세기에 쓰던 의미로는 도덕적이지 않다.

사실 많은 면에서 이 용어는 자유, 선택, 책임의 관점에서 생각하지 않으려는 노력의 결과다. 하지만 정신증이라는 용어는 정신증 환자가 측정할 수 없는 인간됨의 특정한 표준 방식을 암시한다. 사실 나는 이 '모욕적인 용어' 속에 담긴 모든 함의에 반대하지 않는다. 나는 어떤 사람을 정신증 환자라고 부를 때, 우리가 은연중에 내리는 판단에 더욱 솔직해야 한다고 생각한다. 내가 어떤 사람이 정신병자임을 인정할 때, "이 환자는 온전한 정신이 아니며, 자신과 타인에게 위험할 수 있고, 정신병원 안에서 돌봄과 관심이 필요하다"라고 쓴다 해도 기만이 아니다. 하지만 동시에 나는 다른 사람들이 제정신이라고 여기지만 그 정신이 매우 건강하지 않으며, 자신과 타인에게 앞의 사람들과 똑같이, 혹은 더 위험할 수 있는 사람들이 있음을 안다. 사회는 그들을 정신병자로도, 정신병원에 입원해야 할 사람으로도 여기지 않는다.

망상에 빠졌다는 소리를 듣는 사람이 있다고 하자. 이 사람은 자신이 내게 사실을 말한다는 망상에 빠졌을 수 있다. 모호하거나 은유적인 의미에서 그러하다는 것이 아니라 정말로 내게 사실을 말한다고 생각하는 것이다. 조현병 환자의 손상된 마음에는 빛이 **들어올 수** 있다. 그 빛은 건전한 사람들의 온전한 마음속에는 들어가지 못한다. 마음이 닫혀 있기 때문이다. 야스퍼스는 에스겔Ezekiel[3]이 조현병 환자였다고 본다.

여기서 나는 정신과 의사로서 내가 겪는 특정한 개인적 어려움을 털어놓고자 한다. 이 책 많은 부분에 이러한 어려움이 깔려 있다. 만성적 조현병 환자들의 경우를 제외하면, 내가 면담한 사람들에게서 정신증의 '징후와 증상들'을 찾기가 정말 어렵다. 이것이 내가 겪는 어려움이다. 한때 나는 이렇게 징후와 증상을 찾지 못하는 것이 내 잘못이

---

3 구약성경에 나오는 예언자. ─옮긴이

라고 생각했다. 내가 환각이나 망상을 파악할 만큼 충분히 똑똑하지는 않다고 생각한 것이다. 정신증 환자에 대한 나의 경험과 표준 교재들에 나오는 정신증에 대한 설명을 비교했다면, 그 교재의 저자들이 이 병을 묘사한 방식은 정신증 환자들이 내게 행동한 방식과 다르다는 사실을 발견할 수 있을 것이다. 그 저자들이 맞고 내가 틀렸을 수도 있다. 그때 나는 그들이 틀렸다고 생각했다. 하지만 이런 생각은 지지받지 못한다. 다음에 나오는 내용은 사실에 대한 진술이다.

정신의학 표준 교과서에는 정신과 의사를 포함한 행동과학 분야에서 일하는 사람들의 행동에 대한 묘사가 나온다. 정신증 환자의 행동은 어느 정도 같은 행동과학 분야에 있는 정신과 의사가 하는 행동의 함수다. 또 표준적인 정신과 환자는 표준적인 정신과 의사와 표준적인 정신병원의 함수다. 블로일러E. Bleuler는 "결국 조현병 환자들이 내 정원에 있는 새들보다 더 낯설다"라고 말했다. 풍부한 비유로 구성된 이 핵심 문구는 조현병 환자에 대한 블로일러의 모든 훌륭한 설명의 의미를 명확하게 한다.

잘 알려져 있듯이, 블로일러는 정신과 의사가 아닌 사람이 임상 사례를 다룰 때처럼 존중과 예의, 배려와 과학적 호기심으로 환자를 대했다. 하지만 여기서 환자는 의학적 의미에서 병든 사람이다. 또 의사가 하는 일도 질병의 증상을 관찰함으로써 환자의 상태를 진단하는 문제다. 많은 정신과 의사는 블로일러의 접근 방법이 자명하게 이치에 맞는다고 생각한다. 그래서 내가 말하고자 하는 것을 이해하기 힘들 것이다. 물론 현재는 다른 많은 학파가 존재한다. 하지만 블로일러의 접근 방법은 아직도 영국에서 가장 널리 퍼진 이론이다. 분명히 의료에 종사하지 않는 사람들은 이 이론을 당연하게 받아들인다.

나는 이 책에서 줄곧 정신증 환자에 대해서 말한다(즉 여러분이나 내가 아니라, 대부분의 사람이 생각하는 정신증 환자에 대해서 말할 것이다). 정신과 의사들은 모순된 관점과 전망, 방식에 대해 입에 발린 말을 한다. 그러면서도 여전히 그 이론에 매달린다. 그래도 블로일러의 이론에는 타당하고 가치 있는 내용이 많이 들어 있다. **믿을 만한** 내용도 많이 있다. 이런 종류의 임상 전문가적 태도만 있으면 다 되는 것이 아니고, 어떤 상황에서는 잘못 적용될 수 있다는 관점을 누구나 매우 면밀하게 검토할 권리가 있다. 환자가 행동으로 자신을 드러낸다고 느낀다는 증거를 알아차리기만 어려운 것은 아니다. 환자가 불안하면 평소보다 혈압이 올라가고, 맥박도 평소보다 더 빨리 뛸 것이다. 훌륭한 의사라면 이런 사실을 고려할 것이다. 문제의 핵심은 이것이다. 정신과 의사가 환자의 '마음'을 진찰하거나, 유기체로서 온전한 그 환자를 진찰할 때, 의사는 환자에 대한 자신의 개인적 감정에는 관심이 없다. 그 감정이 어떤지는 상관이 없으며, 고려하지 않는다. 의사는 어느 정도 표준적인 전문가의 태도와 방식을 유지한다.

다음 글과 최근 영국에서 출간된 정신의학 교과서의 비슷한 태도를 비교하면, 크레펠린 이후 전통적인 임상 정신의학적 태도는 대체로 변하지 않았음을 알 수 있다.

이 글은 크레펠린이 자신의 수업을 듣던 학생들에게 긴장성 흥분

증의 징후를 보이는 환자에 관해 설명한 내용이다.[4]

오늘 여러분에게 소개할 환자가 있습니다. 이 환자는 들것에 실려 방에 들어와야 합니다. 다리를 벌린 채 발 바깥쪽으로 걷기 때문입니다. 방에 들어오자마자 환자는 슬리퍼를 벗어던지고, 크게 찬송가를 부릅니다. 그리고 두 번 (영어로) "내 아버지, 내 진짜 아버지!"라고 외칩니다. 환자는 열여덟 살이고, 상급실업학교(모던스쿨 고학년) 학생입니다. 키가 크고 몸이 다부지지만, 안색이 창백하고, 매우 자주 잠깐씩 홍조를 띱니다. 환자는 눈을 감고 앉아서는 주변에 아무런 관심도 보이지 않았습니다. 말을 할 때도 고개를 들지 않고, 처음에는 저음으로 시작해서 대답하다가, 점점 더 크게 소리를 지릅니다. 환자에게 지금 있는 곳이 어디냐고 묻자 "그것도 알고 싶어? 지금 누가 평가받고 있는지, 누가 평가를 받을지 말해주지. 나는 다 알고, 말해줄 수도 있지만 그러고 싶진 않아. 말해줄래?"라고 대답합니다. 환자에게 이름을 묻자 소리를 지릅니다. "이름이 뭐야? 그 사람이 무엇을 닫았지? 눈을 감았지. 그 사람이 어떤 소리를 듣지? 그 사람은 이해 못 해. 이해 못 해. 어떻게? 누가? 어디서? 언제? 무슨 뜻이지? 그 사람에게 나를 보라고 말하지만 제대로 보지 못합니다. 거기 너, 좀

4　여기서 크레펠린의 수업 내용은 이 책의 저자 랭이, 정신과 의사가 조현병 환자에게 보인 부적절한 언어행동의 대표적 예로 든 것이다. 랭은 크레펠린이 소개한 이 환자의 말이 환자와 정신과 의사인 크레펠린이 나눈 대화의 패러다임을 암시한다. 환자는 재치 있게 크레펠린의 치료 방법에 저항하는 것이다. 결국 크레펠린은 환자에게서 아무런 유용한 정보도 얻지 못했다. —옮긴이

봐! 뭐지? 뭐가 문제야? 잘 들어. 그 사람은 듣지 않습니다. 나는 묻습니다. 이봐, 그게 뭐야? 왜 아무 대답도 안 하지? 다시 무례해진 건가? 어쩌면 그렇게 무례할 수 있지? 내가 갈게. 내가 알려줄게! 넌 날 위해 몸을 팔지 않는구나. 넌 똑똑하지도 않은 게 분명해. 경솔하고 형편없는 사람이야. 지금까지 내가 만나 본 적이 없는 매우 경솔하고 형편없는 사람이지. 그 환자가 다시 시작하는 거냐고? 아무것도 이해하지 못하는군. 아무것도. 전혀 아무것도 그 사람은 이해하지 못했어. 이제 네가 알아듣는다고 해도, 그 환자가 알아듣지 못할 거야. 넌 여전히 점점 더 무례해지는 건가? 훨씬 더 무례해지는 거야?" 결국 그는 매우 모호한 소리로 꾸짖습니다.

여기서 크레펠린은 다른 것보다도 이 환자의 접근 불능에 대해 지적한다.

환자는 분명하게 모든 문제를 이해했지만, **우리에게 단 하나의 유용한 정보도 주지 않았다. 이 환자의 말은 단절된 문장의 연속일 뿐 일반적인 상황과는 아무 연관도 없었다**(1905, 79~80쪽, 강조는 랭이 표시한 것).

그 환자는 분명히 긴장성 흥분증의 '징후들'을 나타낸다. 하지만 이 환자의 행동을 어떻게 해석하느냐의 문제는 우리가 환자와 어떤 관계를 맺느냐에 달려 있다. 크레펠린의 환자는 50년의 시간을 넘어 우리에게 되살아나고, 책장을 뚫고 나와 우리 앞에 있는 듯하다. 크레펠린의 생생한 묘사 덕이다. 이 환자는 무엇을 하는 것처럼 보이는가? 분명히 환자는 자신이 흉내 낸 크레펠린과 자신의 반항적 자아 사이에서 계속 대화를 진행한다.

"그것도 알고 싶어? 지금 누가 평가받고 있는지, 누가 평가를 받을지 말해주지. 나는 다 알고, 말해줄 수도 있지만, 그러고 싶진 않아."

아주 평범한 대화처럼 보인다. 아마도 환자는 학생들의 강의실 앞에서 진행되는 이런 질문 형식에 심하게 분노했을 것이다. 환자는 이 질문이 자신에게 심한 고통을 주는 것이 분명한 사항들과 어떤 관계가 있는지 알지 못했을 것이다. 하지만 하나의 '질병'의 더 많은 '징후들'이 없다면 이 사항들은 크레펠린에게 '유용한 정보'가 되지 못할 것이다.

크레펠린은 환자에게 이름을 묻는다. 환자는 과장되게 감정을 터뜨리며 대답한다. 자신이 느낀 감정은 크레펠린이 그를 대할 때 보인 암시적 태도임을 말하는 것이다.

"이름이 뭐야? 그 사람이 무엇을 닫았지? 눈을 감았지. (…) 왜 아무 대답도 안 하지? 다시 무례해진 건가? 어쩌면 그렇게 무례할 수 있지? 넌 날 위해 몸을 팔지 않는구나."

환자는 크레펠린이 몸을 파는 것(심리 치료에 대한 상징적 표현)을 반대한다고 느꼈다. 크레펠린은 그 강의실의 모든 학생 앞에서 몸을 팔 준비가 되어 있지 않았기 때문이다.[5] 그렇게 무례하고, 파렴치하며, 한

---

5   크레펠린은 이 환자를 보는 행위를 매춘에 비유하고 있다. ―옮긴이

심하고, 게으른 친구는 만나 본 적이 없다.

이제 그 환자의 행동을 적어도 두 가지 방식으로 볼 수 있음이 분명해졌다. 화분이나 얼굴을 보는 방식과도 비슷하다. 우리는 이 환자의 행동을 한 '질병'의 '징후들'로도 볼 수 있고, 자신의 존재에 대한 표현으로도 볼 수 있다. 실존현상학적 해석은 타인이 느끼고 행동하는 방식에 대한 추론이다. 크레펠린에 대해 이 소년 환자는 무엇을 경험했을까? 이 환자는 괴로워하며 절망하는 듯 보인다. 이러한 방식을 통해 환자는 무엇에 '관해' 말하고 행동하는가? 타인이 자신을 측정하고 평가하는 데 반대하는 것이다. 환자는 자신의 이야기에 귀 기울여주길 바라는 것이다.

환자와의 관계적 기능으로서의 해석

한 임상 정신과 의사가 다른 사람보다 더 '과학적'이거나 '객관적'이길 바란다면, 자기 앞에 있는 환자의 '객관적으로' 관찰 가능한 행동에만 자신을 국한하자고 제안할 것이다. 이에 대한 답은 그럴 수 없다는 것이다. '질병'의 '징후들'을 본다는 것이 중립적으로 본다는 것은 아니다. 또한 미소를 입 주위 근육의 수축으로 보는 것도 중립적이지는 않다(메를로 퐁티Merleau-Ponty, 1953). 우리는 그 환자와 관계 속에 들어가자마자 그 사람을 이런저런 방식으로 보면서 '그 사람의' 행동에 대한 우리의 설명이나 해석을 내놓을 수밖에 없다. 환자 측에서의 상호 관계가 없는 부정적인 경우에도 마찬가지다. 그런 경우 우리는 우리가 말을 걸어도 **아무도 반응해주지 않는다**고 느낀다. 이는 우리 문제의 핵심과 매우 가깝다.

여기서 우리가 직면한 난제들은 상형문자 해설자가 직면한 난제나 프로이트가 좋아한 그리기 비유와 어느 정도 유사하다. 우리가 직면한 난제들이 오히려 더 어려운 문제라고 할 수 있다. 상형문자나 그 밖의 고대 문헌을 해석하거나 해독하는 이론은 훨씬 더 많이 추진되어 있다. 또한 지난 세기에 딜타이Dilthey는 정신병에서 마치 '상형문자 같은' 말과 행동에 대한 해석이론보다 더 분명하게 고대 문헌의 해석이론을 밝혔다. 우리의 문제를 딜타이[6]가 해석한 역사학자의 문제와 비교한다면, 우선 우리의 지위를 밝히는 편이 유익할 것이다. 양쪽 경우 모두 가장 중요한 임무는 해석이다.

고대 문서는 구조와 양식, 언어적 특성, 특징적인 어휘의 특이성 같은 면에서 양식비평의 대상이 될 수 있다. 임상 정신의학은 환자의 말과 행동에 대해 유사한 형식비평을 시도한다. 이 형식주의는 그것이 역사적인 것이든, 임상적인 것이든 매우 분명하게 한계 안에 제한된다. 이 형식비평 외에도, 그 텍스트가 발생한 사회역사적 조건과의 연관을 알면 텍스트의 의미를 명백히 밝힐 수 있다. 마찬가지로 우리는 항상 환자의 단발적인 임상적 '징후'가 그 개인의 생애사에서 차지하

---

6 다음 페이지에 나오는 딜타이 인용문의 직접적 출처는 불트만의 《해석학의 문제The Problem of Hermeneutics》'다(*Essays*, 1955, 234~261쪽).

는 위치를 이해하는 데까지 우리의 형식 분석과 정적 분석을 확장하기를 원한다. 여기에는 역동적·유전적 가설을 도입하는 것이 포함된다. 하지만 우리가 흔히 동정이라고 부르는 것 또는 더 집중적으로 공감이라는 것을 잘 이용하면, 고대 문헌이나 환자들에 대한 역사적 정보는 **그 자체로**per se 우리가 그것들을 더 잘 이해하는 데 도움이 될 것이다.

그러므로 딜타이가 "**저자와 해설자의 관계**를 텍스트 이해의 가능성을 위한 상황 요인conditioning factor이라고 **규정했을 때**, 사실 딜타이는 이해를 그 토대로 삼는 모든 해석의 전제를 토로한 것이다(위에서 언급한 불트만Bultmann의 책《해석학의 문제》중에서).

우리는 이해를 순수한 지적 과정으로 설명하지만(딜타이는 이렇게 썼다), 이해하기 위해서는 정신의 모든 능력이 협력해야 한다. 이해하는 과정에서 우리는 주어진 것, 즉 살아 있는 전체를 연결하는 것에서 시작한다. 이를 기초로 과거를 이해할 수 있게 만들기 위해서다.

이제 타인에 대한 우리의 관점을 좌우하는 것은 자신의 모든 힘을 다해서 그 사람을 이해하려는 의지가 된다. 또한 우리는 그 타인을 이해할 **가능성**을 우리 자신에게 열어두어야 한다. 그런 방식으로 그 타인에게 적응해야 한다. 우리는 한 개인의 모든 측면을 관찰할 수 있다. 그 측면들은 그 개인이 지닌 세계-내-존재의 방식을 표현한다. 그런 측면을 이해하려면, 그 개인의 행동을 그 사람이 우리와 함께 처한 상황을 경험하는 방식과 연관시킬 수 있어야 한다. 마찬가지로 우리는 그의 현재에 의해 그의 과거를 이해해야 한다. 반대로 했을 때는 결코 그 개인을 이해할 수 없다. 그의 행동을 보다 보면 그가 우리와 함께 처한 어떤 상황이 존재한다는 것을 부인하는 게 분명할 때가 있다. 또 그 개인이 우리를 존재하지 않는 사람 취급하거나, 존재한다고 해도 자신의 기대나 불안의 견지에서만 존재하는 것처럼 취급한다고 느낄 때가 있다. 이런 부정적인 경우에도 그 사람의 현재에 의해 그의 과거를 이해해야 한다. 그 개인의 행동에 틀에 박힌 방식으로 이미 정해진 의미를 붙여서 될 문제가 아니다.

우리가 그 개인의 행동을 한 '질병'의 '징후들'로 본다면, 우리는 그 사람이 우리를 대할 것으로 여겨지는 방식과 비슷한 방식으로 자신의 사고 범주를 이미 그 환자에게 강요하는 것이다. 우리가 그 사람의 현재는 바꾸지 못할 '과거'의 기계적인 결과라고 '설명'할 수 있다고 생각한다면, 우리도 자신의 사고 범주를 그 사람에게 강요할 것이다.

어떤 의사가 그런 태도로 환자를 대한다면, 환자가 우리에게 전달하고자 하는 내용을 이해하기가 매우 어려워진다. 어떤 사람의 말을 경청하는 경우를 다시 한 번 생각해보자. 내가 여러분 맞은편에 앉아서 여러분에게 이야기를 한다면 여러분은 (1) 내가 하는 말에 포함된 비정상적 내용을 평가하든지, (2) 나의 뇌 세포들이 어떻게 산소 대사를 할지 여러분이 상상하는 방식으로 내가 하는 말을 설명하려고 하거나, (3) 과거사나 사회경제적 배경이라는 관점에서 내가 지금 이런 이야기를 해야 할 이유를 밝히려 할 것이다. 이 질문들에 대해 여러분이 어떤 답변을 내놓거나 내놓지 못한다고 해도, 그 답변 자체로 여러분이 내가 표현하려는 내용을 쉽게 이해하지는 못할 것이다.

우리는 조울정신병manic-depressive psychosis 또는 조현병의 유전적·가족적 발생에서 발견된 사실을 철저하게 알 수 있다. 또 분열형 '자기 왜곡'과 조현병의 자기 결함, 게다가 사고, 기억, 인식의 다양한 '장애'까지 인식할 능력을 갖출 수도 있다. 사실 이 모든 것은 한 사람의 조현병 환자도 이해하지 못하면서, 조현병 또는 질병으로서 조현병의 정신병리학에 관해 알 수 있는 모든 것을 알고자 하는 것이다. 이런 정보는 모두 조현병 환자를 이해하지 **못하는** 방법이다. 한 환자를 보고 그의 말을 듣는 것, ('질병'으로서) 조현병의 '징후들'을 보는 것, 그리고 단지 인간으로서 환자를 보고 그의 말을 듣는 것은 앞에 나온 모호한 그림을 보면서 처음에는 화분을, 그런 다음에는 사람의 얼굴을 보는 것과는 철저하게 다른 방식으로 보고 듣는 것이다.

물론 딜타이가 말했듯이, 텍스트 해설자에게는 한 가지 권리가 있다. 시간이 경과해도, 또 자신과 고대의 저자가 세계관에 있어서 큰 차이가 있다 해도, 자신과 원작자가 살아온 경험의 배경이 완전히 다른 것은 아니라고 추측할 권리다. 해설자는 이 세계 속에서 타인과 마찬가지로 시간과 장소 안에 영원한 대상으로 자신과 같은 타인과 함께 존재한다. **그 정신증 환자에게는 이 전제를 사용할 수 없다.** 이런 점에서 볼 때, 우리가 지금 여기서 함께하는 정신증 환자를 이해하는 것은 몇천 년 전에 죽은 상형문자 작가를 이해하는 것보다 더 어려울 수 있다. 하지만 그 차이가 본질적 차이는 아니다. 해리 스택 설리번Harry Stack Sullivan이 말했듯이, 정신증 환자는 그 무엇보다 '그저 사람'일 뿐이다. 정신과 의사와 정신증 환자란 인물들은 해설자와 작가라는 인물들에 못지않게 서로 대립하지 않는다. 서로 충돌되거나 비교되지 않는 두 개의 외적 사실들과 마찬가지다. 해설자와 마찬가지로, 치료사는 또 하나의 낯설고 이질적 세계관 속으로 들어갈 수 있는 유연성을 갖추어야만 한다. 이렇게 해서 치료사는 온전한 정신을 버리지 않고도, 자신의 정신증적 가능성에 접근한다. 이렇게 해서만 치료자는 환자의 **실존적 입장**을 이해할 수 있다.

내가 말하는 '이해'는 순전히 지적인 과정을 의미하지는 않는다. 나는 이것이 명확하다고 생각한다. 어떤 사람은 이해를 위해 사랑을 말할 것이다. 하지만 지금까지 이보다 더 많이 팔렸던 단어는 어떤 것도 없었다. 조현병 환자가 자신과 자신을 포함한 세계를 어떻게 경험하는지 아는 능력은 그 자체만으로 충분하지는 않아도 꼭 필요하다. 그 환자를 이해하지 못한다면, 효과적인 방법으로 그 환자를 '사랑'하기는 매우 어렵다. 성경은 우리에게 이웃을 사랑하라고 명한다. 하지만 사람은 이 특별한 이웃이 누구인지를 모르면, 스스로 그를 사랑할 수 없다. 사람은 그 특별한 이웃의 추상적 인간성을 사랑할 수만 있다.

사람은 '조현병 증상들'의 집합체를 사랑하지 않는다. 감기에 걸리듯이 조현병에 걸린 사람은 없다. 그 환자가 조현병에 '걸린' 것이 아니다. 그 환자는 정신분열적이다. 조현병은 훼손되지 않은 채로 알려져야 하며, 환자는 그것이 가능함을 알게 될 것이다. 치료자가 느끼는 사랑은 치료자가 느끼는 미움과 가장 많이 연관되어 있다. 우리가 조현병을 보는 관점에 따라, 우리가 환자와 그 환자의 행동을 보는 관점이 매우 크게 달라진다. 조현병에 대한 많은 교과서적 '증상들'은 병원마다 다르고, 주로 양육의 상관적 요소처럼 보인다. 어떤 정신과 의사들은 다른 정신과 의사들에 비해 조현병의 특정 '증상들'을 덜 알아차린다.[7]

그러므로 나는 프리다 프롬 라이히만Frieda Fromm Reichmann의 다음과 같은 말은 불쾌하지만 옳은 이야기라고 생각한다.

> (…) 원칙적으로 조현병 환자와 실행 가능한 의사-환자 관계를 맺을 수 있다. 이제 정신과 의사들은 이 점을 당연하게 여긴다. 이러한 관계 형성이 가능하지 않다면, 그것은 의사의 개인적 문제 때문이지, 환자의 정신병리 때문이 아니다(1952, 91쪽).

물론 크레펠린의 긴장성 흥분증에 걸린 청년 환자가 그랬듯이, 환자 개인은 자신이 누구인지에 대한 환상을 통해 자신에 대해 부분적으로만 반응하고 느낀다. 환자가 자신에 대해 행동하는 방식은 아마 환자도 충분히 인식하지 못할(이 점에 대해서는 환자가 의식하지 못한다) 이런저런 종류의 환상을 암시한다. 정신과 의사는 환자가 이 점을 알

---

7 현재 방대한 문헌들이 이러한 관점을 지지한다. 그 예로, 1995년《란셋The Lancet》지 6월호에 실린 논문〈정신병원 안에서In the Mental Hospital〉를 보라.

게 하려고 노력한다. 이것은 환자가 자신이 행동하는 방식을 이해하기 위한 필수적 가정이다.

건전한 두 사람이 함께 있을 때, 사람들은 B라는 사람이 스스로 어떤 사람이라고 생각하면, A라는 사람도 B라는 사람을 대략 그렇게 인식하리라 기대할 것이다. 그 반대도 마찬가지다. 내가 나 자신을 정의하면, 타인들도 내가 내린 정의에 대체로 동의하리라 기대한다. 동시에 사람들은 내가 위선적으로 행동하지도, 거짓말도 하지 않으면서, 고의로 타인을 흉내 내지 않는다고 생각할 것이다.[8]

하지만 건전한 두 사람의 관계라고 해도 갈등이나 실수, 오해를 일으킬 다양한 여지가 있다. 한 사람이 스스로 보는 자신(자기를 위한 존재)과 타인의 눈에 비친 그 사람(타인을 위한 존재) 사이에 이런저런 괴리가 있기 때문이다. 반대로 '나에게 그 사람은 누구이고 무엇인가', '그 사람 자신에게 그는 누구이고 무엇인가' 사이의 괴리가 있기 때문이다. 마지막으로 한 사람이 자신에 대한 심상과 태도, 의도라고 상상하는 내용과 실제로 그 사람이 자신에 대해 갖는 심상과 태도, 의도에는 괴리가 있기 때문이다.

즉 건전한 두 사람이 만나면, 두 사람은 서로 상대방이 누구인지 인식한다. 이런 상호 인식 과정은 다음과 같은 기본 요소들을 포함한다.

---

8 거짓말 탐지기 조사를 받은 환자에 관한 이야기가 있다. "당신은 나폴레옹입니까?"라는 질문을 받자 환자는 "아니요"라고 대답했다. 그러자 거짓말 탐지기는 그 환자가 거짓말을 한다고 기록했다.

(a) 나는 타인을 그 사람이 생각하는 그 사람으로 인식한다.

(b) 그 사람은 나를 내가 생각하는 나로 인식한다.

모든 사람에게는 저마다 자신만의 자율적 정체감이 있고, 자신이 누구이며 어떤 사람인지에 대한 정의가 있다. 여러분은 나를 인식할 수 있을 것이다. 즉 당신이 나라고 생각하는 그 사람과 내가 스스로 생각하는 내 정체성은 대체로 일치할 것이다. 나는 이것을 당연하다고 생각한다. 그냥 '대체로'라고 말하자. 분명히 상당한 불일치가 있을 여지가 존재하기 때문이다.

하지만 이런 불일치를 일치로 만들려는 노력이 실패한 후에도 충분히 극단적 불일치가 존재한다면, 우리 가운데 한 사람이 분명하게 미쳤다는 것 외에는 다른 대안이 없다. 예를 들어 다음과 같은 경우라면, 나는 어렵지 않게 그 사람을 정신증 환자라고 생각할 것이다.

그 남자는 자신이 나폴레옹이라고 **말하지만** 나는 그 남자가 나폴레옹이 아니라고 말한다.

또는 그 남자가 나를 두고 나폴레옹이라고 **말하지만** 나는 내가 나폴레옹이 아니라고 말한다.

또는 그 남자가 나를 두고 자신을 유혹한다고 **말하지만** 나는 내가 실제로 그 남자에게 그런 생각이 내 의도라고 추측할 빌미를 주지 않왔다고 생각한다.

또는 자기가 나를 죽일까 봐 내가 두려워한다고 그 남자가 **생각하지만** 나는 이것이 두렵지 않고, 그 사람에게 내가 그렇다고 생각할 아무런 빌미도 주지 않았다.

그러므로 나는 **한 사람이 건전한 정신 상태라는 데 이의가 없는 경우라면, 건전한 정신이나 정신증의 여부를 두 사람 사이의 연대나 분열의 정도로 평가할 것을** 제안한다.

한 환자와 나 사이에 일어나는 일치의 결여, 즉 불일치, 충돌은 그 환자가 정신증 환자인지 아닌지를 판단하게 해줄 중요한 시금석이 된다.

'정신증 환자'란 우리가 특정한 종류의 분열적 관계에 있는 타인에게 붙이는 이름이다. 우리가 타인의 소변을 검사하고, 뇌의 전기적 활동에 대한 그래프에서 이상한 부분을 찾는 것은 오로지 이 대인관계에서의 분열 때문이다.

건전한 사람과 정신증 환자 사이의 장애물이나 괴리의 본질이 무엇인지 이 시점에서 조금 더 엄밀하게 조사할 만하다.

예를 들어 한 남자가 우리에게 자신이 '가상 인물'이라고 말했다고 하자. 그것이 거짓말이나 농담이 아니고, 또 모호하게 얼버무려 말하는 것도 아니라면, 사람들은 분명히 그 사람을 망상에 빠진 사람으로 여길 것이다. 하지만 실존주의적 관점에서 본다면 이 망상이 무엇을 의미할까? 사실 그 남자는 농담하거나 가장한 것이 아니다. 그와는 반대로, 그는 자신이 몇 년 동안 실재 인물인 것처럼 가장했지만 더는 속일 수 없다는 사실을 계속해서 말하는 것이다.

그 남자는 평생 자신을 드러내고 싶은 욕구와 자신을 감추고 싶은 욕구 사이에서 갈팡질팡해왔다. 이 문제는 모든 사람의 문제이기도 하다. 또한 우리는 모두 어느 정도 만족스러운 해결책을 발견했다. 우리에게는 비밀이 있고, 그것을 고백할 필요가 있다. 우리는 어린 시절, 어른들이 처음에 어떻게 우리를 간파하고 들여다볼 수 있었는지 기억한다. 또한 우리가 두려움과 떨림 속에서 처음으로 거짓말을 하고, 어떤 면에서 사람은 치료할 수 없을 정도로 외롭다는 것을 스스로 발견한 사실이 얼마나 큰 성취였는지 기억한다. 또한 우리 자신의 영역 안에는 우리의 발자국만 있을 수 있음을 안다.

하지만 어떤 사람들은 이런 위치에서 결코 자신을 충분히 실현하지 못한다. 진정한 사적 비밀은 진정한 관계의 기초가 된다. 하지만 우리가 '조현성 성격장애 환자'라고 부르는 사람은 자신이 우리보다 더 많이 노출되었다고 느낀다. 즉 우리보다 더 타인에게 취약하며, 동시에 더 많이 소외되었다고 느낀다. 게다가 조현병 환자는 자신이 유리로 만들어졌다고 말할 수도 있다. 즉 타인이 한번 보기만 해도 자신은 산산조각이 나며, 환히 들여다보일 정도로 투명하고 깨어지기 쉽게 만들어졌다는 것이다. 우리는 그 사람이 경험한 것을 명확하게 추측할 수 있다.

그 비현실적인 사람이 자기 은폐에 능한 것은 이 예민한 취약성 때문일 것이다. 그는 기쁘면 울고, 슬프면 웃으라고 배웠다. 호감을 느끼면 눈살을 찌푸리고, 불쾌하면 박수를 쳤다. 그는 '당신이 보는 모든 것은 내가 아니다'라고 마음속으로 생각했다. 하지만 우리가 볼 수 있는 이 모든 것 안에서만, 또한 모든 것을 통해서만 그는 (현실에서) 누군가가 될 수 있다. 이런 행동들이 그 사람의 진정한 자기가 아니라면 그는 비현실적이다. 즉 완전히 상징적이고 모호하며, 순전히 허상이고, 잠재적인, 가상 속 인물이다. '실제로' 아무것도 아닌 '신화적' 인물인 것이다. 따라서 그 사람이 한번 자신이 아닌 사람 흉내 내기를 멈춘다면, 자신이 되려고 했던 사람에게서 물러난다면, 그는 사람이 아닌 그리스도나 유령으로 나타날 것이다. 몸 없이 존재하기에, 그는 아무도 아니다.

그 비현실적인 사람은 자신의 '실존적 입장'에 대한 '진실'을 따라 산다. '실존적으로' 진실한 것을 '실제로' 진실한 것으로 여기며 사는 것이다.

분명히, 사람들은 대부분 문법이나 자연 세계와 관련된 것만 '정말로' 진실하다고 여긴다. 한 사람은 자신이 죽었지만 **살아 있다고** 말한다. 하지만 그 사람의 '진실'은 그가 죽었다는 것이다. 그 사람은 상식 (즉 공동체 의식)이 허용하는 방식으로만 그 점을 표현하는 것이리라. 그 사람이 말하고자 하는 것은 자신이 '실제로' 그리고 정말 '문자 그대로' 죽었다는 점이다. 단순히 상징적으로 그렇다거나 '어떤 의미에서' 또는 '말하자면' 그렇다는 이야기가 아니다. 이 사람은 진지하게 자신의 진실을 알리는 데 전념한다. 하지만 이런 방식으로 공동의 진실을 재평가하기 위해 치러야 할 대가는 미치는 것이다. **우리는 실제**

죽음만 생물학적 죽음으로 인식하기 때문이다.

조현병 환자는 자포자기한다. 아무 희망도 없는 것이다. 나는 여태 껏 자신이 성부나 성모 또는 타인에게 사랑받는 사람이라고 말하는 조현병 환자를 본 적이 없다. 조현병 환자 자신은 신이거나 악마다. 또는 신에게서 멀어진 지옥에 있다. 어떤 사람이 조현병 환자를 두고 비현실적인 사람이라고 하거나 이 사람이 죽었다고 진지하게 말할 때, 그는 자신이 경험한 실존의 극명한 진실을 과격한 용어로 표현하는 것이다. 그것이 정신이상이다.

우리에게 필요한 것은 무엇일까? 조현병 환자를 이해하는 것일까? 조현병 환자의 자기 경험에서 핵심은 우리가 이해할 수 없는 상태로 남아 있어야 한다. 우리가 건전하고 그 환자가 정신이상인 한, 그 경험의 핵심은 이해할 수 없는 상태로 남아 있을 것이다. 우리는 자신의 세계 안에 머무른 채 그 환자가 미치지 못할 게 뻔한 우리 자신의 범주에서 그 환자를 판단하려고 한다. 그러면서 조현병 환자와 접촉하고 그를 파악하려고 노력한다. 이러한 노력의 일환인 이해는 조현병 환자가 원하는 것도, 요구하는 것도 아니다. 우리는 항상 조현병 환자의 특수성과 차이, 분리와 외로움, 절망을 인식해야 한다.[9]

---

9 조현병 환자가 느끼는 절망감을 이해하지 못하는 한 조현병을 이해할 수는 없다. 특히 키에르케고어의 《죽음에 이르는 병 The Sickness unto Death》(1954)과 빈스방거의 〈엘렌 웨스트의 사례 The Case of Ellen West〉(1944~1945)와 〈치료적 절망 The Therapeutic Despair〉(1958)을 보라.

3장

존재론적 불안정

이제 우리는 우리가 하는 임상연구의 본질을 전보다 더 명확하게 말할 수 있다. 사람은 세계 내에서 자신의 존재를 느낀다. 즉 자신은 실재하고, 생기 넘치며, 전인적인 존재며, 시간적 의미에서 연속적 존재라고 느낀다. 그것으로서, 이 사람은 세계 속에서 살며 타인을 만날 수 있다. 세계와 타인을 자신과 똑같이 실재하고, 생기 넘치며, 전인적이고, 지속적인 대상으로 경험한다.

그처럼 본래부터 **존재론적으로**[10] 안전한 사람에게는 그 중심에 자

---

[10] 특히 하이데거, 사르트르, 틸리히는 이 '존재론ontology'이라는 말을 철학적 의미에서 사용했지만, 나는 현재의 경험적 의미에서 이 용어를 사용했다. '존재론'이란 말이 '존재'라는 말의 가장 적절한 부사적 파생어나 형용사적 파생어로 보이기 때문이다.

신과 타인의 현실과 정체성에 대한 확고한 의식이 있다. 그 확고한 의식으로 인해 이 사람은 인생의 모든 위험, 즉 사회적이고, 윤리적이며, 영적이고, 생물학적인 위험과 조우할 것이다. 한 인간이 이런 완전한 자기의식과 개인적 정체성을 의식하고, 사물의 영속성과 자연적 과정의 신뢰성을 의식한다고 하자. 이런 사람이 그러한 경험 속에 자기 인증적인 확신이 전혀 없는 한 개인의 세계 속으로 들어가는 것은 흔히 힘든 일이다.

이 연구는 확신이 약하거나 거의 없는 곳에서 발생하는 문제들에 관심을 둔다. 이러한 확신은 앞으로 내가 **근본적인 존재론적 안정**primary ontological security이라고 부를 것의 실존적 태도에서 나온다. 이 연구의 첫 번째 관심 사항은 내가 제시할 불안과 위험이다. 이 불안과 위험은 **근본적인 존재론적 불안정**primary ontological insecurity에서만 일어난다. 두 번째 관심 사항은 불안과 위험의 결과로 일어나는 시도, 즉 그런 불안과 위험을 다루기 위한 시도다. 나는 **존재론적 안정의 근본적인 실존적 지위와 존재론적 불안정의 근본적인 실존적 지위**를 아주 명확하게 대조하고 싶다.

문학비평가 라이오넬 트릴링(1955)은 한편으로 셰익스피어Shakespeare와 키츠Keats의 세계와 다른 한편으로 카프카F. Kafka의 세계를 다음과 같이 비교하면서, 이런 대조를 강조한다.

(…) 키츠가 볼 때, 악에 대한 의식은 매우 강한 개인적 정체감과 나란히 존재한다. 그런 까닭에 개인적 정체감에 비해 덜 명확하다. 현대의 일부

독자들에게, 악에 대한 의식은 같은 이유로 덜 강렬하게 보일 것이다. 마찬가지로 셰익스피어와 카프카를 각자가 지닌 천재성을 고려하지 않고 비교한다면, 또한 두 사람 모두를 인간의 고통과 우주적 소외에 대한 해설자로 본다면, 현대의 독자에게는 카프카가 더욱더 강렬하고 완벽하게 설명하는 것으로 보일 수 있다. 사실 옳은 판단이다. 카프카에게 악에 대한 의식은 개인적 정체감과 모순되지 않기 때문이다.

셰익스피어의 세계는 카프카의 세계와 마찬가지로 감방이다. 파스칼은 세계가 감방이라고 말한다. 수용자들은 매일 그 감방에서 이끌려 나와 죽는다. 카프카 못지않게 셰익스피어는 우리에게 인간적 삶의 조건 속에 있는 잔인한 비합리성을 강요한다. 그 이야기를 하는 화자는 백치며, 징벌이 아닌 장난으로 우리를 괴롭히는 철없는 신들이다. 카프카와 마찬가지로 셰익스피어는 이 세계라는 감옥의 악취에 혐오감을 느낀다. 역겨움에 대한 심상이 셰익스피어의 특성을 가장 잘 나타낸다.

하지만 셰익스피어의 감옥 안에 있는 수감자 무리는 카프카의 무리보다 훨씬 낫다. 셰익스피어의 선장, 왕, 연인, 광대는 모두 죽기 전엔 생기 있고 완전하다. 카프카의 작품에서는, 형을 집행하기 오래전에, 악한 법적 절차가 마련되기 훨씬 전에, 피고인에게 무엇인가 끔찍한 일이 행해진다. 우리는 모두 그 끔찍한 일이 무엇인지 안다. 피고인은 추상적 인간성 외에는 한 사람에게 어울리는 모든 것을 빼앗긴다. 하지만 피고인의 해골이 그렇듯이 추상적 인간성은 한 인간에게 어울리지 않는다. 피고인은 부모도, 집도, 아내도, 헌신도, 욕구도 없다. 또 이 모든 것에서 얻을 수 있는 권력, 아름다움, 사랑, 지성, 용기, 충성, 명성 그리고 자부심과 아무 관련이 없었다. 그래서 우리는 말할 수 있다. 카프카는 악은 알았지만 이와 상반되는 건강하고 타당한 자기는 몰랐다. 셰익스피어는 악도 알았고, 강력하게 상반되는 자기도 알았다(38~39쪽).

트릴링이 지적한 대로 셰익스피어는 실재하고, 생기가 넘치며, 의심으로 가득 차거나 갈등으로 찢겼다 해도 분명하게 완벽함을 경험한 인물들을 묘사한다. 카프카는 그렇지 않다. 살아 있음에 대한 확신이 없음에도, 살아 있음이 무엇과 같은지 전하려는 노력이 우리 시대 많은 작가와 예술가들의 작품을 특징짓는다. 그것은 살아 있다는 느낌이 없는 삶이다.

예를 들어, 사뮈엘 베케트Samuel Beckett의 경우, 어떤 사람이 한 세계 속으로 들어간다. 그런데 그 세계에는 절망, 공포, 존재의 지루함을 누그러뜨릴 '건강하고 타당한' 자기에 대한 어떤 모순되는 의식도 없다. 고도Godot를 기다리는 두 떠돌이는 이와 같이 살아야 하는 형을 선고받는다.

에스트라공 디디, 우린 늘 이렇게 뭔가를 찾아내는 거야. 우리가 살아 있음을 실감하게 해줄 뭔가를 말야, 디디.
블라드미르 (답답한 듯이) 그래, 그래, 우린 마술사야. 하지만 우리가 결심한 것은 지키자, 잊어버리기 전에.

프랜시스 베이컨Francis Bacon은 그림에서 비슷한 관심사를 다룬다.

분명한 것은 우리가 여기서 임상적으로 논의하는 내용은 인간의 본성에 깊이 관련되어 있고, 사람들이 이 내용을 이해하도록 우리가 매우 부분적으로만 기여할 수 있는 것의 작은 예일 뿐이라는 사실이다.

다음과 같이 처음부터 시작하자.

생물학적 출생은 유아기의 유기체를 세계 속으로 갑자기 밀어내는 결정적 행위다. 한 아기가 있다. **우리의** 관점에서 볼 때, 아기는 이미 자신의 방식을 지닌 생물학적 독립체다. 실재하고 생기가 넘친다. 하지만 아기의 관점에서 보면 어떨까? 일반적 상황에서, 새로운 생명체의 세상 속에 신체적으로 태어나면, 그 어린 생명체는 놀라우리만큼 짧은 시간 안에 자신이 실재하고 살아 있다고 **느낀다**. 그런 다음, 자신이 시간과 공간 속의 한 자리에서 연속성을 갖는 독립체라는 **의식**을 갖는다. 이런 진행 과정은 신속하게 시작된다. 요컨대 아기의 몸이 태어나고 생물체로 생기를 띠게 되면, 이어서 그 아기는 실존적으로 생생하고 활기 있게 태어난다.

대개 사람들은 이런 발달을 당연하게 여기고, 이런 발달을 보면서 다른 모든 확신을 결정할 확신을 하게 된다. 더욱 분명하게 말하면, 어른들은 아이들을 정말로 생물학적 생존이 가능한 독립체로 볼 뿐만 아니라, 그들 자신이 살아 있고 활기 있는 완전한 사람임을 느끼고, 또한 이와 연결해서 타인들도 살아 있고 활기 있는 사람이라고 느낀다. 이것이 경험의 자기 입증적인 정보다.

그럴 경우 개인은 자신의 존재가 살아 있고 활기 있으며 온전하다고 느낄 수 있다. 자신의 정체성과 자율성은 결코 문제가 되지 않을 정도로 일반적인 상황의 나머지 세계와 아주 명확하게 구별된다고 느끼는 것이다. 자신의 존재는 시간 속의 연속체이고, 내적 일관성, 실재성, 진실성, 가치를 지니며, 공간적으로 몸과 같은 면적을 차지한다고 느낀다. 그리고 자신의 존재는 항상 탄생 안에서 혹은 그 주변에서 시작했고, 죽음과 함께 소멸되기 쉽다고 느낀다. 이와 같이 그 개인에게는 존재론적 안전을 확보할 견고한 핵심이 있다.

하지만 꼭 그런 것은 아니다. 일반적인 생활환경 속에 사는 사람은 실재한다고 느끼기보다는 실재하지 않는다고 느낄 수 있다. 문자적 의미에서 살아 있는 것이 아니라 죽은 것처럼 느끼는 것이다. 그 사람은 나머지 세상과 불안정하게 분화되어, 항상 정체성과 자율성이 불확실하다. 자신의 시간적 연속성을 경험하지 못할 수도 있다. 인격적 일관성이나 응집성에 대한 가장 중요한 감각이 없을 수도 있다. 현실적이기보다는 비현실적이라고 느낄 수 있고, 자신을 구성한 특성이 순수하며, 선하고, 가치 있다고 생각하지 못할 수도 있다. 또한 그의 자기가 육체에서 부분적으로 분리되었다고 느낄 수도 있다.

한 개인의 자기 경험이 이런 체제로 되어 있다면, 그는 '안전한' 세계 속에 살 수 없고, '자신 안에서'도 안전할 수 없는 것이 당연하다. 그 사람의 세계에 대한 전체적인 '인상'은 이에 상응하여 자기에 대한 의식이 안전하게 형성되어 있는 개인이 느끼는 인상과는 다르다. 타인과의 관계 맺음에는 철저히 다른 의미와 기능이 있다. 타인과 관계 맺음을 기대하는 것은 어쩌면 기분 좋은 일이다. 이 근본적인 경험이라는 의미에서 그 존재가 안전한 개인들은 그러하다고 말할 수 있다.

반면 존재적으로 불안전한 사람은 자신을 만족시키기보다 자신을 보존하는 일에 몰두한다. 일상적인 삶의 환경들이 자신의 **최소한의** 안전을 위협하기 때문이다.[11]

기본적으로 존재가 안전한 위치에 도달했다면, 일상적 삶의 환경은 한 사람의 존재를 지속적으로 위협하지 않는다. 이 같은 삶의 기초에 도달하지 못한다면, 날마다 생활하는 일상 환경들은 지속적이고 치명적인 위협이 된다.

이를 깨달아야만 어떻게 정신병에 걸리는지 이해할 수 있다.

한 개인이 현실성과 활기, 자율감, 자신과 타인의 정체성을 당연한 것으로 받아들이지 못하면, 인위적인 방법들로 현실적인 사람이 되며, 자신과 타인을 생기 있게 하고, 자신의 정체성을 지키는 일에 열중하게 된다. 자신을 잃지 않으려고 애쓰는 것이다. 대부분의 사람이 매일 경험하는 일은 거의 눈에 띄지 않는다. 특별한 의미가 없기 때문이다. 하지만 이런 일상적인 일도 그 일이 그 사람의 존재를 유지하는 데 기여하거나, 비존재non-being로 그 사람을 위협한다면 매우 중요해질 수 있다. 일단 한 개인 안에서 세계의 요소들이 보통 사람과는 다른 의미의 위계를 갖게 되면, 그 개인은 우리가 말하듯이 '자신만의 세계 안에서 살기' 시작한다. 또는 이미 그 안에서 살고 있다.

---

11 이 해석은 설리번과 힐Hill, 프롬라이히만, 특히 아리에티Arieti의 해석과 매우 유사하다. 페데른Federn은 자신의 소신을 매우 다르게 표현하기는 하지만 매우 비슷한 관점을 주창하는 것으로 보인다.

하지만 주의 깊게 한정하지 않은 채 그 개인이 '현실과의 접촉'을 상실했다거나 고립되어 있다고 말하는 것은 옳지 않다. 외적 사건들이 더는 타인에게서와 똑같은 방식으로 영향을 끼치지 않지만 그렇다고 그 사람에게 영향을 덜 끼치는 것은 아니다. 오히려 영향을 더 끼치는 편이 흔하다. 흔히 정신병에 걸린 사람이 '냉담'해진다거나 '고립'된다는 말은 사실이 아니다. 하지만 정신병 환자의 세계는 더는 타인들과 나눌 수 없는 세계가 된다.

이러한 증상의 전개를 발견하기 전에, 세 가지 표제 아래 존재가 불안정한 사람이 경험하는 세 가지 형태의 불안을 규정해보면 도움이 될 것이다. 그 세 가지 형태의 불안이란 삼켜짐engulfment, 내파implosion, 석화petrification다.

1. 삼켜짐Engulfment

한 분석 집단의 상담 회기 중에 두 환자 사이에 말다툼이 일어났다. 갑자기 논쟁의 주인공 가운데 한 사람이 "난 계속 못해. 당신은 나를 이기는 기쁨을 찾으려고 논쟁하고 있어. 기껏해야 당신은 말싸움에서 이기겠지. 논쟁에서 지는 건 최악의 경우일 테고. **나는 지금 내 존재를 지키려고 논쟁하는 거야**"라고 말하면서 말다툼을 중단했다.

이 환자는 청년이었다. 나는 이 청년이 제정신이었다고 생각한다. 하지만 청년이 말했던 대로, 논쟁에서 그가 보인 행동은, 청년의 나머지 인생에서 그랬듯이 만족을 얻기 위해서가 아니라, '자신의 존재를 지키려고' 고안된 것이었다. 누군가 이 환자가 실제로 논쟁에서 패배

함으로써 자신의 존재를 위태롭게 할 거라고 생각한다면, 그 사람은 이 환자가 '현실과의 접촉에서 크게 벗어나' 있고, 사실상 정신증 환자라고 말할 것이다.

이는 환자를 이해하는 데 아무런 도움이 되지 않으며, 교묘하게 논점을 피해 가는 것이다. 당신이 그 환자에게, 수많은 정신의학 교과서에서 추천하는 유형의 정신의학적 심문을 받게 하려는 것은 아닌지 알 필요가 있다. 이런 유형의 정신의학적 심문을 했을 때 환자는 행동과 말로 10분 이내에 정신병 '증상'을 드러낼 것이다. 기본적 안전에 대한 한계치가 아주 낮은 사람은 타인과의 관계가 사실상 심드렁하거나 명백하게 '무해하더라도' 압도당할 정도로 위협받는다. 이런 사람에게 정신병의 '증상'을 유발하기는 매우 쉽다.

한 사람이 한 인간으로서 타인과 관계를 맺으려면 자신의 자율적 정체성을 확고하게 의식해야만 한다. 그렇지 않으면 개인은 모든 인간관계에서 정체성을 상실할 정도로 위협받을 것이다. 이러한 위협의 한 형태가 삼켜짐이다. 삼켜짐에 빠진 개인은 어떤 사람이나 사물과 관계 맺는 것을, 사실은 자기 자신과 관계 맺는 것을 두려워한다. 자신의 자율성이 안정되어 있음을 확신하지 못하므로 어떤 관계에서도 자율성과 정체성을 잃을까 봐 두려워하기 때문이다.

삼켜짐은 단순히, 개인이 회피하려고 적극적으로 노력하지만 싫건 좋건 일어날 것 같은 현상이 아니다. 그 개인은 가장 지속적이고, 격렬하고, 절망적인 활동을 통해 자신이 관계 속에 빠지는 일에서 스스로를 건져내는 사람이라고 느낀다. 그 개인은 이해받고, 사랑받으며, 혹은 그저 단순히 남에게 보이는 일에서 발생하는 위험이 바로 삼켜짐이라고 느낀다. 이런저런 이유로 미움을 받게 되는 것을 두려워할 수 있지만 그 개인에게는 흔히 그처럼 미움받는 것이 사랑에 의해 삼켜져 파괴되는 것보다 덜 불안한 일이 된다.

소외는 삼켜짐에 대한 두려움으로 압박감을 느끼는 사람이 정체성을 지키기 위해 이용하는 주된 책략이다. 따라서 개인의 자율성에 근거한 분리와 관계 맺음이라는 양극 대신, 타인에게 흡수됨으로써 존재를 완전히 상실하는 것(삼켜짐)과 완전한 고립(소외)이라는 대조되는 상태가 존재한다. 두 사람이 각자의 토대를 확신하며, 바로 그 토대 위에서 상대방에게 '몰두'할 수 있다면, 이 두 사람의 변증법적 관계에서 안전한 제3의 가능성은 존재하지 않는다. 그와 같은 존재의 병합은 두 사람이 그들 자신을 믿을 경우에만 '믿을 만한' 방식으로 일어날 수 있다. 사람이 자신을 미워한다면, 타인에게 몰두하고 싶어 할 수 있다. 따라서 타인에게 삼켜지는 것은 자신에게서의 도피다. 이 사례에서 삼켜짐은 그 개인이 두려워해야 할 항상 존재하는 가능성이다. 하지만 가장 두렵고 필사적으로 회피하는 대상이 어느 한 '순간' 가장 많이 찾는 대상으로 변할 수 있음을 이후 보게 될 것이다.

불안은 흔히 말하는 '부정적 치료 반응negative therapeutic reaction'[12]의

---

12 프로이트(1923)가 처음으로 제시한 임상 현상으로 치료의 진전에 대해서 환자가 보이는 부정적인 반응이다. 이러한 부정적 치료 반응은 잠깐 동안 증상의 악화를 가져

한 형태다. 부정적 치료 반응은 분명히 심리 치료에서 해석을 수정하기 위해 일어난다. 제대로 이해받는 것은 사로잡히는 것이며, 둘러싸이는 것이고, 삼켜지는 것이며, 몰입되고, 먹히며, 은폐되고, 타인이 추정하는 포괄적인 이해 안에서 또는 그것에 의해 질식되는 것이다. 항상 오해받는 것은 외롭고 고통스럽다. 하지만 적어도 이 관점에서 볼 때 어느 정도 고립된 안전이 존재한다.

그러므로 정신증 환자는 타인의 사랑을 타인의 미움보다 더 두려워한다. 더 적절하게 말하자면, 모든 사랑을 일종의 미움이라고 생각한다. 사랑받음으로써 사람은 부탁받지도 않은 의무 아래 놓인다. 이러한 사람을 치료할 때 하지 않도록 주의해야 할 중요한 일은 심리치료사 자신이 실제 그런 것보다 더 많이 '사랑'하거나 '관심'이 있는 척하는 것이다. 이런 종류의 한 사람을 순수하게 '도우려고' 애쓰려는 심리치료사의 동기는 필연적으로 매우 복잡하다. 심리치료사의 이러한 동기가 '그 사람을 그냥 두고' 사실상 삼키지 않거나, 그저 무관심하려는 준비가 된 관심에 집중될수록, 더 많은 희망의 조짐이 보일 것이다.

정체성이 위협받는 방식들을 설명할 때 사용하는 이미지는 많다.

온다. 프로이트를 비롯한 정신분석학자들은 이러한 부정적 치료 반응의 첫 번째 원인이 무의식적인 죄책감의 결과로 자기를 처벌하고 싶은 욕구라고 보았다(Freud, 1923 ; Sandler, Dare&Holder, 1992). 부정적 치료 반응의 두 번째 원인으로 꼽히는 것은 자기애적 성격 저항이나 무의식적인 시기심이다(Horney, 1936 ; Klein, 1957). 마지막으로, 분석 기법에서 잘못된 해석이나 개입 때문에 일어나는 현상이라는 설명이 있다(Reich, 1934 ; Grunert, 1979). ― 옮긴이

이 이미지들은 삼켜짐에 대한 두려움과 매우 밀접하게 연관되어 있다. 예를 들면 묻히거나, 빠지거나, 붙잡히거나, 유사quicksand, 流沙 속으로 끌려 내려가는 이미지다. 불이라는 이미지는 반복해서 등장한다. 불은 개인의 내면적 활기가 불안하게 깜박거리는 것이다. 불은 개인을 황폐화하고 파괴하는 이질적 힘이다. 급성 단계에서 어떤 정신증 환자들은 자신이 불 위에 있으며, 자신의 몸이 불타고 있다고 말한다. 한 환자는 자신을 차갑고 건조하다고 말하면서도 어떤 온기나 습기도 두려워한다. 그 환자는 불이나 물에 삼켜질 것이고, 어느 쪽으로든 파괴될 것이다.

2. 내파implosion

내파는 위니콧이 현실의 **충돌**impingement of reality이라고 부른 것의 극단적 형태에 대해 내가 찾을 수 있는 가장 강력한 단어다. 하지만 충돌은 세계가 어떤 순간에도 충돌하고, 가스가 밀려들어 와서 공백을 없애듯이 모든 정체성을 제거할 수 있음을 경험할 때의 강렬한 공포를 전달하지 못한다. 개인은 자신이 공백처럼 비어 있다고 느낀다. 하지만 이 공백이 바로 그 사람이다. 그는 다른 방법으로 공백이 채워지기 바라지만 그러한 사건이 일어날 가능성을 두려워한다. 자신이 될 수 있는 것이라고는 바로 이 공백의 끔찍한 허무밖에 없다고 느끼게 되었기 때문이다. 그래서 현실과의 어떤 '접촉'도 그 자체로 무서운 위협이라고 느낀다. 이러한 위치에서 경험하기 때문에, 현실은 필연적으로 내파적이기 때문이다. 게다가 삼켜짐에서 관계 맺음이 그랬듯이,

현실은 **그 자체로** 개인이 자신에게 존재한다고 생각할 수 있는 정체성을 위협하는 것이다.

삼켜짐이나 내파를 위협하는 현실 그 자체가 전조라 할 수 있다.

사실 우리는 모두 이러한 상태의 경험에 관한 한 화씨 2도에서 3도쯤에 있다. 약간의 열만 있어도, 온 세계가 박해하고 내파하는 양상을 띨 수 있다.

3. 석화petrification와 이인화depersonalization

'석화'라는 용어를 사용할 때, 사람들은 이 단어에 내재된 많은 의미를 활용할 수 있다.

① 특정한 형태의 공포, 그 공포에 의해 사람이 석화된다. 즉 돌로 변한다.

② 이러한 일이 일어나는 것에 대한 두려움 : 다시 말해서 살아 있는 사람에서 행동에 있어 개인의 자율성이 없는 죽은 물체로, 돌로, 로봇으로, 자동장치로, 주체성을 잃은 그것으로 변할 가능성에 대한 두려움 또는 변하는 것에 대한 두려움.

③ 사람이 다른 누군가를 '석화'시켜서 돌로 바꾸려고 시도하는 '마법적' 행동. 나아가 한 사람이 타인의 자율성을 부인하고, 감정을 무시하며, 그 사람을 사물로 여기고, 그 사람 안에 있는 생명을 죽이는 행동. 이런 의미에서 한 사람이 타인을 이인화하거나 물화시킨다고 말하는 편이 나을 것이다. 한 사람이 타인을 인간, 즉 자유로운 행위자

로서가 아니라, 하나의 그것 it으로 대하는 것이다.

이인화는 타인이 지나치게 지겹거나 지나치게 불쾌할 때, 그 타인을 다루는 한 수단으로 널리 사용되는 기법이다. 더는 타인의 감정에 반응할 수 없을 때 그 타인을 아무 감정이 없는 사람으로 여기고 그렇게 대할 준비를 하는 것이다. 정신증 환자들은 자신이 다소 개성을 박탈당했다고 느끼기도 하고, 타인의 개성을 박탈하기도 한다. 그들은 끊임없이 타인들이 자신의 개성을 박탈할까 봐 두려워한다. 타인을 물건으로 바꾸어놓는 일은 그 타인에겐 사실상의 석화다. '그것 it' 취급을 받으면서, 얼굴에서 피가 빠지듯이 타인의 주체성은 빠져나간다. 요컨대 그는 한 사람으로서 자신의 존재에 대해 타인들에게 지속적으로 승인을 받아야 한다.

타인들을 부분적으로 이인화하는 일은 일상생활에서 폭넓게 일어나며, 매우 바람직한 것은 아니더라도 정상적인 것으로 여겨진다. 대부분의 관계에는 그 뿌리에 어느 정도 부분적인 이인화 경향이 있다. 즉 사람들은 한 인간이 본래 누구인지, 무엇인지를 알고 그 사람을 다루는 것이 아니라 한 가지 역할을 하는 안드로이드 로봇이나 큰 기계의 부품처럼 대한다. 자신들도 그 기계의 또 다른 부품이 될 수 있다.

사람들은 현실이 아니지만 적어도 비인간화에서 자유로운 제한된 삶의 영역이 있다고 착각한다. 그들은 예사로 이런 착각을 소중히 여긴다. 하지만 사람은 바로 이 제한된 삶의 영역 안에서 더 큰 위험을 느낀다. 존재론적으로 불안정한 사람은 이 위험을 매우 잠재적인 형

70

식으로 경험한다.

그 위험은 이러한 것이다. 한 인간이 타인을 자유로운 행위자로 경험하면, 그의 경험의 한 **대상**으로 자신을 경험하고, 그럼으로써 자신의 주체성이 빠져나갈 수 있음을 느낄 여지가 있다. 그는 자신이 사물밖에는 아무것도 되지 못하고, 자신을 위한 어떤 삶도 없을 것이며, 자신을 위한 어떤 존재도 없을 것이라고 위협받는다. 그러한 불안의 관점에서, 타인을 한 인간으로 경험하는 바로 그 행위가 사실상 자멸적인 것으로 느껴진다. 사르트르는 《**존재와 무** L'Être et le néant》 3장에서 이러한 경험에 대해 훌륭하게 논의했다.

원칙적으로 그 문제는 분명하다. 한 인간은 타인에 의해 자신이 활기를 띠며, 존재가 강화된다고 느낄 것이다. 아니면 타인이 자신을 약하게 하고 빈곤하게 만든다고 느낄 것이다. 사람은 타인과의 가능한 어떤 관계도 자신을 약하게 하고 빈곤하게 만들 것이라 예상할 수 있다.

따라서 어떤 타인도 이 인간의 '자기self', 즉 자율적으로 행동할 수 있는 능력에 위협이 된다. 타인이 특별하게 어떤 일을 하거나 하지 않아서가 아니다. 바로 타인의 존재 때문이다.

스물여덟 살인 화학자 제임스의 생애는 앞서 언급한 사항들의 일부를 예시한다.

제임스는 항상 '사람'이 될 수 없다고 불평했다. 그에게는 '아무런 자아도 없었다.'

"나는 타인들에 대한 반응일 뿐이고, 나 자신만의 정체성이 없었다."(자신의 진정한 자아가 되지 못한 느낌이나 거짓-자기로 살고 있다는 느낌에 대해서는 뒤에서 더 자세히 설명할 기회가 있을 것이다)[13].

제임스는 자신이 점점 불가사의한 사람이 되고 있다고 느꼈다. 체중이 없는 것처럼, 자신만의 물질이 없는 것처럼 느꼈다.

"나는 바다 위를 떠다니는 코르크 마개예요."

이 남자는 자신이 사람이 되지 못한 것에 매우 관심을 가졌다. 그리고 그에 대해 어머니를 탓했다.

"난 어머니의 휘장일 뿐이에요. 어머니는 내가 누구인지 조금도 알아보지 못했어요."

이 남자는 자신을 과소평가하고 자신에 대해 확신하지 못하면서도, 항상 타인들이 포함된 위협적 현실에 위압당하거나 부서지기 직전이었다. 제임스는 몸무게가 적고, 불확실하며, 비현실적인 반면, **타인들**은 굳건하며, 확고하고, 단호하면서, 실제적이었다. 제임스는 중요한 모든 점에서 타인들이 자신보다는 '더 규모가 크다'고 느꼈다.

이와 동시에 제임스는 실제론 쉽게 위압당하지 않았다. 제임스는 안전을 유지하려고 주된 책략을 두 가지 사용했다. 첫 번째 책략은 표면상으로 타인에게 고분고분하는 것이다(7장). 두 번째 책략은 내면에 있는 지적인 메두사의 머리를 타인에게 돌리는 것이다. 제임스는 양쪽 책략을 모두 선택함으로써 자신의 주체성을 지켰다. 이러한 주체성은 그가 결코 공개적으로 드러낸 적이 없던 것이었으며, 따라서 결코 혼자 힘으로 직접적이고 즉각적인 표현을 찾을 수 없었다. 그의 주

---

13 5장과 6장을 보라. ─옮긴이

체성은 숨겨졌기에 안전했다. 두 가지 책략은 모두 삼켜지거나 이인화되는 위험을 피하려고 제임스가 고안한 것이었다.

제임스는 외적 행동으로 자신이 늘 당하는 위험을 미연에 방지했다. 코르크 마개인 척함으로써 다른 누군가의 사물이 되는 위험을 방지한 것이다(아무튼 바다에서 있기에 더 안전한 건 무엇일까?). 하지만 동시에 제임스는 자신의 눈에 비친 타인들을 물건으로 바꾸었다. 그렇게 해서 적을 은밀하게 완전 무장해제함으로써 자신에 대한 어떤 위협도 마법같이 무효로 만들었다. 자신의 눈 안에서 타인이라는 사람을 파괴함으로써, 그 사람이 자신을 괴멸시킬 힘을 빼앗은 것이다. 타인의 활기를 고갈시켜버려서, 즉 그 타인을 인간이 아닌 한 대의 기계로 봄으로써, 제임스는 타인이 보이는 활기가 자신에게 줄 위험을 약화시켰다. 그러한 활기는 제임스를 압도하거나, 제임스의 공허함을 파괴하거나, 제임스를 단순한 부속물로 바꾸는 것이었다.

제임스는 매우 활발하고 쾌활한 여성과 결혼했다. 아내는 매우 씩씩하고, 성격이 단호하며, 주관이 뚜렷한 여자였다. 제임스는 아내와 역설적 관계를 유지했다. 어떤 의미에서 제임스는 완전히 외롭게 고립되었고, 또 다른 의미에서 볼 때 기생충이나 마찬가지였다. 예를 들면 제임스는 꿈을 꾸었다. 꿈에서 제임스는 아내의 몸에 들러붙은 조개였다.

바로 이런 꿈을 꾸었기 때문에, 제임스는 어떻게든 아내를 기계로 보면서 아내를 더 견제해야 했다. 제임스는 아내의 웃음, 분노, 슬픔을 '임상적으로' 꼼꼼하게 묘사했다. 심지어 아내를 '그것'이라고 부르기까지 했다. 사실상 소름이 끼칠 정도의 행동이었다.

"그러고 나서 그것이 웃기 시작했어요."

아내는 '그것'이었다. 그녀가 한 모든 일이 예측 가능하고 정해진 반응이었기 때문이었다. 예를 들어 제임스가 아내(그것)에게 일상적인 재미난 농담을 하면, 아내(그것)가 웃었다. 이것은 아내(그것)의 완전히 '조건화된' 로봇 같은 성격을 보여준다. 제임스는 정신의학 이론에서 모든 인간의 행동을 설명하기 위해 사용하는 것과 똑같은 용어를 찾아낸 것이다.

처음에 나는, 내게 동의하면서도 내가 한 말은 거부하고 반대하는 제임스의 특별한 능력에 놀랐다. 이는 제임스가 스스로 인식하는 것보다 더 주관이 뚜렷하다는 사실과 그가 어느 정도의 자율성을 보여주기 어려울 정도로 겁에 질린 것도 아니었음을 보여주었다. 하지만 나에겐 자율적인 사람으로 행동하는 명백한 그의 능력이 실은 나를 살아 있는 사람으로 여기지 않는 그의 은밀한 책략 덕분임이 분명해졌다. 즉 제임스는 나를 나만의 개성과 함께 자력으로 사는 사람으로 여기지 않고, 자신이 입력하면 재빨리 전환한 후 언어 메시지를 내놓는 일종의 로봇 해석장치로 여긴 것이다. 나를 물건으로 보는 이 은밀한 태도를 통해 제임스는 '사람'으로 보일 수 있었다. 나는 그렇게 해서 제임스가 사람 대 사람의 관계를 유지할 수 없음을 알게 되었다.

제임스 같은 사람들이 앞서 언급한 것처럼 이러저러한 공포의 대상이 등장하는 꿈을 꾸는 것은 흔한 일이다. 이런 꿈들은 존재론적으로 안전한 사람 안에서 일어나는, 남에게 먹힌다는 데 대한 공포의 변이가 아니다. 남에게 먹힌다는 것이 반드시 자신의 정체성을 상실한다는 것을 의미하지는 않는다. 고래의 배 속에 있을 때도 요나는 변함없이 요나였다.[14] 실제로 정체성 상실에 대한 불안을 불러일으키는 악몽은 거의 없다. 일반적으로 대부분의 사람들이 꿈속에서도 여전히, 공격당하거나 훼손당할 수 있는 인간으로서 위험과 맞닥뜨리지만, 그 기본적인 실존적 핵심은 위험에 처하지 않기 때문이다. 전형적 악몽에서는 꿈을 꾼 사람이 깜짝 놀라서 잠을 깬다. 하지만 이 공포는 '자기'를 상실하는 것에 대한 두려움이 아니다. 예를 들면 한 환자는 꿈에서 살찐 돼지를 본다. 돼지는 환자의 가슴에 앉아서, 목을 졸라 죽이겠다며 환자를 위협한다. 환자는 깜짝 놀라서 잠에서 깬다. 최악의 경우, 이 악몽을 꾸며 환자는 목을 졸라 죽이겠다는 위협을 당한다. 그렇다고 해도 이것이 환자의 존재를 해체하겠다는 위협은 아니다.

위협적인 어머니 대상mother figure이나 젖가슴 대상breast figure을 **하나의** 사물로 바꾸는 방어 방식은 환자의 꿈에서 나타난다. 이 환자는 작은 검은색 삼각형이 나오는 꿈을 반복해서 꾸었다. 삼각형은 그의 방 구석에서 생기더니 이 환자를 삼키는 것처럼 보이게 되기까지 점점 커졌다. 환자는 항상 깜짝 놀라서 잠에서 깼다. 이 환자는 정신병에 걸린 젊은 남성이었다. 환자가 내 가족들과 몇 달간 동거했던 터라, 나는

---

14 요나는 구약성서에 나오는 예언자로 니느웨로 가라는 하나님의 명령을 어기고 도망가다가 바다에 던져져 사흘 낮밤을 고래 배 속에 있다가 나왔다. ―옮긴이

이 환자에 대해 꽤 잘 알게 되었다. 내가 판단할 수 있는 한, 이 환자는 단 한 가지 상황일 때만 자신을 다시 회복하지 못할지도 모른다고 불안해하지 않으면서 긴장을 풀고 즐길 수 있었다. 바로 재즈를 들을 때였다.

꿈에서도 젖가슴 대상이 그렇게 이인화되어야만 한다는 사실은 젖가슴 대상이 얼마나 자아에 잠재적 위험을 미치는지를 보여주는 하나의 척도다. 아마도 이런 위험은 젖가슴 대상의 위협적인 최초의 개인화와 **정상적 이인화 과정의 실패** 때문일 것이다.

메다드 보스Medard Boss(1957a)는 정신증을 알리는 꿈 몇 편을 사례로 제시한다. 불이 그 꿈을 꾼 사람을 삼키는 꿈이 있었다.

서른 살이 채 되지 않은 한 여성이 마구간에서 불타는 꿈을 꾸었다. 자신이 완전히 건강하다고 느낄 때였다. 여성의 주변에, 즉 불 주변에 아주 커다랗게 굳은 용암 부스러기가 생겼다. 여자는 반은 자신의 몸 밖에서, 반은 자신의 몸 안에서 어떻게 불이 서서히 용암 부스러기에 의해 꺼지는지 볼 수 있었다. 그러다가 여자는 갑자기 완전히 이 불 밖에 있었다. 그리고 홀린 듯이, 여자는 곤봉으로 불을 두드렸다. 부스러기를 깨고 공기가 들어가게 하려는 것이었다. 하지만 꿈을 꾼 여자는 곧 지쳤고, 천천히 여자는(불은) 꺼졌다. 이 꿈을 꾸고 난 후 나흘 뒤에 여자는 급성 조현병을 앓았다. 앞에 나온 꿈의 세부 내용에서, 꿈을 꾼 여자는 자신이 앓는 정신증의 특별한 경과를 정확하게 예견했다. 처음에 이 여자는 완고해졌다. 사실상 껍데기에 싸인 것이다. 6주 후에 여자는 다시 한 번 온 힘을 다해서 자기 생명의 불이 질식당하지 않도록 자신을 방어했다. 결국 여자는 영적으로도, 정신적으로도 완전히 꺼져버렸다. 그다음 몇 년 동안, 이 여자는 불 꺼진 분화구 같았다(162쪽).

또 다른 사례에서는 꿈꾸는 사람 자신이 석화되기를 바라면서, 타인들을 **석화**시킨다.

스물다섯 살 된 여성이 꿈을 꾸었다. 꿈에서 여성은 자신의 다섯 식구들을 위해 저녁식사를 준비했다. 여성은 막 저녁을 차리고, 저녁을 먹으라고 부모와 남동생들 그리고 여동생들을 불렀다. 아무도 대답하지 않았다. 자신의 목소리만 깊은 동굴에서 울리는 메아리처럼 돌아왔다. 여성은 갑자기 그 기괴한 집이 텅 비었음을 발견했다.

여성은 가족을 찾으러 급하게 위층으로 뛰어올라 갔다. 첫 번째 침실에서, 여성은 두 여동생이 두 침대 위에 앉아 있는 것을 보았다. 몹시 급하게 불렀지만 두 여동생은 부자연스럽게 굳은 자세를 유지하고 그녀에게 대답조차 하지 않았다. 여성은 침대에 올라가서 동생들을 흔들고 싶었다. 갑작스레 여성은 여동생들이 돌 조각상임을 알아차렸다. 무서워서 도망친 그녀는 어머니 방으로 달려 들어갔다. 어머니도 돌로 변한 채, 안락의자에 앉아 흐린 눈으로 허공을 바라보았다. 여성은 아버지 방으로 도망쳐 들어갔다. 아버지는 방 가운데 서 있었다. 절망한 여성은 보호받기를 바라며 아버지에게 달려들어 아버지의 목을 두 팔로 끌어안았다. 하지만 아버지도 돌로 변해 있었고 여자가 포옹하는 순간 아버지는 무시무시하게도 모래로 변해버렸다.

여성은 너무 무서워서 잠에서 깼고, 몇 분 동안 꼼짝도 못 할 정도로 그 꿈을 꾸며 경험한 것에 깜짝 놀랐다. 그 여자 환자는 며칠 안에 네 번 연속해서 이 끔찍한 꿈을 똑같이 꾸었다. 당시 이 여성은 분명히 정신적으로도, 신체적으로도 건강한 사람이었다. 부모는 그녀를 온 가족의 햇살이라고 불렀다.

네 번째로 그 꿈을 꾸고 열흘 뒤, 여성은 심각한 긴장성 증상을 보이는 급성 조현병에 걸렸다. 여성은 자신이 꿈꾼 가족의 신체적 석화와 매우 비슷한 상태에 빠졌다. 여성은 이제 자신이 꿈에서 지켜보기만 한 타인들의 행동 방식으로 삶에서 깨어 있는 데 사로잡혔다(162~163쪽).

사람은 어느 순간 자신이 가장 두려워하던 위기들을 스스로 초래할 수 있다. 그 위기들이 실제로 발생하는 것을 예방하기 위해서다. 이는 일반적 법칙이다. 따라서 자신의 자율성을 포기하는 것은 은밀하게 그 자율성을 보호하는 수단이 될 수 있다. 죽은 체하는 것은 자신의 활기를 지키는 수단이 된다(오베른도르프Oberndorf의 책을 보라, 1950). 스스로 돌로 변하는 것은 타인에 의해 돌로 변하지 않을 수 있는 하나의 방법이 된다.

니체Nietzsche는 강하게 권고했다. "단단해질지어다"라고. 어떤 의미에서 니체가 말하려 한 것은 돌처럼 단단해져서 죽음으로써 타인이 나를 죽일 위험을 예방하라는 뜻이 아니었다. 철저하게 자신을 이해하는 것(자신을 삼키는 것)은 타인이 자신을 이해하는 방식이라는 소용

돌이 속에 빨려 들어갈 위험을 방어하는 것이다.

또한 타인을 공격할 때 선호하는 방법은 타인과 자신의 관계에서 암시적이라고 느껴지는 공격과 동일한 원칙에 근거하는 것으로 보인다. 그렇기 때문에 타인이 자신의 주관성을 압도하거나, 침범하거나, 굳어지게 하는 것을 두려워하는 사람은 자주 타인을 압도하거나, 침범하고, 말살하려고 시도한다. 그런 과정은 악순환을 포함한다. 한 인간이 타인의 특정한 인간적 개성을 무효로 함으로써 자신의 자율성과 정체성을 보존하려고 애쓰면 애쓸수록, 계속해서 그렇게 해야 한다는 필요성을 더 많이 느끼게 된다. 타인의 존재론적 상태를 부정할 때마다 나의 존재론적 안전도 감소하고, 나에 대한 타인의 위협이 강력해져서, 훨씬 필사적으로 부정해야 하기 때문이다.

개인적 자율성에 대한 의식이 손상되는 것은 타인과 함께하는 사람으로서의 자신에 대한 의식을 지탱하지 못하는 동시에, 그런 의식을 홀로 유지하지 못하는 것이다. 이는 타인의 존재가 없이도 자신의 존재에 대한 의식을 지탱하는 데 실패한 것이다. 그것은 홀로 **존재하는 것**에 대한 실패요, 홀로 현존하는 것에 대한 실패다. 제임스가 말한 대로, "타인들이 나에게 내 존재를 공급해준다." 이는 타인들이 자신의 존재를 박탈할 것이라는 앞서 언급한 두려움과 분명하게 모순된다. 하지만 모순되고 터무니없다고 해도, 이 두 가지 태도가 제임스의 내면에 나란히 존재한다. 그리고 이 두 가지 태도는 정말 전적으로 이러한 유형의 사람들이 지닌 특성이다.

한 사람이 자신을 자율적이라고 느낄 수 있다는 것은 자신이 다른 모든 사람과 구별되는 사람임을 실제로 깨닫게 되었다는 뜻이다. 기쁘거나 괴로울 때나 아무리 누군가에게 헌신했다 해도 그 사람은 내가 아니며, 나도 그 사람이 아니다. 아무리 외롭고 슬프더라도, 사람은 홀로 살 수 있다. 타인의 현실에 있는 또 다른 타인이 내가 아니라는 사실은, 타인에 대한 나의 애착이 나의 일부라는 똑같은 사실에 위배되는 것이다. 하지만 결국 나는 타인 대신 죽을 수 없고, 타인도 나 대신 죽을 수 없다. 그 문제에 관해서는 하이데거의 이런 생각에 대해 사르트르가 언급했듯이, 타인이 나를 대신해서 기꺼이 죽기를 원하거나, 나 대신 결정을 내릴 순 없다. 마찬가지로 나도 타인을 위해 그럴 수 없다. 요컨대 그 사람은 내가 될 수 없고, 나는 그 사람이 될 수 없다.

개인이 스스로 자율적이라고 느끼지 않는다면, 이는 그가 일상적 방식으로 자신이 타인에게서 분리되어 있다고 느끼지 못하고, 타인과 관계되어 있다고 느끼지도 못한다는 뜻이다. 한 사람에게 자율감이 결여되어 있다는 것은 그가, 자신의 존재가 타인과 밀접하게 관련되어 있다고 느낀다는 뜻이다. 어떤 의미에서 그것은 인간적 관계의 구조 속에 있는 실제 가능성을 벗어난다. 그것은 자신이 존재론적으로 타인에게 의존하는 위치에 있다는 느낌(즉 자신의 존재를 타인에게 의존한다는 느낌)이 그 사람에 대한 진정한 상호성에 기초한 관계와 애착을 대신하게 됨을 의미한다.

완전한 분리와 소외는, 자신이 살기 위해선 타인의 생피를 필요로 하는 조개나 흡혈귀 같은 애착의 유일한 대안으로 여겨진다. 하지만 여전히 자신의 생존에 위협이 된다. 따라서 양극성은 분리와 관련성

사이에 있다기보다는 완전한 분리 혹은 정체성의 완전한 통합 사이에
있다. 개인은 어느 쪽도 실행할 수 없는 두 극단 사이를 끊임없이 왔
다 갔다 한다. 이제 그는 양성 굴성[15]을 지닌 기계장치 장난감처럼 살
게 된다. 양성 굴성이 그 기계 장난감 같은 개인을 특정 지점에 이를
때까지 한 자극을 향해 몰아대면, 음성 굴성은 그 자극에서 멀어지게
하고, 그러다가 다시 양성 굴성이 주도권을 잡는다. 이러한 진동은 무
한히 반복된다.

　그 개인이 존재하려면 제임스의 말대로 타인들이 필요하다. 이와
똑같은 근본적 난제에 빠진 또 다른 환자는 다음과 같은 방식으로 행
동했다. 환자는 단칸방에 혼자 살았는데 약간의 저축으로 검소하게
살면서 공상에 잠겼다. 그는 그렇게 몇 달간 세상에서 고립된 분리 상
태를 유지했다. 하지만 이렇게 하면서 자신이 속에서 죽고 있다고 느
끼기 시작했다. 환자는 점점 더 텅 비어갔고, ‘내 생활 방식이 점차 빈
곤해지는 것’을 지켜보았다. 이렇게 혼자 힘으로 살려면 엄청나게 큰
자부심과 자존감이 필요했다. 하지만 이인화 상태가 진행됨에 따라,
그는 잠깐 동안 사회생활에 뛰어들었다. 타인이라는 약을 복용하기
위해서였다. 하지만 ‘과다 복용을 원한 것은 아니었다.’

　환자는 금단 기간과 금단 기간 사이에 갑자기 흥청망청 술을 마시
는 기간이 지속되는 알코올중독자 같았다. 환자는 자신의 중독을 두

15　기관의 굴곡이 자극원 방향으로 굽어지는 것을 양성 굴성, 자극원 반대 방향으로 굽어
　　지는 것을 음성 굴성이라고 한다. —옮긴이

려워하고 부끄러워했다. 이 점은 후회하는 모든 알코올중독자나 약물 중독자와 마찬가지였다. 다른 점이 있다면, 이 환자의 사례에서는 타인이 중독의 대상이 되었다. 이 환자는 늘 짧은 시간 안에 자신이 들어갔던 원 안에 붙잡히거나 갇힐 위험에 빠졌다고 느꼈고, 겁에 질려 절망하고, 의심하고, 부끄러워하면서 자신만의 고립된 자리로 다시 물러났다.

다음의 두 사례는 앞서 논의한 사항들을 잘 보여준다.

사례 ① 외로울 때의 불안 기혼 여성 R은 현재 거리에 나가기를 두려워하는 것(광장공포증)이 문제다. 더 자세히 조사해보니, R은 자신이 거리나 다른 곳에 혼자 있다고 느끼기 시작하면 불안해진다는 것이 명확해졌다. R은 자신이 실제로 혼자라고 느끼지 않는 한 혼자 **있을 수** 있었다.

간략하게 말하면 R의 이야기는 다음과 같다. R은 외동이었고 외로운 아이였다. 그녀의 가정에 공공연한 방임이나 적대 행위는 없었다. 하지만 어린 R은 엄마 아빠가 서로 상대방에게만 푹 빠져서, 두 사람 중 누구도 딸인 자신에게 주의를 기울이지 않는다고 느꼈다. R은 자라면서 자신의 삶에서 이 구멍이 메워지기를 늘 원했다. 하지만 R은 자립하지도 못하고, 자신만의 세계에 몰입하는 데도 성공하지 못했다. R은 항상 **다른 누군가에게** 중요하고 의미 있는 사람이 되길 갈망했다. 항상 다른 누군가가 있어야만 했다.

그녀는 되도록이면 사랑받고 존경받기를 원했다. 그러지 못할 경우에는, 주목받지 못하는 것보다는 미움받는 것을 훨씬 더 선호했다. R은 어렸을 때 부모에게 실제로 중요한 자녀가 아니었던 것을 기억한다. 부모는 R을 사랑하지도, 미워하지도 않았다. 대단히 존중하거나 부끄러워하지도 않았다. R은 이런 어릴 적 자신에 대한 기억을 견디어냈다. 하지만 이와는 대조적으로 어떤 능력에서라도 타인에게 **중요한** 사람이 되고 싶었다.

그 결과, R은 자신의 거울에 비친 자신을 보려고 노력했다. 하지만 자신이 **대단한 사람**이라고 확신할 수 없었다. R은 타인이 없으면 무서웠다. 결코 이를 극복할 수 없었다.

R은 매우 매력적인 여성으로 성장했고, 열일곱 살에 자신의 매력을 알아본 첫 번째 남자와 결혼했다. 과연 그녀답게 R은 자신이 약혼을 선언하기 전까지, 부모가 딸이 속으로 어떤 혼란을 겪었는지 알아차리지 못했다고 느꼈다. 남편의 따뜻한 관심을 받으면서, R은 의기양양하고 자신감이 넘쳤다. 하지만 남편은 육군 장교였고, 잠깐 동안 해외 부대에 배치되었다. R은 남편과 함께 갈 수 없었다. 이 결별에서 R은 심한 공포를 경험했다.

여기서 남편이 떠나고 없을 때 R이 보인 반응이, 남편을 그리워하거나 갈망하는 우울이나 슬픔이 아니었음에 주목해야 한다. R의 반응은 (제시했듯이) 그녀 안에 있던 무언가가 붕괴되었기 때문에 일어난 공포였다. 붕괴된 그것은 남편의 존재와 남편의 지속적 관심 덕택에 존재했었다. R은 단 하루도 비가 내리지 않으면 말라버리는 한 송이 꽃이나 마찬가지였다.

그런데 R에게 도움이 왔다. 어머니의 갑작스런 병환을 통해서였다. R은 아버지에게 긴급한 도움을 요청받았다. 친정으로 와서 어머니를 간호해달라는 부탁이었다. 어머니가 아프고 나서 1년 동안, R은 스스로 말했듯이 제정신이 아니었다. R은 그 가정의 기둥이었다. 어머니가 죽고 나서도 R은 공포의 기미를 보이지 않았다. 어머니가 돌아가신 시점은 마침내 R이 자신에게 큰 의미를 갖게 된 곳을 떠나서, 남편과의 결합을 많이 생각하던 때였다. 지난해 겪은 이런 경험을 통해서 R은 처음으로 자신을 부모의 자녀로 느꼈다. 이와는 반대로, 남편의 아내가 되는 것은 이제 어쩐지 가치가 없어 보였다.

다시 한 번 우리는 R이 어머니의 죽음을 애도하지 않았음에 주목해보자. 이번에는 R이 이 세상에 혼자 있을 가능성을 계산하기 시작했다. 어머니는 죽었다. 그다음은 아버지일 것이다. 어쩌면 남편일 수도 있다. '그다음은…… 아무도 없다.' 이런 사실이 R을 우울하게 만들진 못했다. 다만 놀라게 했을 뿐이다.

그 후 R은 해외에서 남편과 결합했고, 몇 년 동안 즐겁게 살았다. R은 남편이 줄 수 있는 모든 관심을 갈망했다. 하지만 남편의 관심은 점점 줄어들었다. R은 초조하고 불만스러웠다. 두 사람의 결혼 생활은 파경을 맞았고, R은 런던에 있는 아파트에서 아버지와 살려고 돌아왔다. 아버지와 계속 동거하는 동안 R은 어느 조각가의 정부이자 모델이 되었다. 내가 R을 만난 건 그녀가 스물여덟 살이 되었을 때였다. 나를 만날 때까지, R은 이런 식으로 몇 년을 살았다.

R은 그 거리에 대해 다음과 같이 말했다.

"사람들은 일을 하러 그 거리를 왔다 갔다 해요. 선생님을 알아보는 사람을 거의 못 만날 거예요. 알아본다고 해도, 머리를 끄덕이고는 지나갈 거예요. 아니면 기껏해야 2~3분쯤 이야기할 수 있을 거예요. 아무도 선생님이 누구인지 몰라요. 모든 사람이 자신에게만 몰두하죠. 아무도 선생님에게 신경 쓰지 않아요."

R은 기절한 사람들과 그런 사람에 대해 모두가 무관심했던 사실을 예로 들었다.

"아무도 신경 쓰지 않아요."

R이 불안을 느낀 것은 바로 이러한 환경과 고려 사항들에 관해서였다.

이런 불안은 R이 혼자 거리에 있을 때, 더 적절하게 말하면 혼자 있다고 느낄 때 일어났다. 밖에 나가서 잘 아는 사람을 만날 때에는 전혀 불안하지 않았다.

아버지 아파트에서 R은 자주 혼자 있었다. 하지만 거기서는 달랐다. R은 자신이 아파트에 **정말** 혼자 있다고 느끼지 않았다. R은 아침 식사를 준비했다. 침대를 정리하는 일과 설거지는 될 수 있는 한 뒤로 미뤘다. 한낮은 따분했다. 하지만 R은 크게 신경 쓰지 않았다. '모든 것이 익숙했다.' 아파트에는 아버지의 의자와 파이프 선반이 있었다. 벽에 걸린 어머니의 사진이 R을 내려다보았다. 이 모든 익숙한 사물은 그 집을 밝히는 듯했다. 그 사물들을 소유하고 사용했거나, 자기 삶의 일부로 그렇게 했던 사람들이 있었기 때문이다. 따라서 R은 집에 혼자 있었지만, 항상 마법적인 방법으로 누군가와 함께할 수 있었다. 하지만 이 마법은 사람들로 붐비는 거리의 소음과 익명성 속에서는 사라졌다.

흔히 전통적 정신분석 이론으로 여기는 히스테리 이론이 있다. 이러한 히스테리 이론을 이 환자에게 적용하는 것은 몰지각한 일이다. 이 여성을 무의식적 성욕으로 아버지에게 얽매여 있고, 결과적으로 무의식적 죄책감을 느끼며, 처벌받고 싶은 무의식적 욕구와 두려움을 지닌 사람으로 보이게 하려는 것이기 때문이다. R이 아버지를 떠나 지속적인 리비도적 관계를 발전시키지 못한 것은 R이 아버지와 살며 어머니를 대신하기로 한 결심과 함께 첫 번째 관점을 지지하는 것처럼 보일 것이다. 말하자면, R은 스물여덟 살의 여성으로서 하루 종일 사실상 아버지를 생각하며 보낸 것이다. 어머니가 마지막으로 아플 때 R이 어머니에게 헌신한 것도 부분적으로는 어머니를 향한 무의식적 양가감정에 대한 무의식적 죄책감의 결과일 것이다. 어머니의 죽음에 대한 R의 불안도 어머니가 죽기를 바라는 자신의 무의식적 소망에 대한 불안일 것이다.[16]

하지만 이 환자의 삶에서 중요하고 중심이 되는 문제는 그녀의 '무의식'에서 발견되지 않는다. 그 문제는 우리뿐만 아니라 R도 볼 수 있도록 완전히 드러나 있다(물론 이 환자가 자신에 대해 깨닫지 못하는 것이 많지 않다고 말하려는 건 아니다).

---

16 명백하게 '히스테리적인' 증상 형성에 대한 정신분석학의 매우 중요한 기고문을 보기 원하는 독자는 시걸 Segal(1954)의 논문을 보라.

R의 모든 삶이 집중된 구심점은 그녀에게 **결여된 존재론적 자율성**이다. 자신을 아는 타인이 실제로 곁에 없거나, 타인이 없는 상황에서 그 사람의 존재를 떠올리지 못하면 R의 정체감은 사라졌다. 존재가 희미해지면 R은 무서웠다. R은 팅커벨 같았다. R에겐 살기 위해 자신의 존재를 믿어줄 타인이 필요했다. R을 사랑하는 사람은 조각가가 되고, R에겐 그 사람의 모델이 되는 것이 얼마나 필요했던가! R의 존재에 깔려 있는 이 기본 전제를 감안하면, 타인들이 그녀의 존재를 인식하지 못할 때 그녀가 불안으로 가득 차는 것이 얼마나 불가피했던가!

R에게 **존재한다는 것**esse은 **지각되는 것**percipi이다. 즉 익명의 지나가는 사람이나 조금 아는 사람으로 보이지 않는 것이다. 그것은 바로 **R을 석화시킨** 타인이 R을 보는 형식이었다. 어떤 사람이 R을 익명의 사람으로 보면, 그다지 중요하지 않은 사람이나 **물건**으로 보면, R은 특별히 아무도 **아니었다.** 타인이 R을 보는 모습이 곧 R이었다. 아무도 R을 보는 사람이 없으면, 그 순간 R은 자신을 중요한 사람으로 여긴다고 생각하는 누군가를 떠올리고 그 사람과 함께 있는 자신을 상상하려고 애썼다. 그 사람이 어떤 사람인가는 R의 인생에서 어떤 시점인가에 따라 달랐지만, 아버지나 어머니일 수도 있고 남편이나 애인일 수도 있었다. R을 한 명의 사람으로 대해준 사람들이었다. 그녀의 존재가 의존한 이 사람이 떠나거나 죽으면, 그것은 애도의 문제가 아니라 공포의 문제였다.

R의 핵심 문제를 '무의식'으로 치환할 수는 없다. R이 창녀가 되는 상상을 하는 것을 누군가 발견한다고 해도, 이것으로 R이 거리를 걷

는 것을 불안해하는 이유나 거리에서 넘어지고 다시 일어서도록 도움을 받지 못하는 여자들에 몰두하는 이유를 설명하진 못한다.

이와 반대로 R의 무의식적 환상은 R의 자기-존재self-being, 자신을 위한 존재being-for-oneself를 함축하는 핵심 문제를 통해 설명하고, 해석할 수 있다. R이 혼자 있기를 두려워하는 것은 근친상간의 리비도적 환상에 대해 또는 자위에 대해 '방어'하는 것이 아니다. R은 근친상간의 환상을 경험했다. R이 딸 역할에 완전히 '고착'되었던 것이 그렇듯이, **이 환상들은 홀로 있음이라는 두려움에 대한 방어였다.** 그 환상들은 R이 혼자 있을 때 느끼는 불안을 극복하는 수단이었다. R이 만족을 추구할 때 그렇듯이, 자신의 근본적인 실존적 입장 때문에 자신이 버릴 수 있는 자신 안에서 시작했다면 R의 무의식적 환상의 의미는 완전히 달라졌을 것이다. 사실은 **R의 성생활과 환상들은 본래 만족을 얻기 위한 노력이 아니라, 첫 번째의 존재론적 안전을 얻기 위한 노력이었다.** R은 성교를 하면서 이러한 안전에 대한 환상을 성취했고, 이 환상에 기초하여 만족할 수 있었다.

아무리 적절하게 용어를 사용한다고 해도, R을 자기애성 성격장애 환자라고 부른다거나 R의 문제를 구강기, 항문기, 성기기 같은 심리성적 발달 단계로 전환시키려 한다면 오류다. R은 성년이 되자마자 지푸라기라도 잡으려는 듯이 성을 움켜잡으려 했다. R은 앞서 언급한 존재론적 의미에서 일시적으로 안전하면, 오르가즘을 느끼며 온몸으로 만족을 느꼈다. R을 사랑하던(그리고 R이 그 사람에게서 사랑받는다고 느낄 수 있던) 어떤 사람과 성관계를 가질 때, R은 최상의 순간에 이르렸을 것이다. 하지만 그 최상의 순간은 길지 않았다. R은 홀로 있을 수 없었다. 또 애인과 단 둘이 있을 수 없었다.

R에게는 타인들의 주목을 받아야 하는 욕구가 있기에, 또 다른 진부한 표현을 R에게 적용할 수 있다. R은 과시욕이 강한 사람이라는 것이다. 이런 진부한 용어는 실존적으로 이해할 때만 타당하다. 게다가 이 용어에 대해서는 나중에 더 자세히 논의할 것이다. R은 결코 '정체를 드러내지' 않고도 '자신을 과시'했다. 즉 R은 항상 자신을 억누르면서도 in-hibited, 자신을 과시했다 ex-hibited. 그러므로 겉으로 볼 때 R은 타인들과 함께 지내는 데 어려움이 없었지만 항상 혼자였고 외로웠다.

R이 타인들과 함께 있을 때에는 그녀가 겪는 문제가 **가장 두드러지지 않았다.** 하지만 타인들이 자율적인 존재라는 R의 깨달음은 자신의 자율성에 대한 R의 믿음만큼이나 꽤 빈약했음이 분명하다. 사람들이 그곳에 없을 때 그들은 R을 위해 존재하는 것을 멈추었다. 오르가즘은 R이 자신과 육체관계를 가진 남자를 안음으로써 자신을 진정시키는 수단이었다. 하지만 R 혼자서는 평상심을 유지할 수 없었다. 그래서 실제로 전혀 평상심을 유지할 수 없었다.

사례 ② 사람들은 몇 세기 동안 사람의 성격을 관찰했다. 그런데 아직까지도 충분히 설명하지 못한 매우 신기한 현상이 있다. 한 개인이 자신의 것이 아닌 성격의 매개체로 보이는 현상이다. 타인의 성격이 그 개인을 '소유한' 것처럼 보이고, 그 개인의 말과 행동을 통해 표현 방법을 찾는 것처럼 보인다. 반면에 그 개인 자신의 성격은 일시적으로 '상실되거나' 사라진다. 이 현상은 다양한 정도로 악영향을 끼치면서 발생한다. 기본 과정은 같지만 정도는 다양하다. 아무개가 "그 아버지를 완전히 빼다박았다"처럼 선의의 관찰이나 "자기 엄마 성격이 그대로 나오는군"처럼 단순한 것도 있다. 또 미워하거나 자신과는 완전히 다르다고 여기는 사람의 성격을 그대로 나타내도록 강요받는다고 느끼는 사람의 극단적인 고통도 있다.

이는 원치 않게 강박적으로 발생할 때 한 사람의 정체성을 붕괴시킬 정도로 매우 중요한 현상이다. 이러한 현상이 발생하는 것에 대한 두려움은 삼켜짐과 내파에 대한 두려움의 한 요소가 된다. 개인은 누군가를 좋아하는 것을 두려워할 수 있다. 자신이 좋아하는 사람처럼 되라고 강요받게 됨을 깨닫기 때문이다. 나중에 보여주겠지만 이는 조현병적 철회의 동기 가운데 하나가 된다.

아주 다른 하위 정체성이 한 개인을 삼키면, 개인의 자기와 성격은 정체성과 현실감각을 완전히 상실할 위협을 받는 정도까지 심각하게 변한다. 다음 사례는 그 변하는 방식을 보여준다.

40대 기혼 여성 D는 초기 진료에서 모호하지만 강렬한 두려움에 대한 불편을 호소했다. D는 모든 것이 두렵다고 했다. '심지어 하늘까지' 두렵다는 것이다. D는 지속적인 불만감을 호소했고, 남편에 대한 설명할 수 없는 분노에 대해서도 불평했다. 가장 큰 불평은 '책임감의 결여'에 관한 것이었다.

D는 "누군가 내 안에서 일어나서 나에게서 벗어나려고 애쓰는 것 같다"며 두려워했다. D는 자신이 어머니를 닮았다는 사실을 매우 두

려워했다. 어머니를 미워했기 때문이다. D는 자신이 어떤 일을 해도 부모가 기뻐하지 않았다는 사실을 곤혹감, 당혹감과 연관시키고 이를 '불신'이라 불렀다. D가 어떤 일을 했을 때 부모는 틀렸다고 말했다. D가 또 다른 일을 했을 때도 여전히 부모는 틀렸다고 말했다. D는 "부모가 자신이 무엇이 되길 원하는지" 알 수 없었다고 말했다. D는 부모를 비난했다. 무엇보다도 부모가 자신에게 실제로 나는 누구인지, 무엇인지, 또는 무엇이 되어야 할지 알 수 있는 방법을 전혀 가르쳐주지 않기 때문이다. 어떤 '신뢰'를 받더라도 D는 좋지도, 나쁘지도 않았다. 부모가 사랑이나 미움, 찬성이나 반대를 표현할 때 완전히 예측할 수도, 믿을 수도 없었기 때문이다. 그건 단순히 D의 느낌일 수도 있었다.

회상을 통해서 D는 부모가 자신을 미워한다고 결론 내렸다. 하지만 그와 동시에 D는 부모님 때문에 너무 당황스럽다고 말했다. 또 부모를 사랑하는 것은 물론 미워하는 것도 너무 불안해서 자신이 무엇이 되어야 할지 모르겠다고 했다. 이제 D는 자신이 '위로'를 찾는다고 말했다. D는 나에게서 자신이 따라가야 할 길을 지시해줄 선을 찾고 있었다. D는 나의 비지시적 태도를 참아내기가 특별히 힘들다는 것을 깨달았다. D가 보기에 나의 태도는 명백하게 다음과 같은 그녀 아버지의 태도를 반복하는 것이었다.

"아무것도 묻지 마라. 그러면 어떤 거짓말도 듣지 않을 것이다."

잠시 동안 D는 강박적인 사고의 지배를 받으며 '이건 어디에 효과가 있지?' 혹은 '왜 이것이어야 하지?'라고 묻고는 스스로 답하고 싶어

했다. D는 이런 행동이 자신의 생각에서 위안을 얻으려는 노력이라고 이해했다. 어느 누구에게서도 위안을 이끌어낼 수 없었기 때문이다. D는 굉장히 우울해져서, 자신의 감정에 대해 수없이 불평하기 시작했다. 그러면서 사람들이 매우 유치하다고 말했다. D는 스스로에게 얼마나 미안한지에 관해 많이 이야기했다.

내가 보기에 D는 실제로 자신의 참-자기에게 미안한 것이 아니었다. D의 이야기는 다루기 힘든 아이에 대해 불평하는 불만스러운 어머니의 이야기에 훨씬 가까웠다. 사실은 언제나 D의 어머니가 'D의' 유치함에 대해 불평하면서 'D에게서 나오는 것'처럼 보였다. 그녀 스스로에 대한 불평뿐만 아니라, 다른 면들에서도 마찬가지였다. 예를 들어 D는 어머니처럼 남편과 자녀에게 계속해서 소리를 질렀다. 꼭 어머니 같았다.[17] D는 모든 사람을 미워했다. 그리고 어머니처럼 항상 울었다.

사실 D에게 삶은 고통이었다. 그녀가 결코 자신이 될 수 없고 언제나 어머니라는 사실 때문이었다. 하지만 D는 외롭거나, 길을 잃은 듯할 때나, 무섭고 당황스럽다고 느낄 때 자신이 더 진정한 자기임을 알았다. D는 이렇게 자신이 화를 내고, 미워하며, 소리 지르고, 울거나 불평하는 일에 자신이 공모했음도 알았다. 왜냐하면 자신을 부추겨

---

17 즉 어머니가 어떤 사람인가에 대한 D의 생각과 같았다. 나는 D의 어머니를 한 번도 만난 적이 없고, 어머니에 대한 D의 환상이 실제 사람으로서의 D 어머니와 닮았는지에 대해서도 잘 알지 못한다.

그 사람처럼 되면(즉 어머니같이 되면) 더는 무서워하지 않아도 되었기 때문이다(사실이었다. 그러기 위해서 더는 자신이 되지 못하는 대가를 치른 것이다).

하지만 이런 책략의 여파는 그 격동이 지나갔을 때 나타났다. D가 허무감에 빠지거나, 자신이 흉내 냈던 사람(그녀의 어머니)과 자신에 대한 미움에 억눌린 것이다. 자기 이중성 때문이었다. D는 진짜 자신일 때 불안을 느꼈다. 그런데 일단 D가 이러한 불안을 극복하는 잘못된 방식을 의식하게 된 이상, D는 어느 정도 자신이 되는 것을 피함으로써 이런 불안을 느끼는 것을 회피하는 것이 그녀의 질병보다 더 해로운 치료법인지, 아닌지 결정해야만 했다.

D는 나를 심하게 미워했다. 나에 대해 좌절했기 때문이다. 전이 속에 있는 성적 욕동과 공격적 욕동의 좌절로는 D가 경험한 좌절을 충분히 설명할 수 없다. D가 경험한 좌절은 오히려 실존적 좌절이라고 부를 만한 것이었다. 이 실존적 좌절은 D가 나에게서 '위안'을 얻고자 했지만 내가 주지 않고, **그녀가 무엇이 되어야 할지도 말하지 않음으로써**, D에게 자신이 어떤 사람이 될지 스스로 결정하라는 요구를 강요했다는 사실에서 발생한 것이다. D는 부모에게서 자신의 타고난 권리를 거부당했다고 느꼈다. 부모가 대신해서 그녀를 정의해줌으로써 딸에 대한 책임을 다하지 않았기 때문이었다. 자신에 대한 정의는 그녀의 인생에서 출발점 역할을 할 수 있는 것이었다. 그런데 내가 이 '위안'을 주기를 거부함으로써 그녀는 더 강렬하게 자신이 거부당했다고 느꼈다. 하지만 위안을 주지 않음으로써만 D가 이 책임을 내면으로

가져갈 환경을 제공할 수 있었다.

그러므로 이런 의미에서 심리 치료의 임무는, 야스퍼스의 표현을 빌리자면 환자의 자유에 호소하는 것이다. 심리 치료의 좋은 기술은 이 일을 효과적으로 하는 능력에 달렸다.

The Divided Self

2부

R.D.Laing

4장

체화된 자기와
체화되지 않은 자기

지금까지 나는 근본적인 존재론적 불안전의 측면인 불안에 대해 규정하고자 했다. 이 불안들은 특정한 실존적 상황에서 발생하고, 이 특정한 실존적 환경의 한 기능이다. 한 사람의 존재가 안전하면 같은 강도와 지속성을 지닌 불안은 일어나지 않는다. 이런 식으로 불안이 발생하거나 지속될 이유가 없기 때문이다.

이런 기본적 안전이 없어도 삶은 반드시, 그럼에도 불구하고 계속되어야 한다. 이제 한 인간은 이러한 질문에 대답하려는 시도를 해야만 할 것이다. 자기 자신과 맺는 어떤 관계가 존재론적으로 불안전한 사람이 형성하는 관계일까? 그런 사람들은 자신과의 가장 강렬한 갈등을 겪는 내내 지속되는 기본적 일체감이 얼마나 없는지 모른다. 나는 이런 모습을 제시해 보여줄 것이다. 이들은 오히려 자신이 본래 마음과 몸으로 분열되어 있다고 느끼는 듯하다. 이들은 대개 '마음'과 가장 밀접하게 동질감을 느낀다.

한 사람의 존재가 내면에서 체계화되는 기본 방식이 있다. 내가 이 책 나머지 부분에서 주로 관심을 가질 문제는 그 결과들 중 일부에 관한 것이다. 이러한 분열은 기저의 근본적 불안전을 다루기 위한 시도다. 때로는 그러한 분열이 있더라도 효율적으로 살기 위한 수단 혹은 그 분열을 초월하기 위한 시도일 수 있다. 하지만 분열은 불안을 지속시키기도 하며, 어느 정도 불안에 대한 방어기제가 되고, 정신증으로 끝나는 일련의 발달 과정을 위한 출발지를 제공할 수도 있다. 한 개인이 **체화되지 않았다고** 느끼는 자신의 일부와 지나치게 배타적으로 동일시하기 시작한다면, 분열이 정신증으로 끝나는 발달 과정의 출발지를 제공할 가능성은 항상 존재한다.

이번 장에서 나는 먼저 도식적으로 그리고 가장 일반적 용어로 **체화된** 자기라는 용어와 **체화되지 않은** 자기라는 용어를 대조할 것이다. 그런 다음 이어지는 장들에서 나는, 누구도 정신과 의사에게 환자로 데려오지 않는 이 입장의 모든 가능성은 일단 제쳐놓고, 한 개인의 존재를 총체적으로 심각하게 붕괴시키고, 그 결과로 정신증을 앓게 할 수 있는 이 입장의 결론을 철저히 따라가며 조사할 것이다.

체화된 자기와 체화되지 않은 자기

모든 사람은 자신이 자기 몸과 함께 있거나 몸 안에 밀접하게 묶여 있다고 느낀다. 심지어 가장 체화되지 않은 사람도 그렇게 느낀다. 일반적 상황에서 사람은 자기 몸이 살아 있고, 실재하며, 현실적이라고 느끼는 한 자신이 살아 있고, 실재하며, 현실적이라고 느낀다. 사람들은 대부분 자신의 몸이 생겼을 때 자신이 생겼고, 자신의 몸이 죽으면 자신이 죽는다고 느낀다. 이러한 사람은 자신이 **체화되었다고** 느낀다.

하지만 꼭 이렇게 되지 않을 수도 있다. 스트레스를 받는 순간에 자신이 몸에서 분리되었다고 느끼는 '보통' 사람들은 별도로 하더라도, 자신의 몸에 합병된 생명을 체험하는 것이 아니라, 마치 늘 그랬듯이 자신이 몸에서 어느 정도 분리되어 있다고 느끼는 사람들이 있다. 이런 사람들은 '자신'이 완전히 육신이 된 적이 없었다거나, 자신이 어느 정도 **체화되지 않았다고** 말한다.

이 지점에 우리 삶에서 자신의 상황에 대해 느끼는 근본적인 차이가 있다. 마치 언젠가 체화나 비체화가 어느 쪽으로든 완료되기라도 한 것처럼, 우리는 인간됨을 두 가지 다른 방식으로 바라본다. 사람들은 대부분 체화되는 것을 정상적이며 건강한 것으로 여기고, 체화되지 않는 것을 비정상적이고 병리적인 것으로 여긴다. 이 연구 전체에 걸쳐 이러한 평가는 매우 부적절하다. 특정한 관점에서 보면, 체화를 바람직한 것으로 여길 수 있다. 또 다른 관점에서는 다음과 같이 제안할 수도 있다. 즉 개인은 자신의 몸에서 해방되어야 하고, 그렇게 해서

바람직한 상태의 체화되지 않은 영성을 달성해야 한다.[1]

우리에게는 두 개의 근본적인 실존적 환경이 있다. 환경의 차이는 다른 배경에서와 마찬가지로 하나의 배경에서 일어나는 모든 기본적 문제, 선과 악, 삶과 죽음, 정체성, 현실과 비현실의 문제를 배제하지 않는다. 하지만 사람들이 존재하는 철저하게 다른 배경은 사람들이 사는 근본 방식을 결정한다. 자신의 상태가 이 가능성들 중 어느 한쪽이나 다른 한쪽에 근접한 개인은 타인이나 세계와의 밀접함을 경험한다. 밀접함을 경험하는 방식이라는 면에서 이 극단적인 두 가지 가능성을 검토할 필요가 있다.

체화된 사람은 자신이 살과 피와 뼈라고 느낀다. 또 생물학적으로 살아 있고 실재한다고 느낀다. 자신이 실체임을 아는 것이다. 체화된 사람은 철저하게 자기 '몸' 안에 있는 한, 자신이 시간 속에서 지속되리라고 느낄 수 있다. 그는 자신의 몸을 위협하는 위험, 즉 공격, 절단, 질병, 부패, 죽음의 위험에 종속되어 있다고 느낄 것이다. 체화된 사람은 신체적 욕망 그리고 신체의 만족과 좌절에 연루되어 있다. 체화된

---

1 예를 들어 불트만은 《원시 그리스도교Primitive Christianity》(1956)에서 영혼(진정한 자기)과 몸의 분리에 대한 영지주의의 이상을 훌륭하고 간략하게 설명한다. 영지주의에서는 구원을 영혼과 몸의 분열을 완전히 위반하는 것으로 여긴다. 불트만은 다음과 같이 영지주의 서적을 인용한다. "(몸은) 캄캄한 감옥이요, 살아 있는 죽음이며, 감각을 부여받은 시체요, 네가 나르는 무덤이고, 가지고 다니는 무덤이며, 너를 사랑하면서도 너를 미워하고, 너를 미워하면서도 너를 시기하는 도둑 같은 동료다……"(169쪽).
정신병리적 관점에서 본 마음과 몸의 분열에 관한 연구를 원하는 독자는 클리포드 스콧Clifford Scott(1949)과 위니콧(1945, 1945)의 연구를 참조하라.

사람은 자기 몸의 경험을 출발점으로 삼는다. 몸의 경험은 그가 타인들과 함께 사람이 될 수 있는 기초가 된다.

하지만 그 사람의 존재가 '정신'으로서의 자기와 몸으로서의 자기로 쪼개지지 않았다 해도, 그는 다양한 방식으로 자신에 대해 분열될 수 있다. 여러 가지 점에서, 그 사람의 상태는 자신의 몸에서 어느 정도 분리된 개인의 상태보다 더 위태롭다. 부분적으로 체화된 사람은 때때로 신체적 손상을 받아도 흩뜨러지지 않았다고 느끼지만, 먼저 언급한 개인에게는 이런 느낌이 결여되어 있기 때문이다.

예를 들어 한 남성은 조현병적 붕괴로 인해 두 번에 걸쳐 정신병원에 장기간 입원했다. 이 남성은 내게 자신이 밤에 골목길에서 공격을 받고 어떻게 반응했는지 말했다. 그때는 정신이 아주 말짱하던 때였다. 이 남성이 골목길을 따라 걷는데 반대편에서 두 남자가 다가왔다. 두 남자가 이 남성과 나란해지자, 두 남자 중 하나가 곤봉으로 이 환자를 쳤다. 정확하게 조준해서 때린 것은 아니어서 그는 잠시 기절했다. 그는 깜짝 놀랐지만 돌아볼 정도로 회복되어 가해자를 공격했다. 물론 그는 비무장 상태였다. 두 남자는 그와 잠깐 동안 몸싸움을 하다가 도망갔다.

흥미로운 사실은 이 남자가 그 사건을 경험한 방식이다. 두 사람 중 하나에게 맞았을 때, 그가 보인 첫 번째 반응은 놀람이었다. 그런 다음, 아직 반쯤 어리벙벙했지만 그는 이 두 남자가 자신을 때린 것이 아주 적절하지 못하다고 생각했다. 그에겐 돈이 없었다. 두 남자는 그에게서 한 푼도 얻을 수 없었다.

"그들이 나를 때릴 수는 있었지만 실제로 내게 어떤 손상도 입힐 수 없었다."

즉 그의 몸에 입히는 어떤 손상도 **실제로** 그를 상하게 하진 못했다. 예를 들어 소크라테스가 선한 사람에게는 어떤 해도 저지를 수 없다고 주장할 때, 그런 태도가 지혜의 극치가 될 수 있음은 당연하다. 이 사례에서 '그'와 그의 '몸'은 해리되었다. 그런 상황에서 그는 보통 사람들보다 훨씬 덜 두려웠다. 그의 관점에서 보면, 본질적으로 그에게 속한 것 가운데 잃을 게 없었기 때문이다.

하지만 다른 한편으로, 그의 삶은 보통 사람들에게는 일어나지 않는 불안으로 가득 찼다. 그의 신체의 욕망, 요구, 행동 속에 충분히 함축된 체화된 사람은 그와 똑같은 욕망, 요구, 행동에 수반하는 죄책감의 지배를 받는다. 그는 몸의 만족뿐만 아니라 몸의 불만에 지배를 받는다. 자신의 몸 안에 있다는 것은 혹시 있을지도 모르는 압도적인 자기 비난에서 벗어날 수 있는 피난처가 아니다. 그와 같이 체화되는 것은 절망감과 무의미에 대한 보험이 될 수 없다. 몸 밖에서, 그는 여전히 자신이 누구인지 알아야 한다. 그는 자신의 몸이 썩고, 파괴되었으며, 죽어간다고 느낄 수 있다.

요컨대, 신체-자기body-self는 존재론적 의심과 불확실성의 부식에 대비한 불가침의 요새가 아니다. 신체-자기는 그 자체로 정신증에 대한 방파제가 아니다. 역으로 말하면, 자신의 존재가 체화되지 않은 부분과 체화된 부분으로 나뉘었다고 느낀다는 것이 잠재형 정신증의 지표는 아니다. 완전한 체화가 제정신에 대한 보증이 되지 못하는 것과 마찬가지다.

하지만 정말로 자신의 몸에 기반을 둔 개인은 결코 다른 점에서 통일되고 완전한 사람은 아니더라도, 적어도 이런 점에서는 완전한 출발점을 지녔음을 의미한다. 이런 출발점은 자기-신체 이원론의 관점에서 자신을 경험하는 사람의 위계구조와는 다른 가능성의 위계구조를 확립하기 위한 전제조건이 될 것이다.

체화되지 않은 자기

이 상태에서 개인은 자신이 몸과 결별했거나 몸에서 분리되었다고 느낀다. **즉 몸이 그 개인 자신의 존재의 핵심이 아니라, 세계 속에 있는 다른 대상들 중에 한 대상이라고 느끼는 것이다.** 그 사람은 몸을 개인의 진정한 자기의 핵심이 아니라, **거짓-자기**의 핵심이라고 느낀다. 또 분리되고 탈신체화되었으며 '내적인', '진정한' 자기가 경우에 따라 그 몸을 부드럽게, 즐겁게 또는 증오하며 바라본다.

이와 같이 자기가 몸에서 분리되면, 체화되지 않은 자기는 세계의 삶의 어떤 측면에도 직접 참여하지 못한다. 자기는 몸의 지각, 느낌, 움직임(표정, 몸짓, 말, 행동 등)을 통해서만 세계의 삶의 측면에 참여한다. 체화되지 않은 자기는 그 신체가 하는 모든 일의 구경꾼이다. 체화되지 않은 자기는 어떤 일에도 직접 개입하지 않는다. 체화되지 않은 자기의 기능은 그 신체가 경험하고 행동하는 것과 순전히 '정신적인 것'이라고 흔히 말하는 것에 **관하여**vis-à-vis 관찰하고, 통제하며, 비평하는 것이다.

체화되지 않은 자기는 과도하게 의식하게 된다.

체화되지 않은 자기는 자신의 심상들imagos을 사실로 받아들이려고 시도한다.

체화되지 않은 자기는 자신과 관계를 발전시키고, 매우 복잡해질 수 있는 신체와 관계를 발전시킨다.

현재 체화되지 않은 사람이 겪는 정신병리에 대해 아주 많은 연구가 이루어진 반면에, 그 존재가 이런 식으로 철저하게 분열된 사람에 대한 논문의 수는 비교적 적다. 물론 연구자들은 자기와 신체 사이에 일어나는 일시적인 상태의 분열에 대해 연구했다. 하지만 연구자들은 자기가 체화된 채로 시작해서, 스트레스를 받아 일시적으로 분열되고, 위기가 끝났을 때 본래의 체화된 위치로 돌아오는 본래의 자리에서 이런 분열이 발생한다고 보았다.

'경계선적' 사례 : 데이비드

데이비드에 관해서는 최소한의 언급으로 솔직하게 설명하겠다. 그런 사람과 문제가 현실 속에 존재하며, 내가 꾸며낸 이야기가 아님을 독자들에게 명확히 이해시키고 싶기 때문이다. 데이비드의 사례는 다음 절에 나오는 많은 일반적 논의를 위한 근거가 될 것이다.

내가 데이비드를 만났을 때, 데이비드는 열여덟 살이었다. 데이비드는 독자였고, 열 살 때 어머니를 잃었다. 그 후 데이비드는 아버지와 함께 살았다. 그래머스쿨을 마친 데이비드는 철학을 공부하러 대학에 입학했다. 데이비드의 아버지는 아들이 정신과 의사의 진료를 받는 이유를 알 수 없었다. 아버지가 보기에는 아들에게 정신과 의사의 진료를 받을 만한 아무런 문제도 없었기 때문이었다. 하지만 데이비드의 대학 강사는 데이비드를 걱정했다. 데이비드가 환각을 느끼는 것처럼 보였고, 여러 가지로 약간 이상한 방식으로 행동했기 때문이다. 예를 들어 데이비드는 어깨와 팔 위를 덮는 망토를 입고 강의에 참석했다. 또 지팡이를 들었다. 데이비드의 전체적 태도는 부자연스러웠다. 데이비드의 말은 주로 인용들로 이루어졌다.

데이비드에 대한 아버지의 평가는 매우 빈약했다. 아버지는 아들 데이비드가 항상 완벽하게 정상이고, 아들의 기이한 행동을 단순히 사춘기의 한 단계라고 생각했다. 데이비드는 항상 매우 착한 자식이었고, 무슨 일이든 시키면 다 했고, 결코 말썽을 부리지 않았다. 어머니는 데이비드에게 헌신했다. 데이비드는 어머니에게서 떨어지지 못했다. 어머니가 세상을 떠났을 때 데이비드는 '매우 용감했고', 아버지를 돕기 위해 무슨 일이든 했다. 데이비드는 가사를 돌보고, 밥을 짓고, 대부분의 음식을 샀다. 데이비드는 어머니와 똑같은 자수와 태피스트리, 실내장식 솜씨를 보일 정도까지 어머니를 '이어받았다.' 아니 어머니를 본받았다. 아버지는 이 모든 것을 칭찬했다.

데이비드는 매우 괴상하게 생긴 청년이었다. 데니 케이Danny Kaye[2]가 연기한 청년 키에르케고어 같은 인물이었다. 머리가 너무 길고, 옷깃도 너무 길었다. 바지는 너무 짧고, 신발은 너무 컸다. 또 낡은 망토를 걸치고 지팡이를 들고 있었다. 데이비드가 별난 것만은 아니었다. 나는 이 청년이 괴짜 **놀이**를 한다는 인상을 받았다. 데이비드의 전체 인상은 부자연스럽고 억지로 꾸민 듯했다. 하지만 사람들은 왜 그런 인상을 꾸며내는 것일까?

사실 데이비드는 매우 숙련된 배우였다. 적어도 그의 어머니가 죽은 후로 데이비드는 이런저런 배역을 연기했다. 어머니가 세상을 떠나기 전에, 데이비드는 말했다.

"나는 단지 엄마가 원하는 사람이었어요."

데이비드는 어머니의 죽음에 대해 말했다.

"내가 기억하는 한 나는 차라리 기뻤어요. 어쩌면 약간 슬펐는지도 몰라요. 어쨌든 그렇게 생각하고 싶어요."

어머니가 세상을 떠날 때까지, 데이비드는 딱 어머니가 기대하는 사람이었다. 어머니가 죽은 후, 데이비드로서는 자신이 되는 일이 더 쉽지 않게 되었다. 데이비드는 자신이 '자기'라고 부르는 것과 '인격'이라고 부르는 것이 두 개의 개별적인 것들이라는 사실을 당연하게 여기며 자랐다.

데이비드는 다른 가능성을 한 번도 심각하게 생각하지 않았고, 다

---

[2] 미국의 영화배우로 정식 이름은 데이비드 다니엘 코민스키David Daniel Kominski. —옮긴이

른 모든 사람이 비슷한 줄을 따라 세워졌다는 사실 또한 똑같이 당연하게 여겼다. 데이비드는 자신에 대한 체험을 바탕으로 일반적인 인간의 본성을 본다. 그런 데이비드에게는 모든 사람이 배우였다. 이것이 데이비드의 삶을 지배한 인간에 대한 굳어진 확신이나 가정이었음을 깨닫는 것이 중요하다. 이 때문에 데이비드는 어머니가 원하는 것은 무엇이든지 쉽게 될 수 있었다. 데이비드의 모든 행동은 단지 그가 연기하고 있는 하나의 배역이나 또 다른 배역에 속한 것이었다. 데이비드의 행동들이 그의 자기에 속한다고 말할 수 있다면, '거짓-자기'에게만 속한 것이다. 거짓-자기는 데이비드의 의지가 아니라 어머니의 의지에 따라 행동하는 자기다.

데이비드의 자기는 결코 행동 속에서 또는 행동을 통해 직접 드러나지 않았다. 데이비드는 한편으로 자신만의 '자기'를 지닌 채 유아기에서 벗어난 듯 보였고, 다른 한편으로는 "어머니가 그에게 되길 원하는 것", 즉 그의 '성격'을 지닌 듯 보였다. 데이비드는 거기서부터 출발해서 자신의 자기(데이비드만 아는)와 타인이 그에 대해서 알 수 있는 것을 되도록이면 완벽하게 나누는 것을 자신의 목표와 이상으로 삼았다. 이 방향으로 더 밀고 나가야만 했다. 데이비드가 자신도 모르게 항상 수줍어하고, 상처받기 쉽다는 사실 때문이었다. 데이비드는 항상 하나의 역할을 함으로써 수줍음과 부끄러움, 취약성을 어느 정도 극복할 수 있었다. 데이비드는 자신이 무슨 일을 하든지 그것은 자신이 아니라고 생각하며 안심했다. 따라서 이미 언급했던 것과 같은 형태의 방어기제를 사용했다. 즉 불안을 완화시키기 위한 노력의 일환으로 그 불안을 야기한 상황을 악화시켰다.

데이비드가 항상 마음속에 간직한 중요한 점은 자신이 하나의 역할을 한다는 것이었다. 데이비드는 항상 마음속에서 타인인 누군가의 역할을 했다. 하지만 때때로 자신(그 자신의 자기)의 역할을 했다. 즉 데이비드는 완전히 그리고 자발적으로 자신이 아니었다. 다만 자신이 **되는 놀이를 한 것이다.** 따라서 데이비드는 자신이 맡는 역할 속에 있는 타인들에 대해 가장 솔직하지 못한 애매한 표현을 썼다. 하지만 자신에 대한 데이비드의 이상은 되도록이면 완전히 솔직하고 정직해지는 것이었다.

데이비드의 존재의 전체 구조는 그의 내면에 있는 '자기'와 겉으로 드러난 '성격'의 괴리에 기반을 두었다. 이런 상황이 데이비드가 타인에게 행동하는 특이한 방식인 데이비드의 '성격' 없이 몇 년 동안 존재해왔다는 것은 주목할 만하다.

겉으로 보이는 모양은 데이비드의 '성격'이 진정한 자기표현이 아니라 일련의 **인격화**impersonations라는 사실을 드러낼 수 없다. 데이비드가 자신의 학창 시절 동안의 대부분을 연기해왔다고 여기는 역할은 오히려 재치 있지만 약간 냉정한 성격의 조숙한 남학생 역할이었다. 하지만 데이비드는 열다섯 살이 되면서 이런 배역이 인기가 없다는 것을 깨달았다. '**그것**은 입이 걸기' 때문이었다. 따라서 데이비드는 이 배역을 더 호감이 가는 배역으로 바꾸기로 결심했고, '좋은 결과를 얻었다.'

하지만 데이비드의 존재의 구조를 지탱하려는 노력은 두 가지 방식으로 위협받았다. 첫 번째 방법은 너무 심각하게 데이비드를 괴롭히진 않았다. 자발적인 사람이 되는 것의 위험이었다. 배우로서의 데이비드는 항상 자신이 연기하는 그 역할에서 분리되기를 원했다. 그 때문에 데이비드는 자신이 그 상황의 주인이라고 느꼈다. 그래서 자신의 표정과 행동을 완벽하게 의식적으로 통제하며, 그런 표정과 행동이 타인들에게 미치는 영향을 정확하게 예측한다고 믿었다. 자발적인 사람이 되는 것은 어리석은 일일 뿐이었다. 그것은 단지 타인의 처분에 자신을 맡기는 일이었다.

두 번째 위협은 더욱 실제적인 것이었고, 데이비드가 예측하지 않은 위협이었다. 데이비드가 내게 불평한 것의 개인적인 원천이 있다면, 그 원천은 이 실제적인 위협에 근거했다. 이 실제적인 위협은 정말로 데이비드의 모든 삶의 기술을 망치기 시작했다.

어린 시절 내내 데이비드는 거울 앞에서 역할을 연기하기를 매우 좋아했다. 이제 데이비드는 그 거울 앞에서 계속해서 역할을 연기했다. 하지만 이 한 번의 특별한 사례에서 데이비드는 자신이 자발적인 사람이 되기 위해 연기하던 역할에 열중했다.

데이비드가 느낀 것은 그의 몰락이었다. 데이비드가 거울 앞에서 연기한 역할은 항상 여성의 역할이었다. 그는 어머니 옷으로 차려입고, 계속 그 상태로 있었다. 유명한 비극에 나오는 여성 역할을 연습하기도 했다. 하지만 그러고 나서 자신이 여성 역할을 하는 일을 멈출 수 없음을 깨달았다. 데이비드는 문득 자신이 강박적으로 여자처럼 걷고, 여자처럼 말하며, 심지어 여자가 보거나 생각하듯이 보고, 생각하고 있음을 깨달았다. 이것이 데이비드의 현재 처지였고, 이것이 자신의 괴상한 옷차림에 대한 데이비드의 설명이었다. 왜냐하면 데이비드는 자신이 현재의 방식으로 차려입고 행동할 수밖에 없음을 발견했기 때문이다. 그것이 자신의 행동뿐 아니라 그 자신의 자기까지도 삼키고, 그의 존재에 대한 매우 소중한 통제권과 지배력을 강탈하려고 위협하는 여성스러운 역할을 억제할 유일한 방법이었다. 데이비드는 왜 자신이 이런 역할을 하는 지경까지 몰렸는지 이해할 수 없었다. 이런 역할은 자신도 싫어하고 모든 사람이 비웃으리라는 것을 데이비드는 알았기 때문이다. 하지만 이 '조현병적인' 역할은 데이비드가 아는 한 그의 내면에 있는 여인에게 삼켜지는 것을 피할 유일한 도피처였다.

이것이 다음 몇 쪽에서 논의할 사람의 유형이다. 조현병을 앓는 이런 유형의 사람에 대해 훨씬 상세하게 검토하지 않는다면, 데이비드가 가장 전형적인 '본보기'인 이 유형의 사람을 이해할 수 없을 것이다. 데이비드의 사례에서 우리는 데이비드 '자신의' 자기의 특성과, 그 특성과 데이비드의 '성격'의 관계, '남을 많이 의식하는 것'과 자신에게 '취약'해지는 것의 중요성, 데이비드의 의도적 흉내 내기의 의미, 명백하게 자율적이고 통제할 수 없는 다른 '성격'이 데이비드의 '성격' 안에 침투해 들어와서 데이비드 '자신의' 자아의 존재까지 위협하는 방법을 자세하게 기술해야만 한다.

중심적 분열은 데이비드가 '자신의' 자기라고 부르는 것과 자신의 '성격'이라고 부르는 것의 분열이다. 이 양분법이 반복해서 나타난다.

데이비드가 '자신의', '내적인', '진정한', '참된' 자기라고 다양하게 부르는 것은 데이비드가 자신의 '성격'이라고 부른 다른 쪽이 관찰할 수 있는 모든 활동에서 분리된 것이다. 우리는 이 '성격'을 편하게 개인의 '거짓-자기'나 '거짓-자기 체계'라고 부를 수 있다.

한 사람이 거짓-자기 체계를 말한다는 것은 그런 개인이 쓰고 있는 '성격', 거짓-자기, 가면, '위장', 페르조나가 다양한 역할-자기의 혼합물로 이루어질 수 있음을 뜻한다. 이들 가운데 어떤 것도 그 자신만의 포괄적 '성격'을 가질 정도로 충분히 발달되지는 못한다. 그런 사람과 친하게 지내 보면, 그의 관찰 가능한 행동이 모든 종류의 강박적 행동과 함께 매우 의도적 흉내 내기로 이루어졌음을 알게 된다. 어느 한 행동이 충분한 영향력을 가졌다면, 그 행동은 분명히 단 하나의 거짓-자기의 증거가 아니라, 성격을 구성할 수 있는 것의 부분적으로만 정교한 많은 파편들의 증거다. 그러므로 그런 요소들의 총합을 잘못된 자기 체계나 거짓-자기들의 체계라고 부르는 것이 가장 좋다.

그 같은 조현병 환자의 '자기'는 항상 대체로 체화되지 않는다. 우리는 그 자기를 정신적 실체로 경험한다. 그 자기는 키에르케고어가 '닫음shutupness'이라고 부르는 상태에 들어간다.[3] 사람들은 그 개인의 행동을 개인의 자기를 표현한 것이라고 느끼지 않는다. 데이비드의 행동은 그가 자신의 '성격'이라고 부른 모든 것이면서, 내가 그의

---

3 키에르케고어는 인간이 죽음에 대한 의식을 차단하는 경향이 있다고 보았다. 키에르케고어가 말하는 닫음이란 정신분석에서 말하는 '억압repression'과 같은 개념이다. —옮긴이

거짓-자기 시스템으로 부르자고 제안한 것이다. 이런 데이비드의 행동들은 해리되고, 어느 정도는 자율적으로 된다. 자기는 거짓-자기나 거짓-자기들의 활동에 참여하지 않는다. 거짓-자기와 거짓-자기들의 활동은 점점 거짓되고 헛된 것이 된다. 반면에 자기는 그 자신에 대해서는 입 다물고, 자신을 '참-자기'로, 페르조나를 '거짓-자기'로 여긴다. 데이비드는 허무하고 자발성이 결여되었다고 불평했다. 하지만 데이비드 자신이 자발성이 결여되도록 조성하고, 그리하여 자신의 허무감을 악화시키고 있을 수 있다.

데이비드는 자신이 실제가 아니며, 현실 밖에 있고, 제대로 살고 있지 않다고 말했다. 실존주의적 관점에서 보면, 데이비드가 전적으로 옳다. 그 자기는 자신을 매우 잘 알고, 항상 매우 비판적으로 거짓-자기를 지켜본다. 반면에 거짓-자기나 페르조나의 유기체의 특징은 매우 불완전한 반성적 의식 때문에 항상 불완전해진다는 것이다. 거짓-자기 체계가 전반적으로 퍼지거나, 거짓-자기 체계의 특정한 일부에도 자기는 스스로 위험하다고 느낀다(데이비드의 여자 흉내 내기를 참조하라).

이런 상태에 있는 개인은 예외 없이 끔찍할 만큼 '자기의식적 self-conscious'이다(7장을 보라). 이 단어가 정반대 느낌, 즉 타인의 관찰 아래 있다는 느낌을 뜻한다는 의미에서 그러하다.

그 개인이 자신과 맺는 관계의 다양한 측면들의 관계에서 일어나는 이러한 변화들은 그의 대인관계에도 끊임없이 연관된다. 이런 변화들은 매우 복잡하며 사람마다 결코 동일하지가 않다. 그 개인의 자기 관계는 가짜 대인관계가 되고, 자기는 거짓-자기들을 마치 자신이 이인화한 타인들인 것처럼 다룬다. 예를 들어 데이비드는 자신이 연기한 어떤 역할을 싫어한다는 것을 깨닫고, 그 역할을 언급하면서 말했다.

'그건 입이 걸어요.'

그 개인의 자기는 이제 내면에서부터 그가 말하고 행하는 거짓된 것을 내다보고, 말하고 행동하는 그 개인이 타인인 것처럼 혐오한다. 이 모든 반응 안에서 그 개인은 내면에서 사람들과 사물들과의 관계를 창조하려고 시도하는 것이다. 이때 사람과 사물의 외부 세계에 전혀 의지하지 않는다. 그는 자신의 내면에 작은 우주를 만들고 있는 것이다. 하지만 당연하게도 이 자폐적이고, 사적이며, 개인 내면의intra-individual '세계'는 실제로 존재하는 유일한 세계, 즉 공유된 세계의 적절한 대체품이 되지 못한다. 이것이 적절한 계획이었다면 정신증을 앓을 이유가 없었을 것이다.

어떤 의미에서 보면 조현병에 걸린 개인은 타인과의 창조적 관계에 의지하지 않고, 즉 타인과 외부 세계에 조현병에 걸린 개인에 대한 효과적 태도를 요구하는 관계 방식에 의지하지 않고, 자신의 존재 안에 갇힘으로써 전능해지려고 애쓰는 것이다. 조현병에 걸린 개인의 눈에는 자신이 모든 사람과 사물로 보인다. 비현실적이고 불가능한 방식이다. 이로써 기대할 수 있는 이점은 참-자기의 안전, 타인에게서의 고립과 이를 통해 얻는 자유, 자기만족과 통제다.

이 시점에서 이로 인한 실제 손해를 언급할 수 있다. 첫째, 이 계획이 실현 불가능하며, 헛된 희망이며, 지속적 절망으로 이끈다는 것이다. 둘째, 지속적이고 계속 떠오르는 허무감 또한 마찬가지로 피할 수 없는 결과다. 숨어서 입을 다문 자기가 거짓-자기 체계의 준자율적 활동에 참여한 것(데이비드의 사례에서처럼 타인들로 보임으로써 참여하는 것을 제외하고)을 부인하면서 '정신적으로'만 살아 있기 때문이다. 게다가 이 입을 다문 자기는 소외되어 있고, 외적 경험을 한다고 해서 풍성해질 수도 없다. 그래서 자신이 텅 비어 있다고 느낄 때까지, 그 개인의 온 내적 세계가 점점 빈궁해진다. 무슨 일이든 할 수 있다는 느낌과 모든 것을 소유했다는 느낌은 무력감, 공허감과 나란히 존재한다. 한때 그 개인은 대개 '외부'를 **거기에서** 진행되는 삶이라고 느꼈을지도 모르지만 여기, 즉 자신의 내면에서 느끼는 풍요로움에 비해 사소하고 평범하다고 경멸한다. 그 개인은 이제 삶 **속으로** 다시 들어가길 원하고, 삶을 자신의 **내면**에 넣길 바란다. 내면의 죽음은 매우 무섭다.

이러한 유형의 조현병 환자에게서 우리가 이해해야 할 중요한 특징은 환자가 겪는 불안이다. 우리는 이미 이러한 불안들이 취하는 형태들을 삼켜짐, 내파, 내부의 자율성과 자유를 잃어버리는 것, 즉 주체성을 가진 사람에서 사물, 기계, 돌, '그것'으로 바뀌는 것, 석화되는 것에 대한 두려움이라는 용어로 설명했다.

하지만 조현병 구조가 발달할 때 이러한 불안이 어떻게 강화되는지는 아직까지 연구하지 못했다.

자기가 신체와 그 신체의 행동을 부분적으로 포기하고 정신적 활동으로 물러날 때, 자기는 그 자신이 신체의 어딘가에 국한된 실체라고 느낀다. 앞서 말해왔듯이, 이러한 물러섬은 자신의 존재를 보존하기 위한 노력이다. 타인들과의 어떤 종류의 관계도 자신의 정체성에 대한 위협으로 느끼기 때문이다. 자기는 숨어 있고 고립되어 있을 때만 안전하다고 느낀다. 물론 그러한 자기는 타인들이 있든 없든 언제든지 고립될 수 있다.

하지만 이것은 효과가 없다.

조현병 환자보다 자신이 더 '취약하다'고 느끼거나, 타인의 시선에 노출될 가능성이 더 크다고 느낄 사람은 없다. 그가 타인들에게 자신이 어떻게 보일까를 심각하게 의식하지 않는다면, 다시 말해서 '남을 의식하지self-conscious' 않는다면, 두 가지 방식 중 하나의 형태로 드러나는 불안감을 일시적으로 피해온 것이다. 즉 조현병 환자는 타인을 사물로 바꾸고 이 사물에 대한 자신의 감정을 이인화 혹은 대상화하거나, 타인을 무관심하게 대한다. 타인에 대한 이인화와(또는) 무관심한 태도는 밀접하게 관련되어 있지만 완전히 동일한 것은 아니다. 우리는 이인화된 사람을 이용하거나, 조작하고, 영향을 줄 수 있다.

앞에서(1장) 말했듯이, 하나의 사물에는 자신만의 주체성이 없다. 따라서 그 의도들이 상반될 수 없다. 이것이 **한 사람**과 대립되는 **한 사물**의 본질적 특징이다. 무관심한 태도를 지닐 때, 우리는 사람이나 사물을 무심하고 냉담하게 대한다. 그 사람이나 사물이 중요하지 않거나, 궁극적으로는 존재하지 않는 것처럼 대하는 것이다. 주체성이 없는 사람도 여전히 소중할 수 있다. 사물은 여전히 대단히 중요할 수 있다. 무관심은 사람과 사물의 중요성을 부인하는 방식이다.

우리는 사람을 돌로 만드는 것이 페르세우스가 적을 죽이는 방법

가운데 하나였음을 기억한다. 메두사의 머리에 달린 눈으로, 페르세
우스는 사람들을 돌로 바꾸었다. 석화는 살인의 한 방법이다. 물론 한
인간이 자신의 존재를 충분히 확신할 수 있다면 타인이 나를 사람이
아니라 물건으로 대하거나 생각하는 것을 느꼈다고 해서 그 자체를
두려워할 필요는 없다. 따라서 다른 누군가가 나를 사물로 본다는 것
이 '정상적'인 사람에게는 치명적 위협이 못 되지만 조현병 환자에게
는 모든 한 쌍의 눈이 메두사의 머리에 달린 눈과 같다. 조현병 환자
는 메두사의 머리가 자신 안에 불안정하게 살아 있는 무언가를 죽이
거나 약화시킬 힘이 있다고 느낀다. 그러므로 조현병 환자는 타인들
을 돌로 바꾸어 자신이 석화되는 것을 미연에 방지하려고 한다. 이렇
게 해서 조현병 환자는 자신이 어느 정도 안전할 수 있다고 느낀다.

일반적으로 말하면 조현병 환자는 자기 신체 일부의 상실을 막을
방어장치를 세우지 않는다. 환자의 모든 노력은 오히려 **자기**를 보존
하는 데 쓰인다. 우리가 지적했듯이, 조현병 환자의 자기는 불안정하
다. 조현병 환자는 자신이 비존재로 해체되는 것에 대한 두려움에 지
배받는다. 이 비존재는 윌리엄 블레이크William Blake가 마침내 '혼란스
러운 비실체chaotic non-entity'라고 묘사한 것이다. 조현병 환자는 자율성
이 삼켜지는 위협을 받는다. 조현병 환자는 주체성과 살아 있다는 느
낌을 잃지 않도록 자신을 지켜야 한다.

환자가 자신이 공허하다고 느끼는 한, 타인들의 충만하고 실질적
이며 살아 있는 현실은 충격이다. 그 현실은 언제나 감당할 수 없게
되어 안에서 폭발하기 쉽고, 기체가 진공상태를 없애듯이, 물이 콸콸

쏟아져서 텅 빈 댐을 가득 채우듯이 환자의 자기를 완전히 압도하고 제거하려고 위협한다. 조현병 환자는 실제 살아 있는 사람들과 맺는, 정말로 생기 있는 변증법적 관계를 두려워한다. 조현병 환자는 이인 화된 사람들, 자신의 환상(심상)의 유령들, 어쩌면 사물들, 어쩌면 동물들하고만 관계를 맺을 수 있다.

그러므로 우리가 설명하는 조현병적 상태는 불안전하게 구조화된 존재를 보존하려는 하나의 시도로 이해할 수 있다. 존재가 최초로 그 기본 요소로 구조화되는 사건은 초기 유아기에 일어난다. 나중에 이 점을 제시하려고 한다. 일반적 상황에서 이 구조화는 그 기본 요소(예를 들어 시간의 연속성, 자기와 비자기 not-self의 구별, 판타지와 현실)에 매우 명백하게 안정적 방식으로 일어난다. 그래서 이 구조화를 당연한 것으로 받아들일 수 있다. 이 안정된 기초 위에, 우리가 한 사람의 '성격'이라고 부르는 것 안에는 상당한 양의 가소성可塑性이 존재할 수 있다. 반면에 조현병적 성격 구조에서는 기초를 놓을 때 불안정함이 있고, 이를 보상하기 위해 상부구조가 경직된다.

자신의 온 존재가 보호받지 못하면, 개인은 중앙 요새 안으로 철수할 때까지 자신의 방어선을 뒤로 물린다. 그는 '자기'를 제외하고는 자신의 모든 것을 단념할 준비가 되어 있다. 그러나 비극적 역설은 이런 식으로 자기를 더 많이 방어할수록, 자기가 더 많이 파괴된다는 것이다. 조현병 상태에 있는 자기를 명백하게 최종적으로 파괴하고 해체하는 것은 적의 외적 공격(실제 공격 또는 상상의 공격)이 아니라, 내면의 방어 전략이 야기한 참화다.

5장

조현병 상태의 내적 자기

여러분은 세상의 고통에서 한 발 물러설 수 있다.
이것은 여러분이 자유로이 할 수 있고, 여러분의 본성과 일치하는 것이다.
그러나 바로 이 물러섬이 당신이 피할 수 있는 유일한 고통일 것이다.
- 프란츠 카프카

여기서 설명한 조현병 상태에서 자기와 신체는 지속적으로 분열한다. 개인은 자신이 진정한 자기로 여기는 것이 다소 체화되지 않았다고 느끼며, 결과적으로 신체 경험과 행동을 거짓-자기 체계의 일부라고 느낀다.

이제 이렇게 분열된 두 요소를 더 자세하게 검토하고, 두 요소끼리의 관계도 고려할 필요가 있다. 첫째, 우리는 정신적이거나 체화되지 못한 자기를 검토한다.

일시적으로 자기가 신체에서 분리되는 상태가 정상인들에게도 발생한다는 사실은 잘 알려져 있다. 일반적으로 몸이 빠져나올 수 없는 위협적 경험에 갇힌 사람들이 대부분 사용할 것으로 보이는 반응이라고 말할 수 있다. 강제수용소에 수감된 사람들은 그렇게 느끼려고 **노**

력했다. 수용소는 공간적으로 또는 일정 기간이 끝날 때까지 어떤 가능한 방법도 제시하지 못했기 때문이다. 유일한 탈출구는 정신적으로 자신의 자기 '속으로' 물러나서, 그 몸 '밖으로' 나가는 것뿐이었다. 이 해리는 특징적으로 '이것은 꿈같아', '실제가 아닌 것 같아', '이것이 사실이라니 믿을 수 없어', '아무것도 나를 건드리는 것 같지 않았어', '나는 그것을 받아들일 수 없어', '이 일은 내게 일어나지 않는 거야' 같은 생각들과 연관이 있다. 즉 소외감과 비현실감에 관한 것이다. 몸은 겉보기에 정상적으로 계속해서 행동할 수 있지만, 내적으로는 알아서 제멋대로 행동하는 것처럼 느껴진다.

그러나 꿈의 본질이나 경험의 비현실성, 행동이 이렇게 자동적 성격을 가지는 동시에 자기는 '졸린' 것과는 거리가 멀다. 실제로 자기는 과도하게 경계하며, 특별히 명료하게 생각하고 관찰할지도 모른다.

몸과 자기의 일시적 분리는 꿈에 나타날 수도 있다. 결혼식 날짜가 빠르게 다가오던 열아홉 살 여성이 있었다. 이 여성은 여러 가지 이유로 결혼을 두려워했다. 하루는 여성이 꿈을 꾸었는데, 꿈에서 그녀는 차 뒷좌석에 앉아 있었다. 스스로 운행 중인 차였다. 이 여성은 본래 조현병 환자가 아니었지만 특정 상황에 대해 조현병적 방어로 반응했다.

치료를 시작하기 직전에 R은 꿈을 꾸었다. R은 버스의 승강용 발판에 서 있었다. 버스에는 운전자가 없었다. R은 뛰어내렸고 버스는 충돌했다. 4개월 동안의 심리 치료를 마치고 R은 꿈을 꾸었다. 우리는 이 꿈을 바람직한 방향으로의 변화로 여길 수 있다. R은 말했다.

"(꿈에서) 나는 버스를 뒤쫓고 있어요. 갑자기 나는 버스의 승강용 발판에 올라서면서 동시에 버스를 뒤쫓고 있어요. 나는 버스에 탄 나 자신과 합류하려고 노력했지만 버스를 완전히 따라잡을 수는 없었어요. 나는 이 사실에 깜짝 놀랐어요."

일시적 해리에 대한 이러한 공통된 경험의 사례는 더 많을 수 있다. 때로 사람들은 의도적으로 일시적 해리를 유도하지만 개인의 통제 없이 이것이 발생하는 일이 더 자주 있다. 그러나 여기서 고려하는 환자들에게서 나타나는 분열은 단순히 크게 위험한 특정 상황에 대한 일시적 반응이 아니다. 위험한 상황이 끝났다고 되돌릴 수 있는 것도 아니다.

그와 반대로, 분열은 인생에 대한 기본적 방향이며, 환자들의 삶 전체를 거슬러 올라가면 실제로 이 분열이 이미 진행 중인 유아기의 처음 몇 달부터 일어난 것으로 보인다. '정상적' 개인은 누가 보기에도 개인의 존재를 위협하는 상황, 피할 수 있다는 느낌을 주지 않는 상황에 빠지면 육체적으로는 아니더라도 최소한 정신적으로라도 조현병 상태를 나타낸다. 개인은 초연하고 무감각하게 자신의 몸이 무엇을 하는지, 또는 몸에 어떤 일이 일어나는지를 지켜보는 정신 관찰자가 된다.

'정상적'인 사람인데도 이렇다면, 최소한 그 사람의 세계-내-존재의 지속적 양식이 분열된 성향을 띤 사람에게 세상은 모든 면에서 그의 존재를 위협하며 출구가 없다. 우리에게는 아니지만 그 개인에게는 그러하다. 그런 사람들에게는 실제로 그러하다. 그런 사람들에게는 세계가 창살 없는 감옥, 철조망 없는 강제수용소와 매한가지다.

그런 편집증 환자에게는 특정한 박해자들이 있다. 누군가 그 환자를 반대한다. 그의 뇌를 훔치려는 음모가 진행된다. 환자의 침실 벽에는 숨겨진 기계가 뇌를 부드럽게 하는 정신 광선을 방출하거나 잠든 사이에 전기 충격을 보낸다. 내가 설명하는 이 사람은 이러한 단계에서 **현실 자체에 의해 박해를 받는다**. 있는 그대로의 세상, 있는 그대로의 타인들이 곧 위험이 된다.

그런 다음, 자기는 체화되지 않음으로써 세상을 초월하여 안전해지려고 시도한다. 하지만 자기는 모든 경험과 활동 밖에 있다는 느낌을 발전시키기 쉽다. 자기는 진공상태가 된다. 모든 것은 밖에 존재한다. 안에는 아무것도 존재하지 않는다. 더욱이 세상의 접근을 막고자 하는 욕구는 밖에 있는 모든 것에 대한 끊임없는 두려움, 압도당하는 것에 대한 두려움을 완화하기보다는 강화한다.

하지만 자기는 세상에 참여하는 것을 무엇보다 더 갈망할 수 있다. 따라서 자기는 자신의 가장 큰 갈망을 가장 큰 약점이라고 느낀다. 자기가 가장 두려워하는 것은 이 약점에 굴복하는 것이다. 세상에 참여하면서 자신의 공백이 사라지고, 자신의 정체성이 삼켜지거나 상실될까 봐 두려워하기 때문이다. 이는 공허 속의 초월이지만, 이를 자기의 초월성을 유지하는 것과 동일시하는 것이다.

자기는 개인의 표정과 행동에 곧바로 드러나지 않는다. 또 자기는 자발적으로나 곧바로 어떤 것을 경험하지 않는다. 이것이 자기가 세상을 초월했다는 말의 의미다. 자기와 타인의 관계는 항상 동떨어져 있다. 개인, 타인, 그리고 세계의 직접적이고 즉각적인 거래는 지각과 행동 같은 기본적 측면에서도 모두 무의미하고 쓸모없으며, 거짓이 된다. 대체적 상황은 다음 그림들에서처럼 도식적으로 볼 수가 있다.

자기는 대상들을 인식할 때 실제처럼 느낀다. 자기가 행위자인 생각과 감정은 생생하며, 일리가 있다고 느낀다. 자기가 저지른 행동은 진정한 것으로 느낀다.

개인이 자신과 타인 사이의 모든 거래를 '자신'이 아닌 자신의 존재 안에 있는 한 체계에 위임하면, 세상이 비현실적인 것으로 느껴지고, 이 체계에 속한 모든 것이 거짓되고, 헛되며, 의미 없이 느껴진다.

사람은 누구나 때때로 어느 정도 허무감, 무의미감, 목적 상실감에 영향을 받는다. 조현병 환자들에게는 특히 이러한 기분이 강렬하다. 이러한 기분은 인식의 문door of perception과 (또는) 행동의 문이 자기의 지배를 받지 않고, 거짓-자기에 의해 살고 작동한다는 사실에서 비롯된다. 인식의 비현실성, 모든 활동의 허위와 무의미함은 거짓-자기의 지배를 받는 인식과 활동의 필연적인 결과다. 거짓-자기는 '진정한' 자기와 부분적으로 분리된 체계이기 때문에, 그 개인이 다른 사람이나 세계와 맺는 관계에 직접 참여하지 못한다.

개인은 자신의 존재 안에서 거짓-이중성을 경험한다. 개인이 통합된 자기로 세상을 만나는 대신, 세계의 사물과 사람들에 대한 즉각적인 애착을 부인하는 것과 함께 자신의 존재의 일부를 부인한다.

이것은 다음과 같이 도식으로 표현할 수 있다.

그 관계는

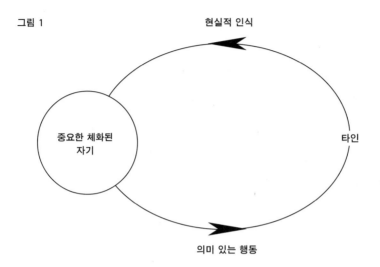

그림 1

현실적 인식

중요한 체화된
자기

타인

의미 있는 행동

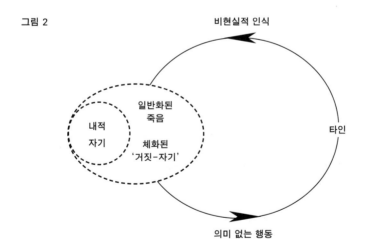

그림 2

비현실적 인식

일반화된
죽음

내적
자기

체화된
'거짓-자기'

타인

의미 없는 행동

$$(자기/몸) \rightleftarrows 타인이 아니라$$

$$자기 \rightleftarrows (몸-타인)이다.$$

그러므로 자기는 실제 사물과 실제 사람들과 직접 관계를 맺지 못한다. 이런 일이 환자들에게 일어날 때 환자는 자신의 실재성, 활기 및 정체성에 대한 자기의 감각을 보존하기 위해 계속 투쟁한다. 그림 1에서, 사람은 선순환을 경험한다. **세상과 자기의 현실은 자기와 타인의 직접적 관계에 의해 서로 강화된다.**

그림 2에는 악순환이 존재한다. 이 도표의 모든 요소는 점점 더 비현실적이고 죽은 것으로 느껴진다. 사랑은 배제되고 두려움이 그 자리를 차지한다. 최종 결과는 모든 것이 중단된 전반적 경험이다. 아무것도 움직이지 않는다. 아무것도 살아 있지 않다. 그러한 분리 때문에 자기는 현실과 생동감을 충만하게 느끼지 못한다. 타인과의 **창조적인 관계** 안에는 자기와 타인의 상호 강화(선순환)가 존재하는데, 이런 창조적 관계가 불가능한 것이다. 잠시 동안 효율적이고 원활하게 작동하는 것처럼 보이지만 그 안에서는 '생명'이 없는 **상호작용(메마른 관계)**이 대체된다. '나와 너I-thou'의 관계 대신 '거짓-그것과 그것quasi-it-it'의 상호작용이 존재한다. 이 상호작용은 효력이 없는 작용이다.

내적 자기는 확실하게 (분명히) 보상하는 이익으로 살려고 시도한다. 그러한 자아는 특정한 이상을 소중히 여긴다. 그 이상 가운데 하나가 데이비드 학생에게서 매우 분명하게 드러난다. 바로 내면의 정직함이다. 타인과의 모든 교류는 허위, 모호함, 위선으로 가득 차 있을 수 있지만, 개인은 꼼꼼하게 진실하고 정직하며 솔직한 자신과의 관계를 추구한다. 어떤 것이든 타인들에게는 숨길 수 있지만 그 어떤 것도 자신에게 숨겨서는 안 된다. 이 과정에서 자기는 모든 것을 배제하기까지 '자신과 관련시키는 관계'[4, 5]가 되려고 시도한다. 그 자기 안에 2차 분열의 씨앗이 있다. 개인은 '참-자기'와 '거짓-자기'로 갈라지고, 참되고 거짓된 자기들은 이미 지적했듯이 현실성을 잃지만, 둘 다 차례대로 그들 내부의 하위 체계로 침입한다. 따라서 자기가 스스로와 맺는 관계에서 사람들은 내적 자기가 분열되어 스스로와 가학-피학적sado-masochistic 관계를 맺는 두 번째 이중성이 나타나는 것을 발견한다. 이런 일이 일어나면, 애초에 불안정한 정체감에 매달리는 수단으로 생겨난 내적 자기는 시작할 때 지녔던 정체성조차 잃기 시작한다 (임상 사례들 중 특히 9장에 나오는 로즈의 사례를 보라).

타인과의 상호작용을 대체하면 개인은 사랑이 두려움을 누그러뜨리지 못하는 무서운 세상에서 살게 된다. 개인은 세상을 무서워한다. 어떤 충돌이 절대적이 되고, 자신을 내파하며, 침투하고, 분열하며, 삼킬까 봐 두려운 것이다. 개인은 자신의 어떤 것을 '놓아주는 것'을, 자기 자신에게서 벗어나는 것을, 어떤 경험에서 자신을 잃는 것을 두려워한다. 자신이 고갈되고, 지치며, 비워지고, 강탈되며, 남김없이 빨릴

---

4 《죽음에 이르는 병》에 나오는 키에르케고어의 표현이지만, 여기서는 아주 다른 의미로 사용되었다.

5 키에르케고어가 본래 한 말은 "자기는 그 자신의 자기와 관련시키는 관계다." —옮긴이

테니 말이다.

그러므로 자기의 고립은 통제할 필요성이 낳은 결과다. 개인은 받기보다는 **훔치는** 것을 선호한다. 그는 훔친 것을 갖기보다는 주는 것을 선호한다. 즉 그는 누가 또는 무엇이 그에게 들어오는지, 누가 또는 무엇이 자신을 떠나는지 통제해야만 한다. 이런 방어 시스템은 정교해진다. 존재론적 방어로 인한 근본적 결핍을 보완하기 위해서다. 자신의 존재를 확신하는 개인은 그러한 조치를 채택할 필요가 없다. 그런데 위험에서 벗어나 직접적 경험과 행동을 원격으로 제어하면서 초월적 자기를 유지하려는 노력은 명백한 이득이 있는 것 같았던 것을 훨씬 넘어서는 원치 않는 결과를 낳는다.

자기는 계속 고립되고 분리된 채로 타인과 창조적 관계에 전념하지 않고 환상, 생각, 기억 등의 인물들(심상imagos)에 사로잡힌다. 그것은 타인들이 직접 관찰하거나 타인에게 직접 표현할 수 없는 것이다. (어떤 의미에서는) 모든 것이 가능하다. 거짓-자기 체계의 길에 어떤 실패나 성공이 찾아오더라도, 자기는 확정되지 않고 명확하지 않은 채로 남아 있을 수 있다. 환상 속에서 자기는 누구든지 될 수 있고, 어느 곳에든지 있을 수 있으며, 무엇이든 할 수 있고, 모든 것을 가질 수 있다. 따라서 자기는 전능하고 완전히 자유롭지만 환상 안에서만 그러하다.

자기는 어떤 실제 프로젝트에 한번 전념하면 굴욕감이라는 고통을 겪는다. 반드시 실패하는 건 아니지만 불가피하고 불확실한 상황에 처해야 하기 때문이다. 자기는 오직 환상 안에서만 전능하고 자유롭다. 자기가 이 공상적 전능함과 자유에 더 많이 빠질수록 현실에서는 더 약해지고, 무력해지며, 속박된다. 전능함과 자유의 환상은 환상 안에 있는 자신의 닫음shutupness이라는 마법의 원 안에서만 유지될 수 있다. 그리고 이러한 태도가 현실의 사소한 침입으로 사라지지 않게 하려면, 환상과 현실은 떨어져 있어야 한다.

사르트르는 이 분열을《상상의 심리학》(1950, 165~166쪽)에서 매우 훌륭하게 표현한다.

(…) 우리는 우리 안에 두 개의 뚜렷한 자기를 인식할 수 있다. 성향과 욕구를 지닌 상상의 자기 그리고 실제 자기. 세상에는 폭력적 상상을 하는 상상의 가학 성애자sadist와 피학 성애자masochist 같은 사람들이 있다. 매 순간 우리의 상상의 자기는 산산조각이 나고, 현실과 접촉하면서 사라지며, 실제 자기에게 그 자리를 양보한다. 실제 자기와 상상의 자기는 본래 공존할 수 없다. 그것은 완전히 환원할 수 없는 감정과 행동이라는 두 대상의 문제다.

따라서 개인들이 상상의 삶을 사는 것을 선호하는지 또는 현실의 삶을 사는 것을 선호하는지에 따라 사람들을 두 가지 큰 범주로 분류해야 한다. 그런데 상상의 삶을 선호한다는 것이 무슨 뜻인지 이해할 필요가 있다. 상상의 삶을 사는 것을 선호한다는 것은 어떤 사물을 다른 사물보다 더 선호하는 것 같은 문제가 전혀 아니다.

예를 들어 우리는 조현병적이고 병적인 몽상가들이 대체로 삶의 실제 내용을 비현실적이며 더욱 매혹적이고 밝은 내용으로 대체하려고 시도한다고 믿어서는 안 된다. 또 그 심상들이 실제로 존재하는 실제 대상인 것처럼 심상들에 반응하면서, 자신들이 지닌 심상들의 비현실적 성격을 실제로 잊어버리려고 노력한다고 믿어서도 안 된다. 상상의 자기를 선호하는 것은 비현실적인 본성에도 불구하고 기존의 평범함에 비해 풍요로움, 아름다움, 상상의 기쁨을 선호하는 것이며, 상상의 본성을 위해 '상상의' 감정과 행동을 채택하는 것이다. 그것은 선택된 이러저런 심상이면서, 그 심상이 의미하는 모든 것을 상상하는 상태다. 상상의 삶을 사는 것을 선호한다는 것은 실제(빈곤, 좌절된 사랑, 기업의 실패 등)의 내용에서 벗어날 뿐만 아니라 실제 자체의 형태, 존재의 성격, 그것이 우리에게 요구하는 일종의 반응, 우리의 행동을 그 대상에 적용시키는 것, 인식의 무한성, 독립성, 우리의 감정이 드러나는 바로 그 방식에서도 벗어나는 것이다.

환상과 현실의 이러한 분열은 민코프스키가 말하는 자폐증 개념의 핵심이다.

그런데 현실에서 행동하지 않고 환상에서만 행동하는 사람은 비현실적인 사람이 된다. 그 사람의 실제 '세계'는 수축되고 가난해진다. 물리적 세계와 타인들의 '현실'은 더는 상상력의 창조적 활동을 위한 연료로 사용되지 않으므로, 그 자체로 점점 더 의미가 없어진다. 환상은 어느 정도 현실 안에 체화되지 않았거나, '현실'을 주입해도 풍부해지지 않으며, 점점 텅 비고 증발된다. 현실과의 관련성이 이미 약한 자기는 점점 현실-자아 reality-self가 되는 것을 덜하게 되고, 점점 더 그 자신의 환영들(심상들)과의 상상의 관계에 관여하면서, 점점 더 환상에

휘감기게 된다.

환상과 현실 사이에 열린 쌍방향 순환이 없으면, 환상 속에서는 무엇이든 가능해진다. 환상의 파괴성은 보상하기 위해 복구하려는 소원도 없이 지속된다. 보상을 유지하고 보상하는 것을 촉구하는 죄책감이 절박성을 상실하기 때문이다. 이처럼 환상의 파괴성은 세상과 자아가 환상 속에서 먼지와 재로 바뀔 때까지 억제되지 않은 채로 맹렬하게 지속될 수 있다. 조현병 상태에서 세상은 폐허가 되고, 자기는 (분명히) 죽는다. 아무리 광란의 활동을 많이 해도 거기에 생명을 되찾아올 힘은 없다.

그러므로 일어나는 일은 기대하던 것과는 정반대 효과를 갖게 된다. 진짜 두꺼비들이 상상의 정원[6]을 침범하고, 유령들이 현실의 거리를 거닌다. 따라서 자기의 정체성은 다른 방식으로 다시 위태로워진다.

그 자기가 자신하고만 관련이 있다는 말은 옳지 않다. 한편으로는 이런 진술을 한정하고, 다른 한편으로는 이런 진술을 부연할 필요가 있다. 우리는 직접적이고 자명한 관계에 대해서 말하고 있음을 분명히 함으로써 이미 이 진술을 한정했다. 다른 사람과의 이 직접적이고 즉각적인 관계도, 자기의 고립된 영역 밖에 밖에 있는 그 사람 자신의 존재의 측면들과의 관계도 모두 불가능해진다.

예를 들어 한 환자는 겉보기에는 상대적으로 '정상적' 방식에 따라

---

6 매리언 무어Marianne Moore,《콜렉티드 포임즈Collected Poems》.

살았지만, 내적 분열을 일으켰다. 환자가 본래 호소하는 문제는 아내와는 결코 성관계를 가질 수 없고, 아내에 대한 자신의 심상하고만 성관계를 가질 수 있다는 점이었다. 즉 환자의 몸은 아내의 몸과 육체적 관계를 가졌지만, 환자의 정신적 자기는 이 성관계가 진행되는 동안 자신의 몸이 무엇을 하는지 구경하고, 그리고 (또는) 자신의 상상의 대상인 아내와 성관계를 갖는 것을 **상상할** 수 있었을 뿐이다. 환자는 이런 일을 하면서 자신이 받았던 죄책감 때문에 정신과적 조언을 구한다고 했다.[7]

이것은 환상과 현실이 계속 분리되어 있다고 한 내 말의 의미를 보여주는 한 예다. 자기는 실제 인물과 직접 관련을 맺는 것은 피하지만 자기 자신 그리고 자신이 단정하는 대상과는 관련을 맺는다. **자기는 자신의 상상력이나 기억의 대상이지만 실제 사람은 아닌 대상과 즉각적으로 관련을 맺을 수 있다.** 물론 이것은 환자 자신에게도 항상 명확한 것은 아니고, 타인들에게는 훨씬 더 불분명하다. 앞서 언급한 환자의 아내는 '남편'이 자신과 직접 성관계를 가진 적이 없다고 느꼈다는 사실을 전혀 알지 못했다. 환자인 남편은 아내에 대한 자신의 심상하고만 성관계를 가졌고, 그것이 현실의 아내와 충분히 잘 일치했다. 아무도 그 차이를 알지 못하고 그 남편만 알았기 때문이다.

이러한 속임수의 한 가지 특징은 자기가 자유롭다는 느낌을 만끽

---

7   피터가 경험한 죄책감에 대한 발언(8장)은 내가 생각하기에 충분히 인식되지 않은 이런 형식의 조현병적 죄책감과 관련이 있다.

할 수 있다는 것이다. 자유롭다는 느낌은 자기가 현실에 빠지면 잃을까 봐 두려워하는 바로 그것이다. 이는 지각과 행동 모두에 적용된다. 환자는 육체적으로 가장 친밀한 순간에 아무리 외로웠어도 어쨌든 그가 느낀 대로 안전했다. 그의 마음은 여전히 자유로웠다. 하지만 환자는 이 자유 때문에 자신이 비난을 받는다고 여기게 되었다.

행동에 대해서도 똑같은 문제가 발생한다. 타인의 눈에는 개인의 행동이 분명하고 헌신적인 것으로 보일 수 있지만, '그'는 자신이 '실제로' 하지 않는다고 느끼는 일을 하고 있음을 깨닫는다. 따라서 아마도 킨지Kinsey는 앞서 언급한 환자가 10년 동안 일주일에 두 번 내지 네 번 성관계를 가졌다고 말했을지도 모르지만, '그 환자'는 자신이 '정말' 한 번도 성관계를 가진 적이 없는 것으로 안다. 이런 유형의 진술에서 자신은 '정말' 돈이 없다고 말하는, 정신병에 걸린 백만장자의 진술로 넘어가는 것은 결정적이지만 미묘한 전환이다.

10장에서 살펴보겠지만 킨지 보고서[8]가 그리는 현실에는 현실감이 없다. 그 현실에는 앞서 말한 전환이 존재하기 때문이다. 킨지 보고서의 현실은 매우 총체적이다. 킨지 보고서에서 개인은 자신에 대한 '실존적' 진리를 공유된 세계에서 대체로 동의하며 인정할 수 있는 사실들을 표현할 때 사용하는 것과 똑같은 사실matter-of-facts로 표현한다.

---

8   조현병 환자는 조현병이라는 자신의 실존적 진실을 성관계와 같은 일상적인 경험을 나타내는 언어로 표현한다. 하지만, 그것은 킨지 보고서가 그렇듯이 현실감을 상실한 진술임을 말하는 것이다. —옮긴이

예를 들어 이 환자가 자신이 아내와 '정말로' 성관계를 가진 적이 없다고 말하는 대신에, 자신과 성관계를 가진 여자가 진짜 아내가 아니라고 주장했다면, 이 환자는 정신증 환자일 것이다. 어떤 의미에서 이 환자의 진술은 완벽하게 사실일 것이다. 실존적 의미에서 그 환자의 '진짜' 아내는 그와 함께 침대에 있는 다른 인간이 아니라 자신의 상상(환상 또는 심상)의 대상이었기 때문에, 실존적으로 보면 이러한 주장은 사실일 것이다.

조현병을 앓는 개인의 체화되지 않은 자기는 실제로 누구와도 결혼할 수 없다. 그 체화되지 않은 자기는 영구적 고립 속에 존재한다. 물론 이런 고립과 내적 무관심에는 반드시 자기기만이 있다.

이런 유형의 사람이 의심스럽게 여기는 행위에는 최종적이고 결정적인 무언가가 있다. 행동은 가능성의 막다른 골목이다. 행동은 자유를 굳어지게 만든다. 그것을 완전히 피할 수 없다면, 모든 행동은 '자기'가 결코 그 안에 갇혀 있을 수 없는 모호한 성격의 것이어야 한다.

헤겔(1949, 349~350쪽)은 행동에 대해 다음과 같이 말한다.

행동은 단순하고, 결정적이며, 보편적인 것이다. 추상적이고 독특한 전체로 이해할 수 있다. 행동은 살인, 도둑질, 선행, 용감한 행위 등이며, 그것이 어떤 것인지 말할 수 있는 것이다. 행동은 이러이러한 것이고, 행동의 존재는 단지 상징이 아니다. 사실 자체다. 행동은 이것이다. 개별적 인간은 바로 그 사람이 하는 행동이다. 그 행동이 존재한다는 단순한 사실에서, 개인은 타인들에게 자신의 참모습이 되고 특정한 일반적 성격을 지닌 사람이 된다. 더는 단지 이것이나 저것으로 '타고나거나', '간주된' 무엇이 아니다. 의심할 여지 없이 그는 마음의 형태로 거기에 놓여 있지 않다. 그러나 그것이 존재로서의 그의 존재에 대한 질문이 되고, 몸의 형태와 행동이라는 두 가지 존재가 서로 격돌할 경우, 각각은 자신이 그 사람의 진정한 현실이라고 주장하지만 그 사람의 인상이나 체형이 아니라 그 행동만을 개인의 진솔한 존재로 보아야 한다. 행동은 그 사람이 행위를 통해 전하려고 한 것이나 그 사람이 자신이 할 수 있다고 '추측했을지' 모르는 것을 표현할 것이다. 마찬가지로, 다른 한편 그의 행위와 내적 가능성, 능력 또는 의도가 서로 대치할 때, 비록 그 사람이 그 점에 대해 자신을 속이고, 자신의 행동에서 돌아서서 자신 안으로 물러선 후에, 행위 속에 나타난 있는 그대로의 자신이 되기보다는 자신의 '내적 세계'에서 다른 무엇인가가 되려고 한다고 해도, 전자인 행위만이 그 사람의 진정한 현실이라고 생각할 수 있다. 객관적 요소에 전념하는 개인은 행동으로 넘어갈 때 의심의 여지 없이 변하거나 비뚤어질 위험이 있다. 그러나 행위의 성격을 판가름하는 것은 그 행위가 유지되는 실제적인 것인지, 아니면 단순히 그 자체로 가치 없고, 무효이고 사라지는 '거짓의' 또는 '가장된' 행위인지 여부다. 객관화는 행위 자체를 바꾸지 않는다. 그 행위가 무엇인지 보여줄 뿐이다. 즉 그 행위가 사실인지, 아니면 아무것도 아닌지를 보여주는 것이다.

조현병 환자가 헤겔이 규정한 행동을 왜 싫어하는지는 쉽게 이해할 수 있다. 그 행동은 '단순하고, 결정적이고, 보편적……'이다. 하지만 환자의 자기는 복잡하고, 불확실하며, 독특하기를 원한다. 그 행동은 '그것에 관해 말할 수 있는 것'이다. 하지만 조현병 환자는 **결코** 자신에 대해 말할 수 있는 것이 되어서는 안 된다. 항상 이해할 수 없고, 파악하기 어렵고, 탁월한 채로 있어야 한다. 그 행동은 '이러이러한 것이며…… 행동은 이것이다, 개별적 인간은 바로 그 사람이 하는 행동이다'. 하지만 그는 결코 자신의 행동이 될 수 없다. 그 사람이 자신의 행동이라면, 그는 무력하며, 지나가는 모든 사람에 좌우될 것이다. '그 행동이 존재한다는 단순한 사실로 인해 개인은 타인들에게 자신의 참모습이 된다.' 하지만 이것은 다시 정확하게 그 사람이 일어날까 봐 가장 두려워하는 일이며, 거짓-자기를 이용해서 결코 자신이 타인들과 함께하는 진정한 실체가 되지 않도록 피하는 일이다. '그'는, 아니 그의 '자기'는 무한한 가능성이며, 능력이자 의도다. 행동은 항상 거짓-자기의 산물이다.

행동이나 행위는 결코 그 환자의 진정한 실상이 아니다. 조현병 환자는 끊임없이 '객관적 요소'에 계속해서 전념하지 않은 채로 있기를 원한다. 따라서 행위는 항상 (또는 적어도 그가 믿는 바에 따르면) 거짓이거나 가장된 가정된 행위며, 환자는 자신이 하는 모든 일이 무효임을 주장하려고 노력하면서 할 수 있는 한 자신이 하는 모든 일에 대한 '내적' 반대에 적극적으로 몰두한다. 그렇게 해서 세상 안에는, 다시 말해 현실 안에는, '객관적 요소' 안에는 '그 사람'의 아무것도 존재하지 않을 것이며, '자기'의 어떤 발자국이나 손자국도 남지 않게 될 것이다.

따라서 조현병 환자의 자기는 지각과 행동에 대해서 '객관적 요소'를 자제한다. 자발적 인식이 없기에, 자발적 행동도 없다. 환자는 행동에 몰입하는 것을 회피하듯이, 인식하는 것 또한 자신이 소유한 자유를 위협하는 몰입 행위라고 느낀다. 그 자유는 아무것도 아닌 사람이 될 자유다. 자기는 '객관적 요소에 몰입하지 않는 한' 무엇이든 자유롭게 꿈꾸고 상상할 수 있다. 객관적 요소를 언급하지 않고도 자신에게 모든 것이 될 수 있다. 자기에게는 무제한의 자유, 힘, 창의력이 있다. 하지만 자기의 자유와 전능함은 진공상태에서 행사되며, 자기의 창의력은 단지 환상들을 만들어내는 능력일 뿐이다. 그러므로 내면의 자기가 그 이상으로 소중히 여기는 **내면의 정직, 자유, 전능함, 창의력**은 공존하는 자기 이중성과 진정한 자유의 결여, 완전한 무기력과 무익함에 대한 고통스러운 의식에 의해 무효가 된다.

물론, 조현병적 태도를 끝까지 따라가서 정신증 안으로 들어가는 것이 이 책에서 나의 주된 관심이다. 조현병적 태도는 다른 방향으로 이끌 수 있는데, 조현병적 태도 안에 내재된 이러한 가능성에 관해서는 설명하지 않을 것이다. 우리는 황폐와 붕괴가 초기 조현병의 한 결과일 뿐임을 명심해야 한다. 조현병 환자는 아주 분명하게 진정한 형태의 자유, 권력, 창의성을 달성하고 살아낼 수 있다.

타인에게서 상대적으로 고립된 채로 조현병을 앓는 많은 작가와 예술가는 세상의 사물들과 창조적 관계를 맺는 데 성공한다. 이 사물들은 작가와 예술가가 자신들의 환상 속 인물을 구현하기 위해 만들었다. 하지만 지금 우리가 하려는 건 그들에 관한 이야기가 아니다. 이 연구에서 나는 하나의 발달 방향에만 초점을 맞추고자 한다. 또 매우 제한된 영역에 한해서만 일반화하려 한다.

이제, 자기에게는 자유와 전능에 대한 태도가 있지만, 자기가 '객관적 요소'에 헌신하는 것을 거부하면 무능해진다. '현실' **안**에 있는 자기에게는 자유가 없다. 게다가 자기는 자신의 고립된 영역에 있을 때조차, 고립될 때에도, (그것이 느끼듯이) 내파하거나 삼키는 현실의 위협에 끊임없이 지배당한다. 자기는 여전히 자신과 자신만의 대상에 사로잡혀 있는 반면, 다른 사람의 눈에 비친 한 대상으로만 지나칠 정도로 예민하게 자신을 인식한다. 따라서 조현병을 앓는 개인이 역설적으로 겪는 어려움은 우리가 기술한 조현병적 방어 체계의 특별한 성격에 의해 악화된다.

조현병을 앓는 개인에게는 항상 분리에 대한 자신의 관점을 지지하거나, 삶에 참여하려는 시도를 하는 선택의 자유가 있을 것이다. 그러나 '현실'에 대한 조현병적 방어에는 본래 위협적인 현실의 성격을 영속하고 강화한다는 심각한 결점이 있다. 자기는 극심한 불안에 직면했을 때만 삶에 참여할 수 있다. 프란츠 카프카는 이 점을 매우 잘 알았다. 카프카는 자신이 불안을 통해서만 삶에 참여할 수 있다고 말했다. 이런 이유로 불안이 없다면, 자신의 삶이 없을 것이라고도 했다. 조현병을 앓는 개인은 직접 '삶'에 참여하는 것이 삶에 의해 파괴될 지속적 위험에 처하는 것이라고 느낀다. 앞서 말했듯이 자기의 고립은 자율성과 완전성에 대한 확실한 의식이 없을 때 자신을 지키려는 노력이기 때문이다.

그러므로 우리는 조현병 환자의 자기를, 본래의 존재론적 불안정에서 그를 향하는 근본적인 위험으로부터 2차적 안전을 성취하려는 시도로 이해해야 한다. 이 본래의 존재론적 불안정은 '자기'와 그렇게까지 특별한 관련이 없다. 다만 개인이 주관적으로 경험하는 살아 있다는 느낌의 불안정성과 이 불확실한 느낌을 위협하는 타인들에 대한 의식이다. 이 문제는 '자기의식'에 대한 장에서 더 자세하게 검토할 것이다.

　불안으로부터 자유로운 세계와 자연스럽고 창조적인 관계가 없는 경우, '내적 자기'는 이렇게 내적인 생활의 텅 빔, 죽음, 냉담함, 무미건조함, 무능함, 외로움, 무가치함에 대한 불평으로 표현되는 내적 빈곤에 대한 전반적 의식을 발전시킨다. 예를 들어 환자가 주로 호소하는 문제는 상상력과 정서적 삶의 빈곤에 관한 것이었다. 환자는 이것을, 자신을 현실에서 차단하려는 자신의 결정 결과로 간주한다고 설명했다. 그 결과 환자가 말했듯이 그는 상상력을 풍부하게 하기 위한 어떤 것도 현실에서 공급받지 못했다.

　또 다른 환자는 힘이 넘쳐 터질 것처럼 느끼는 순간과 내면이 텅 비고 활력이 없다고 느끼는 순간을 계속 오갔다. 그러나 자신에 대한 '조증' 감정도 자신이 엄청난 압력을 받는 공기로 가득 찬 듯한 용기가 된 듯한 감정이었다. 사실 그 용기 안에는 아무것도 없었다. 뜨거운 공기, 그리고 이런 생각에 딸려 있는 위축감뿐이었다. 조현병을 앓는 개인은 종종, 우리가 자기가 느끼는 공허에 대해 말할 만하다는 식의 현상학적 말로 자신에 대해 말한다.

환자가 자신의 내적 공허함, 무가치, 냉담함, 황량함, 건조함을 풍부함, 가치, 온정, 그리고 그 자신이 어딘가에 있다고 믿는(흔히 환상 속에서 이상화된 부분까지 자라며, 어떤 직접적인 경험으로도 있는 그대로 상태가 수정되지 않는 믿음) 우정과 대조한다면, 다른 사람은 가졌지만 자신에겐 없는 것에 대한 필사적 **갈망**과 동경에서부터 다른 사람의 것이지만 자신의 것이 아닌 모든 것에 대한 광적 **질투**와 증오, 또는 세상의 모든 선함과 신선함, 풍부함을 파괴하려는 욕망에 이르기까지 상충되는 감정들의 혼란을 느낄 것이다. 이러한 감정들은 차례로 경멸, 모욕, 혐오 또는 무관심 같은 반대 태도로 상쇄될 수 있다.

이 공허함은 풍부함, 실재성 그리고 가치에 대한 내면적 결여감이다. 이 공허함이 환상 속의 전능함을 능가하면 현실과 '접촉'하는 강력한 촉진자가 된다. 이렇게 황량하고 건조한 영혼 또는 자기는 되살아나고 비옥해지기를 갈망한다. 단순히 분리 가능한 존재들 간의 관계를 위해서가 아니라 다른 사람들로 흠뻑 젖어서 그 사람들로 가득 차기를 바라는 것이다.

제임스(9장)는 어느 여름 저녁 공원에서 혼자 걸으며 연인들이 사랑을 나누는 모습을 지켜보았을 때, 어떻게 자신이 갑자기 하늘, 나무, 꽃, 풀, 즉 온 세상과, 또 그 연인들과 엄청난 일체감을 느꼈는지 말했다. 제임스는 너무나 당황해서 집으로 달려가 책에 파묻혔다. 제임스는 자신에게 이런 일을 경험할 권리가 없다고 혼잣말을 했다. 하지만 그보다 더한 것이 있었다. 자신과 온 세상이 이렇게 동화하고 융합되는 경험과 관련된 정체성의 위협적 상실에 공포를 느꼈던 것이다. 제임스는 자기도취 상태의 극단적 고립이나 존재하는 모든 것에 완전히 몰입하는 것의 중간 단계를 몰랐다. 제임스는 자연에 흡수되는 것이 두려웠고, 자연에 삼켜져서 돌이킬 수 없도록 자신을 상실하는 것이 두려웠다.

제라드 맨리 홉킨스Gerard Manley Hopkins는 "필멸할 아름다움은 위험하다"고 말했다. 그런 개인들이 홉킨스의 충고를 받아들여 그 아름다움을 만나고, 그 아름다움을 내버려둔다면 일은 더 쉬워질 것이다. 하지만 그 개인들이 할 수 없는 것이 바로 이것이다.

그런 개인들은 여기의 공허함과는 대조되는 거기의 풍요로움을 갈망한다. 하지만 존재를 잃지 않고 참여하는 것이 불가능하고 충분하지 않다고 느낀다. 그래서 개인은 자발적이고 직접적 관계가 없이 자신의 고립에 매달려야 한다. 개인은 완전한 결합을 갈망한다. 하지만 바로 이 갈망 때문에 두려움에 질려 있다. 그 갈망이 자기의 종말이 되기 때문이다. 개인은 서로 잘 맞는 두 사람이 서로 강화하고 서로 주고받는 관계를 원하지 않는다. 그는 변증법적 관계[9]를 생각하지 않는다.

어떤 제한된 환경에서는 사람이 지나치게 불안해하지 않고도 자신의 고립된 자아를 상실하는 경험을 견딜 수 있다. 이는 충분히 일어날

---

9 플라톤은 서로 '잘 맞는' 사람들 사이에서만 우정이 존재할 수 있다고 주장한다. 그러나 플라톤의 《리시스Lysis》에 나오는 우정의 가능성에 대한 논의는 다음과 같은 딜레마에 빠진다. 두 사람이 아무것도 원하지 않는다면 왜 그들은 다른 사람에게서 어떤 것을 원해야 하는가? 타인에게서 원하는 게 있을까? 조현병 환자의 삶이 무너지기 쉽다는 것은 '그는 자기 충족적인가? 아니면 무엇인가를 원하는가?'라는 이 핵심 문제에 관한 것이다.

수 있는 일이다. 사람은 음악을 들을 때나 그 사람의 자기가 '하나님'이라고 불릴 수 있는 자기가 아닌 대상과 통합된다고 느끼는 유사-신비적 경험을 할 때 자신을 상실할 수 있다. 하지만 반드시 그런 것은 아니다. 그렇다고 해도 자신이 함께하는 것들이 주는 지루함에서 벗어나려는 자기의 갈망은 대체로 극복할 수 없는 두 가지 장애물을 만난다. 이 갈망이 불러일으키는 불안과 죄책감이다. 삼켜짐으로써 정체성을 상실하는 데 수반되는 불안에 관해서는 이미 다양한 맥락에서 언급했다. 물론 누군가에게 원하는 것을 얻는 한 가지 방법은 획득 과정의 통제권을 유지하면서 훔치는 것이다.

훔치고 빼앗기는 것에 대한 조현병적 환상은 이러한 딜레마에 근거한다. 상대에게서 원하는 것을 훔친다면 당신이 통제하는 것이다. 당신은 주어진 것에 의해 좌우되지 않는다. 그러면서 모든 의도가 즉시 보답될 거라고 느낀다. 훔치고 싶은 욕구는 빼앗기는 것에 대한 공포증을 일으킨다. 내가 지닌 가치가 남의 것을 훔쳐서 소유한 것이라는 환상은 타인들이 지닌 가치도 내 것을 훔친 것이라는 반대의 환상 그리고 자신이 **가진** 모든 것, 즉 내가 가진 것뿐만 아니라 자신의 **정체성**, 즉 나의 참-자기를 마침내 빼앗길 것이라는 환상을 동반한다(9장에 나오는 로즈를 참조하라). 따라서 조현병 환자는 흔히 "자신을 도둑맞았다"고 호소하며, 이 끊임없는 위험에 대한 방어기제를 사용한다.

자기는 죄책감 때문에 마침내 자기 폐쇄를 승인한다. 조현병 환자의 죄책감에는 전능과 무기력, 자유와 굴종, 환상 속에서는 누구라도 될 수 있지만 현실에서는 아무도 아닌 것과 똑같다는 사실 등에 대한 역설적 특성이 있다. 그 개인의 존재 안에는 죄책감의 다양한 원천이 있는 듯하다. 다른 '자기들'로 분열된 존재에게서 우리는 어떤 자기가 무엇에 대해 죄책감을 느끼는지 알아야 한다. 다시 말해 조현병 환자에게는 모순되지 않는 통합된 죄책감이 없고, 있을 수도 없다.

일반적 원칙에 따르면 한 가지 죄책감의 원천은 거짓-자기에 있고, 다른 죄책감은 내적 자기에게서 일어났다고 가정할 수 있다. 하지만 우리는 거짓-자기 체계가 가질 수 있는 죄책감, 거짓 죄책감을 부를 때 내면의 자기를 '진정한' 또는 참 죄책감의 원천으로 간주하지 않도록 주의해야 한다.

여기서 나는 단지 임상 자료(8장)에 기초하여 이 문제에 관해 더 자세하게 논의할 근거를 마련할 수 있기를 바란다.

조현병 환자가 믿을 만한 것이 있다면, 그것은 자신의 파괴성이다. 조현병 환자는 존재하는 것을 완전히 없애지 않고도 자신의 공허함을 채울 수 있음을 믿지 못한다. 조현병 환자는 자신의 사랑과 타인들의 사랑이 증오만큼이나 파괴적이라고 생각한다. 사랑받는 것은 조현병 환자의 자기를 위협하지만 조현병 환자의 사랑은 다른 모든 이에게 똑같이 위험하다.

조현병 환자의 고립은 전적으로 그의 자기를 위한 것이 아니다. 그 고립은 타인에 대한 관심에서 나온 것이기도 하다. 조현병 환자는 다른 사람이 자신을 만지는 것을 허용하지 않을 것이다. 그 사람들이 자신에게 해를 끼칠지 몰라서가 아니라 그녀가 그들을 감전사시킬지도 모르기 때문이다. 이것은 조현병 환자가 매일 느끼는 것을 정신병적으로 표현한 것이다.

조현병 환자는 "내가 사랑할 수 있는 누구에게도, 그를 사랑하는 것은 공평하지 않을 것이다"라고 말한다. 따라서 조현병 환자가 할 수 있는 일은 자신이 좋아할 위험이 있는 사람이나 사물의 심상을 '마음속에서' 파괴하는 것이다. 타인이나 사물이 실제로 파괴되는 것을 막으려는 바람에서다. 원할 것도, 부러워할 것도 없다면 사랑할 것도 없을지 모르지만, 조현병 환자가 아무것도 아닌 것으로 축소할 수 있는 것은 없다. 마침내 조현병 환자는 자신의 '자기'를 살해하는 일에 착수한다. 이것은 자살하는 것만큼이나 쉽지 않다. 조현병 환자는 존재를 피하기 위해서뿐만 아니라 자신에게서 존재를 지키기 위해 비존재의 소용돌이 속으로 내려간다.

6장

거짓-자기 체계[10]

'내적 자기'는 환상과 관찰에 매달린다. 내적 자기는 지각과 행동의
과정을 관찰한다. 경험은 이 자기에 직접 영향을 미치지 않는다(또는

---

10 거짓-자기는 한 사람이 자기 자신이 되지 않을 한 방법이다. 다음은 진짜가 아닌 삶
을 사는 한 방식인 거짓-자기의 이해와 관련된 실존주의 전통 안에서 더 중요한 연
구들 중 일부다. 키에르케고어, 《죽음에 이르는 병》(1954) ; 하이데거, 《존재와 시간
Sein und Zeit》(1953) ; 《존재와 무》(1956)에 나오는 '그릇된 믿음bad faith'에 대한 사르
트르의 논의 ; 빈스방거, 《세 가지 형태의 실패한 존재Drei Formen missglückten Daseins》
(1952)와 《엘렌 웨스트의 사례》(1958) ; 롤랜드 쿤Roland Kuhn, 《마스크의 현상학La
Phénoménologie de Masque》(1957). 다음은 정신분석 전통에서 가장 연관된 연구들이
다. 도이취Deutsch, 《정서장애의 일부 형식과 그 장애와 조현병의 관계Some Forms of
Emotional Disturbances and Their Relationship to Schizophrenia》(1942) ; 페어베언Fairbairn,
《성격에 대한 정신분석학적 연구Psychoanalytic Studies of the Personality》(1952) ; 건트
립Guntrip, 《조현병적 반응 이론에 대한 페어베언의 연구A study of Fairbairn's Theory of
Schizoid Reactions》(1952) ; 위니콧, 《논문선집Collected Papers》(1958) (passim) ; 월버그 L. R.
Wolberg, 《'경계선적' 환자The 'Borderline' Patient》(1952), 《정신분석 치료소 실습에서 만
나는 조현병 Schizophrenia in Psychoanalytic Office Practice》(1957, 135~139쪽)에 나오는 볼프
Wolf의 글.

적어도 이것을 의도하지는 않는다). 개인의 행위는 자기표현이 아니다. 세계와의 직접적 관계는 거짓-자기 체계의 영역이다. 지금 검토해야 할 것이 바로 이 거짓-자기 체계의 분야다.

다음에 주어진 거짓-자기 체계에 대한 설명은 분명히 우리가 논의하는 세계-내-존재의 특별한 조현병적 방식의 문제를 구체적으로 언급하기 위한 것이다. 모든 사람은 자신이 '진정한 본성에 진실한지', 그렇지 않은지, 또 어느 정도 그런지 하는 것과 개인적으로 연관되어 있다. 예를 들어 임상 실습에서 히스테리 환자와 경조증 환자에게는 자신이 되지 않을 수 있는 그들만의 방식이 있다.

이번 장에서 설명할 거짓-자기 체계는 초월적이고, 구체화할 수 없고, 따라서 결코 파악하거나, 정확하게 설명하거나, 잡히거나, 소유할 수 없기 때문에 그 정체성과 자유를 유지하는 데 몰두하는 '내적' 자기의 보완으로 존재한다. 거짓-자기 체계의 목적은 어떤 객관적 존재도 없이 순수한 대상이 되는 것이다. 따라서 개인은 어떤 특정한 가능성 있는 안전한 순간을 제외하고는 자신의 객관적 존재 전체를 거짓-자기의 표현으로 간주하려고 한다.

물론 이미 지적한 바와 같이, 그리고 나중에 더 자세히 볼 수 있듯이, 사람이 2차원적 존재가 아니라면, 즉 다른 사람을 위한 정체성 identity-for-others과 자신을 위한 정체성 identity-for-oneself의 결합으로 세워진 2차원 정체성을 가진 것이 아니고, 자신을 위한 정체성이라는 주관적 정체성만을 가지고 있다면, 그 사람은 **진짜**일 리가 없다.

'가면 없는 사람'은 정말 드물다. 사람들은 그런 사람이 있으리라는 가능성조차 의심한다. 사람은 누구나 어느 정도 가면을 쓰고 있으며, 우리가 충분히 몰두하지 않는 많은 일들이 있다. '일상적' 삶에서는 그러지 않기가 거의 불가능해 보인다.

하지만 조현병에 걸린 개인의 거짓-자기는 '정상적'인 사람이 착용하는 가면과 어떤 중요한 측면에서 다르다. 히스테리 환자가 특징적으로 유지하는 거짓 위장과도 다르다. 우리가 이 세 가지 형태의 거짓 자아를 간략하게 구별한다면 혼란을 피할 수 있을 것이다.

'정상적'인 사람의 많은 행동이 실제로 기계적인 행동일 수 있다. 그러나 이렇게 실제로 기계적인 행동 영역이 개인이 하는 모든 행동의 모든 측면을 반드시 침범하는 것은 아니다. 또, 자발적 표현의 출현을 철저하게 배제하지도 않으며, 개인이 자신의 분장 속에 박힌 이물질처럼 능동적으로 거부할 정도로 완전히 '성미에 맞지 않는 것'도 아니다. 더욱이 정상적인 사람들은 자신이 그 행동을 실천한다기보다는 그 행동이 자신을 살리거나 죽인다고 느낄 정도로 자율적이고 강박적인 행동 방식을 생각하지 않는다. 어쨌든 이 문제는 개인이 이 별개의 낯선 현실이 거의 별개의 (개인적) 존재를 지닌 것처럼 느끼고, 내면에서 이 낯선 현실을 공격하고 파괴해야 할 정도로 매우 강렬하게 발생하지 않는다. 하지만 대조적으로 '정상적인 사람'에게 없는 이러한 특성은 조현병 환자의 거짓-자기 체계 안에 매우 많이 존재한다.

자신이 하는 많은 행동으로부터 자신을 분리하는 것은 히스테리 환자의 특징이다. 내가 알기로 이 행동에서 회피하는 기법에 대한 가장 좋은 설명은 사르트르의 《존재와 무》에서 '나쁜 믿음'에 관한 장에 나온다. 사르트르는 한 사람이 어떤 일을 하면서, 그 일 안에 자신이 '들어 있지' 않은 것처럼 행동하는 방식을 현상학적으로 훌륭하게 설명한다. 이것은 한 사람의 행동에 대한 완전히 개인적인 의미에서의 회피의 한 형식이다. 회피는 히스테리 환자의 전반적인 삶의 방식이다. 물론 '나쁜 믿음'이라는 사르트르의 개념은 이보다 훨씬 더 광범위하다.

이제 히스테리 환자는 자신의 행동을 통해 만족을 얻으려고 하지만 그 행동의 중요성은 부인한다. 행동으로 타인에 대한 리비도적 소원 또는 공격적 소원을 만족시키는 '소득'을 얻지만, 그 소득의 중요성을 인정하지 못한다. 따라서 이것은 자신이 말하거나 행동한 것에 대한 함의로부터 일상적으로 분리된 상태인 **증상 무관심** la belle indifference 이 된다. 이런 상태는 조현병 환자의 존재에서의 분열과 매우 다르다. **히스테리 환자의 거짓-자기는 자기의 성취나 만족을 위한 수단 역할을 하지 않는다.** 조현병 환자의 자기는 원초적 의미에서 계속 배고프고 굶주린 채로 있을 수 있지만, 거짓-자기는 분명히 생식기와 관련해서 적용될 수 있다. 하지만 거짓-자기의 행동은 '내적 자기'를 만족시키지 않는다.

히스테리 환자는 자신을 매우 만족시키는 어떤 활동들을 단지 그런 척하는 행동이거나, 아무 의미가 없거나, 있다고 해도 특별한 함의가 없는 것처럼 가장한다. 또는 자신이 강요받아서 이러저러한 행동을 하는 척한다. 환자는 바로 이러한 활동을 통해 자신의 욕구를 은밀하게 충족한다. 조현병 환자의 거짓-자기는 다른 사람의 의지에 강박적으로 추종한다. 거짓-자기는 부분적으로 자율적이고 통제 불능이다. 거짓-자기는 이질적으로 느껴진다. 지각, 생각, 감정, 행동에 스며든 비현실감, 무의미감, 무목적감, 그리고 전반적 무감각은 단순히 2차적 방어기제의 산물이 아니라, 조현병 환자의 존재가 가진 기본적인 역동적 구조가 낳은 직접적 결과다.

예를 들어 한 환자는 학교에서 수학은 좋아했지만 문학은 경멸했다고 회상했다. 학교에서 〈십이야 Twelfth Night〉[11]를 공연했는데 남학생들은 그러한 주제에 대해 에세이를 써야 했다. 당시 환자는 연극을 싫어했지만 매우 감탄하는 에세이를 썼다. 권위자들이 기대하는 것을 상상하고 노예처럼 그것을 추종한 것이다. 환자는 그 에세이로 상을 받았다. 환자는 말했다.

"그 에세이의 한마디도 내가 실제로 느낀 걸 표현한 게 아니었어요. 전부 내가 생각하기에 사람들이 내게 느끼기를 기대하는 것이었죠."

그때 환자는 그렇게 생각했다. 사실 나중에 스스로 인정했듯이 환자는 **정말로** 연극을 즐겼으며, 연극에 대해 에세이에서 표현한 것처럼 **정말 그렇게** 느꼈다. 하지만 환자는 연극을 즐길 가능성을 스스로 인정할 수 없었다. 그런 가능성이 그를, 그에게 주입된 모든 가치와의 심한 갈등으로 밀어 넣고, 자신이 누구인지에 대한 스스로의 생각을 완전히 붕괴시켜버릴 것이기 때문이다. 하지만 이것은 신경증적 사건이지 조현병에 관한 사건이 아니었다. 환자는 자신이 단지 다른 사람들

---

11 셰익스피어의 희곡. ─옮긴이

이 원하는 것을 하고 있을 뿐이라고 확신하면서, 다른 방식으로 은밀하게 원하는 일을 계속했다. 비록 당시에는 쉽게 이런 사실을 인정하지 못했지만, 이런 식으로 환자는 자신의 욕망을 실행하는 데 성공했다. 그러므로 신경증 환자는 겉으로는 조현병 환자의 것과 비슷한 거짓-자기 체계를 가진 척할 수 있다. 하지만 더 자세히 살펴보면, 실제로는 상황이 크게 다름을 알 수 있다.

흔히 히스테리 환자는 자기가 하는 행동을 통해 실제로 자신을 실현하면서도 그 행동 안에 자신이 **없는** 것처럼 가장하는 것으로 시작한다. 지나치게 심한 죄책감에 직면해서 이러한 통찰 때문에 위협을 받으면 히스테리 환자는 행동을 억제한다. 예를 들어 '히스테리성' 마비 증세를 나타낸다. 이러한 마비 증세는 환자가 죄책감을 일으키는 유쾌한 행동을 실행하지 못하도록 막는다.

조현병 환자의 거짓-자기의 특별히 명확한 예는 제임스(9장), 데이비드(4장), 그리고 피터(8장)의 사례에서 볼 수 있다.

한 인간의 거짓-자기 체계는 항상 매우 복잡하며, 많은 모순이 있다. 이번 장에서 우리는 일반적으로 적용할 수 있는 사실을 말할 것이다. 하지만 그렇게 하려면 많은 요소로 이루어진 이 거짓 체계를 한 번에 한 요소씩 생각하면서 거짓-자기 체계의 그림을 완성해야만 한다.

제임스가 자신은 그 자체만으로 사람이 아니라고 말한 것이 기억날 것이다. 제임스는 자신의 행동 안에서 스스로 다른 사람에게 '물건'이 되도록 허용했다. 제임스는 자신의 어머니가 한 번도 아들인 자신의 존재를 인식하지 못했다고 느꼈다. 사람들은 한 개인이 올워스

Woolworth's[12]에서는 다른 사람의 존재를 매우 정확하게 인식할 수 있다고 말할 것이다. 하지만 이것은 제임스가 마음속에서 생각한 것과 전혀 달랐다. 제임스는 어머니가 아들인 자신의 자유와 자신만의 주관적 삶을 살 권리를 결코 인정하지 않는다고 느꼈다. 그렇게 자유롭고 주관적인 삶이었다면 제임스의 행동은 자율적이고 통합적인 자기-존재의 한 표현이 되었을 것이다. 하지만 이와 반대로, 제임스는 단지 어머니의 꼭두각시였다.

"나는 어머니의 현실의 한 상징이었던 것뿐이에요."

실제로 일어난 일은 제임스가 자신의 주체성을 내면으로 나타냈다는 것이다. 그는 감히 무언가를 객관적으로 표현할 엄두도 내지 못했다. 제임스의 사례에서 이것이 전부는 아니었다. 제임스가 자신의 '참-자기'를 매우 분명하고 힘차게 **말**로 표현할 수 있었기 때문이다. 제임스는 이것을 알았다.

"나는 소리를 낼 수만 있어요."

하지만 '그가' 한 다른 일은 거의 없었다. 제임스의 다른 모든 행동을 통제한 것은 그의 의지가 아니라 낯선 의지였기 때문이다. 그 낯선 의지는 제임스의 존재 안에서 형성된 것이었다. 그 낯선 의지는 이제 제임스의 존재 내의 근원에서 작동하는 어머니의 다른 현실이 드러내는 의지의 반영이었다. 물론 다른 사람은 우선 항상 어머니, 즉 '어머니 역할을 하는 사람'이어야만 한다. 거짓-자기의 행동들이 대체로

---

12 미국의 슈퍼마켓 체인점. ― 옮긴이

다른 인격의 의인화나 캐리커처일 수는 있지만, 반드시 타인의 모방이나 모사인 것은 아니다. 우리가 우선 분리하려는 요소는 자신의 자기에 대한 타인의 의도와 기대 또는 다른 사람의 의도나 기대라고 느끼는 것에 대해 한 사람이 초기에 추종하는 것이다. 이것은 **보통** 지나치게 '착한' 것이며, 남이 자신에게 하라고 말한 것 외에는 다른 일을 하지 않는 것이며, 결코 '골칫거리'가 되지 않으며, 자신의 반대 의지를 결코 주장하지 않거나 심지어 배신하는 것이다.

하지만 착하다는 것은 다른 사람들이 선하다고 말하는 일을 하려는 개인의 속성에 있는 긍정적 욕망에서 행해지는 게 아니라, 다른 사람의 표준이지 자신의 표준이 아닌 표준에 대한 부정적 일치다. 그러한 행동을 촉발하는 것은 실제로 있는 그대로의 자신이 된다면 일어날지도 모르는 일에 대한 두려움이다. 따라서 이러한 추종은 부분적으로는 자신의 진정한 가능성을 배신하는 것이면서 자신의 진정한 가능성을 숨기고 보존하는 기술이기도 하다. 그러나 사람들은 상상 속에서는 내적 자기에게 무슨 일이든 할 수 있지만 현실에서는 아무것도 할 수 없다. 사람들이 이런 내적 자기에 완전히 집중한다면, 위험은 결코 현실이 되지 않는다.

앞서 말했듯이, 거짓-자기는 다른 사람의 의도나 기대, 또는 다른 사람의 의도나 기대라고 생각되는 것을 추종하면서 발생한다. 그렇다고 해서 **반드시** 거짓-자기가 터무니없이 선하다는 뜻은 아니다. 거짓-자기는 터무니없이 악할 수도 있다.

제임스는 자신이 "다른 사람이 나를 누구라고 말하는가에 대한 한 반응"이었다고 말했다. 제임스의 이러한 진술은 거짓-자기 안에 있는 추종적 요소의 본질적인 특징을 표현한다. 이것은 내가 어떤 사람 또는 무엇이 되기를 원하는지에 대한 자신의 정의를 행동으로 옮기는 대신에, 내가 누구인지에 대한 다른 사람들의 정의에 따라 행동하는 것이다. 그것은 다른 사람이 원하거나 기대하는 사람이 되면서, 상상이나 거울 앞에서 하는 게임에서만 자신의 '자기'가 되는 것이다. 그러므로 사람이 다른 사람의 눈에 비친 자신이 그것the thing이 된다고 생각하거나 상상함에 따라서, 거짓-자기는 그것이 된다.

그러나 조현병 환자의 전 존재는 이런 식으로 일치하거나 추종하지 않는다. 조현병 환자의 존재에서 나타나는 근본적 분열은 환자가 겉으로는 추종하면서도, 속으로는 추종을 제지하는 균열된 상태와 비슷하다.

이아고Iago는 자신이 아닌 것처럼 가장했고, 실제로 **오셀로**Othello는 전체적으로 '한 가지로 보이지만 결국 다른 것이 될 것'에 몰입한다. 하지만 셰익스피어는 이 희곡이나 또 다른 희곡에서 우리가 이 책에서 집중하는 유형의 사람인 척하는 것과 실제로 그런 사람인 것 사이의 난제를 다루지 않는다. 셰익스피어의 작품 속 등장인물들은 자신의 목표를 촉진시키기 위해 남들에게 자신이 아닌 사람인 '체한다.' 조현병 환자는 다른 사람이 자신에 대해 생각하고 있는 목표일 것이라고 자신이 상상하는 것을 더는 촉진시키지 않는 것으로 보일까 봐 두렵기 때문에 다른 사람인 '체한다.' 이 겉으로 보이는 추종이 대체로 완전한 소멸에서 자신을 보존하려는 시도인 한, 조현병 환자는 부정적 의미에서만 자신의 목표를 촉진시킨다. 하지만 그는 자신의 추종을 공격함으로써 '자신을 되돌릴' 수 있다 (다음 155쪽 참조).

거짓-자기의 발현인 관찰 가능한 행동은 흔히 완벽하게 정상이다. 우리는 모범적 아이, 이상적 남편, 근면한 점원을 본다. 그러나 이 외관은 대개 점점 더 고정관념이 되고, 그 고정관념에서 기괴한 특성이 나타난다. 또, 한 번에 하나씩만 따라갈 수 있는 여러 요소가 있다.

거짓-자기의 가장 명확한 추종의 측면들 중 하나는 이러한 추종이 암시하는 두려움이다. 남의 의지를 추종하는 거짓-자기 안에 있는 두려움은 분명하다. 왜 모든 사람이 자신의 의도가 아닌 다른 사람의 의도에 따라 행동할까? 증오도 필요에 의해서 반드시 존재한다. 한 사람의 자기를 위태롭게 한다는 사실을 제외한다면, 그 밖에 어떤 것이 증오의 적절한 대상일까? 그러나 자기를 지배하는 불안은 증오를 직접적으로 드러내지 않는다. 예외가 있다면 나중에 볼 정신증에서 나타나는 증오뿐이다. 사실, 우리가 정신증이라고 부르는 것은 때때로 거짓-자기의 베일이 갑자기 제거된 것일 수 있다. 거짓-자기의 베일은 겉으로 드러난 행동의 정상성을 유지하는 역할을 했다. 하지만 이렇게 유지된 정상적 행동은 이미 오래전에 은밀한 자기 안의 사태를 반영하는 데 실패했을 수 있다. 그러면 거짓-자기는 그 거짓-자기가 몇 년간 따라온 사람 때문에 일어난 박해에 대해 비난을 퍼부을 것이다.

개인은 이 사람(어머니, 아버지, 남편, 아내)이 자신을 죽이려 했다고 말할 것이다. 또는 그나 그녀가 자신의 '영혼'이나 마음을 훔치려고 했다고 말할 것이다. 그 또는 그녀는 폭군, 고문자, 암살자, 아동 살인자다. 현재의 목적을 위해서는 그러한 '망상들'을 터무니없다고 보기보다, 그런 망상들이 사실이라는 말의 의미가 무엇인지 인식하는 것이 훨씬 중요하다.

하지만 이 증오는 어느 정도까지 온전한 정신과 호환될 수 있는 꽤 적절한 다른 방식으로 나타난다. 거짓-자기에게는 **그 추종의 근거로 삼는 사람이나 사람들의 특성을 더욱 많이 가장하는** 경향이 있다. 다른 사람의 특성을 이렇게 가장하는 것은 다른 사람을 거의 완벽하게 흉내 내는 것이다. **가장하기에 대한 증오**는 가장하기가 **캐리커처**로 변하기 시작할 때 분명해진다. 거짓-자기가 다른 사람을 가장하는 것과 다른 사람의 의지를 추종하는 것이 완전히 똑같은 것은 아니다. 다른 사람을 가장하는 것이 다른 사람의 의지와 직접적으로 상반될 수 있기 때문이다.

가장하기는 데이비드가 연기한 역할과 마찬가지로 고의적일 수 있다. 그러나 데이비드의 사례에서 그렇듯이 가장하기는 강박적일 수 있다. 가장하는 개인은 자신의 행동이 누군가 다른 사람을 얼마나 흉내 내는 것인지 모를 수 있다. 가장하기는 상대적으로 지속적이고 영구적인 성격을 띨 수도 있고, 또는 매우 일시적일 수도 있다. 마지막으로, 개인이 다른 사람을 추종하는 것이 현실의 사람을 추종하는 것보다는 상상 속 인물을 더 추종하는 것일 수 있듯이, 연기한 성격이 실제 사람의 성격보다는 상상 속 인물의 성격일 수 있다.

가장하기는 개인의 일부가 자신이 아닌 사람의 정체성을 떠맡는 동일화의 한 형태다. 가장하기에서, 가장하는 사람의 모든 것이 반드시 연루되는 것은 아니다. 가장하기는 일반적으로 제스처, 버릇, 표정, 외모와 행동 같은 다른 사람의 행동 특성을 흉내 내는 것으로 한정되는 부분적 동일화다. 가장하기는 다른 사람과의 훨씬 더 완벽한 동일화에 있어 한 구성 요소일 수 있지만, 그 기능 중 하나는 다른 사람과의 더욱 광범위한 동일화(따라서 개인의 정체성이 더 완벽하게 손실되는 것)가 일어나는 것을 방지하는 것이다.

다시 데이비드를 언급하자면, 데이비드의 행동은 삶의 첫 시작부터 부모의 실제 소원과 기대에 거의 완벽하게 순응하고 일치하는 것처럼 보인다. 즉 데이비드는 한 번도 골칫덩이었던 적이 없는 완벽한 모범생이었다. 나는 부모가 아무것도 잘못된 것을 알아채지 못했을 경우, 행동의 맨 처음 기원에 대한 그 같은 설명은 특히 불길하다고 생각하지만 반대로 매우 자랑스럽게 그러한 설명을 언급한다.

데이비드는 열 살 때 어머니가 죽은 후 어머니와 자신을 심하게 동일시하기 시작했다. 거울 앞에서 어머니 옷으로 차려입고, 어머니가 그랬듯이 양말을 꿰매고, 뜨개질을 하며, 바느질에, 자수, 태피스트리를 하고, 의자 덮개와 커튼을 고를 정도로 아버지를 위해 가족을 부양했다. 데이비드가 어느 정도로 어머니가 되었는지는 밖에서 보는 사람에게 아주 분명했지만, 데이비드에게나 아버지에게는 이것이 명백하지 않았다. 그렇게 함으로써 데이비드는 아버지가 직접 표현하지 않았고, 그 존재에 대해서는 아버지도 전혀 모르는 아버지의 소망에 순응했음이 분명하다. 이 남학생이 열네 살이 되었을 무렵, 그의 거짓-자기는 이미 가장 복잡한 체계에 있었다. 데이비드는 자신이 얼마나 어머니와 동일시하는지는 알지 못했다. 하지만 자신에게 여성적 방식으로 행동하려는 강박적 경향이 있다는 것과 맥베스 부인Lady Macbeth의 역할을 떨치는 것이 어렵다는 것을 강하게 인식했다.

데이비드는 자신이 한 여자나 다른 여자의 외적 인격persona에 빠지지 않도록 일부러 다른 외적 인격을 기르기 시작했다. 데이비드는 사람들이 좋아할 평범한 학생(순응하는 거짓-자기의 순진한 이상)을 계속해서 가장하기 위해 매우 열심히 노력했지만, 그의 거짓-자기는 이제 전체 외적 인격personas의 체계가 되었다. 그중 어떤 외적 인격들은 사회적으로 '적절했지만' 어떤 외적 인격들은 부적절했다. 어떤 외적 인격들은 강박적으로 표현되었지만 어떤 외적 인격들은 고의적으로 드러났다. 하지만 전반적으로 불안하게 하는 요소가 개입하지 않으면 다른 인격을 흉내 내기가 어렵다는 지속적 경향이 있었다.

일반적으로, 완벽하게 정상적이고 조화된 본래 모습 속으로 어떤 괴상한 것이 기어들어 온다. 일상적이지 않은 방향으로 가는 강박적 과도함이다. 그 강박적 과도함은 본래 모습을 우스꽝스러운 모습으로 바꾸고, 다른 사람들 안에서 어떤 불안과 걱정, 심지어 증오를 일으킨다.

예를 들어 제임스는 어떤 면에서 그의 아버지를 '흉내 냈다.' 아버지에겐 짜증 나는 특징이 있었다. 그중 하나는 식탁에 앉은 사람들에게 배불리 먹었는지 묻는 방식이었다. 그는 사람들이 분명히 배불리 먹었다고 말하는데도 더 먹으라고 강요하는 경향이 있었다. 제임스는 이런 점에서 아버지를 '흉내 냈다.' 식탁에 앉은 손님들에게 으레 이렇게 물었다. 제임스의 이런 행동이 처음에는 다른 사람들을 배불리 먹게 하겠다는 후한 관심으로만 보였다. 하지만 점점 강박적으로 간청하기에 이르렀고, 용납할 수 없을 정도로 한계를 넘는 지경이 되었다.

제임스는 완전히 귀찮은 사람이 되었고, 모든 사람을 당황하게 만들었다. 이렇게 하면서, 제임스는 자신이 느낀 것은 아버지의 행동에 들어 있던 공격적 함의였음을 인정할 수 있었다. 제임스는 이런 공격적 함의를 자신에게 과장해서 적용함으로써, 모든 사람의 조롱과 분노를 일으킬 정도로 이러한 공격적 함의를 드러낸 것이다. 사실 제임스는 다른 사람들에게 자신이 아버지에 대해 느꼈던 감정을 불러일으켰지만, 얼굴에 직접 드러낼 수 없었다. 대신 아버지에 대한 강박적 모방이라는 수단을 통해 아버지에 대한 풍자적 논평에 해당되는 이야기를 했다.

조현병적 행동의 기행과 괴상함의 상당 부분에는 이러한 기초가 깔려 있다. 조현병 환자가 자신의 부정적 의지와 증오를 표현할 때는 노예같이 복종하고 추종하는 것에서 시작해서 바로 그 복종과 추종으로 끝낸다.

타인의 의지에 대한 거짓-자기 체계의 순응은 기계적 복종, 긴장의 자동 순종, 반향동작echopraxia, 반향언어echolalia, 긴장형 조현병의 납굴증flexibilitas cerea에서 가장 극단적 형태에 이른다. 여기서 조현병 환자는 과도하게 복종하고, 모방하며, 흉내 낸다. 결국 환자가 만든 기괴한 흉내는 그 조작하는 심판관의 은밀한 기소장이 된다. 파과형 hebephrenic 조현병 환자는 흔히 자신이 싫어하고 두려워하는 사람들을 조롱하거나 흉내 낸다. 이것은 환자가 그들을 공격할 때 선호하고 유일하게 쓸 수 있는 수단이다. 또한 이것은 환자가 하는 개인적 농담이 될 수도 있다.

조현병 환자는 자신이 동일시하는 대상인 사람의 가장 싫어하는 측면을 흉내 내어 조롱, 경멸하거나 또는 증오를 받음으로써 그 싫어하는 측면을 표면으로 드러낸다. 데이비드의 어머니와의 동일시는 사악한 여왕을 강박적으로 흉내 내는 것으로 바뀌었다.

'내면의' 숨겨진 자기는 거짓-자기의 특징을 싫어한다. 또한 거짓-자기를 두려워한다. 낯선 정체성을 가장하는 것은 항상 자신의 정체성을 위협한다고 느끼기 때문이다. 거짓-자기와 점점 더 동일시하다 보면, 거짓-자기가 자신을 삼킬까 봐 두렵기 때문이다.

어느 정도까지는 거짓-자기 체계가 신체의 세망내피계 Reticulo-endothelial system와 비슷하게 작용하는 것처럼 보일 것이다. 이 체계는 침입하는 위험한 이물질을 막고 캡슐로 싸서 이러한 이물질이 온몸에 더 넓게 퍼지는 것을 방지한다. 하지만 그것이 거짓-자기 체계의 방어적 기능이라면, 그 기능은 실패라고 판단해야 할 것이다. 내적 자기가 외적 자기보다 더 진실하지는 않다. 데이비드는 자신이 어머니를 위해 꼭두각시가 되었다고 느꼈다. 그런데 데이비드 내면의 숨겨진 자기는 그 꼭두각시와 매우 똑같이 거짓-자기를 사용하는 가장 통제적 조작 기관으로 바뀌었다. 즉 어머니의 그림자는 데이비드의 외적 자기뿐만 아니라 내적 자기까지 가로지르며 내리깔려 있다.

스무 살인 한 여성은 이 문제의 교훈적 형태를 보여주었다. 이 여성은 얼굴이 못생겨서 '남을 의식'하게 된다는 것을 불평했다. 그녀는 얼굴에 하얀 화장분과 밝은 빨간색 립스틱을 발랐다. 보기 흉하지는 않았지만, 적어도 놀랍도록 불쾌하고 우스꽝스럽고 가면 같은 표정이었고, 그것은 확실히 그녀의 특징을 돋보이게 나타내지 못했다. 마음속으로 이 여성은 진한 화장으로 가려진 자신이 얼마나 못생겼는지 숨기려고 이런 일을 했다. 더 조사해보니, 자신의 얼굴에 대한 이 여성의 태도는 그녀 인생의 핵심 문제를 핵 같은 형태로 포함하고 있음이 분명해졌다. 그것은 어머니와의 관계였다.

이 여성은 거울에 비친 자신의 얼굴을 빤히 쳐다보는 일에 중독되었다. 그러던 어느 날, 자신이 매우 밉살스럽게 보인다는 생각이 들었다. 자신이 어머니의 얼굴을 하고 있다는 생각이 몇 년 동안 이 여성의 마음속 깊은 곳에 있었다. '밉살스럽게'라는 말은 여러 가지 의미를 품고 있었다. 이 여성은 거울에 비친 얼굴이 싫었다. 어머니의 얼굴이었다. 여성은 거울에서 자신을 돌아보는 그 얼굴에 얼마나 자신에 대한 증오심이 가득 차 있는지도 보았다. 거울을 보던 이 여성은 자신과 어머니를 동일시했다. 이런 면에서 이 여성은 딸의 얼굴에 어린 증오를 보는 그녀의 어머니였다. 즉 이 여성은 어머니의 눈으로 거울에 비친 얼굴에서 어머니에 대한 자신의 증오를 보았고, 자신을 미워하는 어머니를 증오하며 보았다.

이 여성은 어머니와 맺은 관계에서 어머니의 역할을 과보호하고, 그 역할에 과도하게 의존하고 순응했다. 현실에서 자신이 어머니를 미워할 가능성을 허용할 수 없었다. 또 어머니가 속으로 딸인 자신을 증오했다는 사실을 인정할 수 없었다. 이 여성이 직접 표현하지 못했거나 터놓고 인정하지 못한 모든 것이 이 여성의 발현 증상 안에 응축되었다. 가장 중요한 함의는 이 여성이 자신의 진정한 얼굴을 혐오스럽게(혐오에 차서) 보았다는 것이다. 이 여성은 자기 얼굴이 싫었다. 어머니의 얼굴과 정말 똑같았기 때문이다. 이 여성은 자신이 본 얼굴이 무서웠다. 그녀는 자신의 얼굴을 가렸다. 그렇게 해서 자신의 증오를 위장하고, 그 대신 어머니의 얼굴을 공격했다.

비슷한 원리가 이 여성의 남은 생애 내내 작용했다. 이 여성 안에서, 아이의 정상적 복종과 순종은 어머니의 모든 소원에 대한 수동적 묵인으로 변했고, 그런 다음 여성은 자신을 완전히 소멸시키고, 어머니가 의식적으로 그 딸인 자신에게 원했을 것을 무엇이든지 흉내 내게 되었다. 여성은 자신의 순응을 공격으로 바꿨고, 모든 사람이 볼 수 있도록 자신의 참-자기에 대한 이 허접한 모조품을 내보였다. 그것은 어머니에 대한 기괴하고 서투른 모방이자, 자신의 순종을 비웃는 듯한 '추한' 형태의 순종이었다.

따라서 타인을 혐오할 때, 개인은 자신의 존재 안에 형성된 타인의 특징에 집중한다. 일시적으로나 장기적으로 타인의 성격을 추정하면 안전을 제공하는 것처럼 보이지만, 이는 결국 자신이 되지 못하는 하나의 방식이다. 개인은 타인의 성격이라는 망토를 덮어쓰고 더 유능하고, 원활하며, '신뢰할 만하게' 행동할 수 있다. D의 표현을 사용하면, 개인은 용기를 내어 무서운 무력감과 당혹감을 솔직하게 느끼지 못한다. 이 무력감과 당혹감이야말로 자기가 되기 위한 필연적 출발점인데도 그러하다. 대신 개인은 자신이 되지 않을 경우에 반드시 따르는 대가를 지불하기를 선호한다. 끊임없이 떠오르는 무의미감을 초래하는 것이다. 거짓-자기 체계는 점점 더 활동을 멈춘다. 어떤 사람들을 보면, 자신의 삶을 (분명히) 필수 불가결한 것이 된 로봇으로 바꾼 듯하다.

거짓-자기 체계가 보이는 어느 정도 영구적 '성격' 외에도, 우리가 언급했듯이 개인은 소규모의 무수한 일시적인 동일시에 시달리는 사람일 수 있다. 개인은 갑자기 자신에게 '자신의' 것이 아니라 다른 누군가에게 속한 버릇, 몸짓, 말투가 생겼음을 깨닫는다. 흔히 그것은 그 개인이 특히 의식적으로 싫어하는 버릇이다.

타인의 행동 가운데 작은 일부를 잠시 동안 자기 것으로 만드는 것은 조현병적 문제는 아니지만, 조현병적 거짓-자기 체계에 기초한 현저한 집요함이나 강박성과 함께 발생하는 경향이 있다. 일부 조현병 환자의 전체 행동은 바로 재현되는 환경의 부조화 때문에 더욱 특이해진 타인의 특이한 습성들을 그러모은 것이다. 다음 사례는 매우 '정상적'인 사람에 대한 것이다.

맥캘럼Macallum이라는 이름의 여학생은 아담스Adams라는 남자 강사에 대해 격렬하게 상반되는 감정을 나타냈다. 한때 맥캘럼은 자신이 서명을 하면서 '맥아담스Macadams'[13]라고 썼음을 알고 두려웠다.

"혐오스러워서 내 손을 잘랐을 수도 있었어요."

---

[13] 맥캘럼이라는 자신의 이름과 좋아하는 남자 강사의 이름을 합친 이름. — 옮긴이

그와 같은 타인의 작은 파편들은 몸속에 있는 유산탄 파편들 같다. 개인의 행동에 박혀 있는 것이다. 개인은 외부 세계와 명백하게 행복하고 부드러운 관계를 유지하는 동시에, (자신이 경험하는 것과 같이) 자신에게서 기묘하게 튀어나오는 이질적 조각을 항상 붙잡으려 한다. 앞서 나온 여학생의 사례에서 그렇듯이, 이러한 행동의 파편들은 그 대상이 되는 사람을 매우 자주 혐오와 공포로 채우고, 미움과 비난을 받는다.

"손을 잘랐을 수도 있었어요."

하지만 물론, 이 파괴적 충동은 사실 그녀의 손으로 향한다. 대상이 되는 사람이 이 작은 '투사된' **행동 파편**이나 조각을 공격하려면 반드시 자신의 존재에 폭력을 가해야만 한다(진Jean은 자기 얼굴 속에 들어 있는 어머니를 공격하면서 자신의 얼굴을 지웠다).

개인의 모든 행동이 비밀스런 자기로부터 강박적으로 소외되어 강제적인 모방, 흉내 내기, 풍자 및 그러한 일시적인 행동의 이물에만 몰두하면, 개인은 자신의 모든 행동을 제거하려고 할 것이다. 이는 긴장성 금단증세의 한 형태다. 마치 자신의 피부 전체를 벗어버림으로써 일반적인 피부 감염을 치료하려는 것과 같다. 이것이 불가능하기 때문에, 조현병 환자는 자신의 행동이라는 피부를 선택해서 벗길 수가 있다.

7장

자기의식

자기의식 self-consciousness은, 우리가 그 용어를 흔히 사용하는 것처럼 두 가지를 의미한다. 즉 자기의식은 홀로 자신을 인식하는 것이며, **타인의 관찰 대상으로서 자신을 인식하는 것**이다.

그것은 바로 자신의 눈에 비친 대상으로서의 자기와 다른 사람의 눈에 비친 대상으로서의 자기다. 이 두 자기 인식은 서로 밀접하게 관련되어 있다. 조현병 환자의 경우, 이 두 가지 자기 인식이 모두 강화되고, 둘 다 어느 정도 강박적 성격을 띤다. 조현병 환자는 흔히 자신의 과정에 대한 자기의식의 강박적 성격 때문에 괴로워한다. 또한 타인들의 세계 속의 대상이라는 자기 신체에 대한 감각이 지닌 똑같이 강박적인 성격 때문에 괴로워하기도 한다. 항상 보이는 것 또는 적어도 항상 잠재적으로 볼 수 있는 것에 대한 고조된 존재 의식은 주로 신체와 관련이 있을 수 있다.

그런데 볼 수 있는 것에 몰두하는 것은 정신적 자기가 꿰뚫릴 수 있고 취약하다는 생각으로 응축될 수 있다. 타인들이 자신의 '마음'과 '영혼'을 꿰뚫어볼 수 있다고 느낄 때와 같은 것이다. 사람들은 항상 은유나 직유를 통해 그러한 '판유리 plate-glass' 감정에 관해 말하지만 정신증적 상태에 있는 개인은 타인이 응시하거나 빤히 쳐다보면 실제로 자신의 '내적' 자기의 핵심이 간파되었다고 느낄 수 있다.

한 사람의 존재는 자신이 의식하는 대상이면서 타인이 의식하는 대상이기도 하다. 자신의 존재에 대한 고조되거나 강화된 의식은 사실상 청소년들에게 일반적 현상이며, 잘 알려진 것처럼 수줍음, 얼굴 붉힘, 총체적 당혹감과 관련이 있다. 사람들은 그런 어색함을 설명하기 위해 점차적으로 일종의 '죄책감'을 일으킨다. 하지만 개인이 죄책감을 느끼는 비밀(예 : 자위행위)이 존재하기 '때문에' 남을 의식한다는 말은 우리를 크게 매혹시키진 못한다. 대부분의 청소년들은 자위행위를 한다. 또한 청소년들은 자신이 자위행위를 한 것이 어떤 식으로든 자기 얼굴에 나타날까 봐 두려워하는 일이 흔하다. 하지만 '죄책감'이 이러한 현상의 핵심이라면, 왜 죄책감은 다른 결과들이 아닌 이런 특정한 결과를 낳을까?

죄책감을 느끼는 데는 여러 가지 방법이 있다. 자신이 다른 사람 눈에 당황하는 우스꽝스러운 대상이 되었다는 고조된 의식이 유일한 방법은 아니다. '죄책감' 자체는 여기서 우리를 돕기에 적절하지 않다. 격심하고 통렬한 죄책감을 가진 많은 사람들이 지나치게 남을 의식하지 않는다. 게다가, 예를 들어 사람은 거짓말을 하고 그렇게 한 것에 대해 죄책감을 느낄 수 있지만, 정작 그 거짓말이 자기 얼굴에 드러날까 봐 두려워하거나, 자기가 눈이 멀게 될까 봐 무서워하지 않을 수도 있다. 어른들이 나를 보지 못하면 결코 내가 무슨 일을 하는지 모른다.

내가 혼자 생각한 내용을 말하지 않으면 어른들은 추측밖에는 할 수 없다. 내가 '**비밀을 누설하지 않는 한**', 사람들은 아무도 보지 못한 내 행동과 '**비밀로 간직한**' 생각에 접근할 수 없다. 이런 확신을 갖는 것은 아이에게 실로 중요한 성취가 된다. 그런 원초적인 마법적 두려움이 지속되어 비밀을 **지킬 수 없거나** 거짓말을 **할 수 없는** 아이는 완전한 자율성과 정체성을 형성하지 못한 것이다. 물론 대부분의 경우 거짓말에 대항할 충분한 이유를 찾을 수 있지만, 거짓말을 **못 한다**는 것이 그 충분한 이유 가운데 하나는 아니다.

자기의식적인 사람은 실제로 그런 것보다 더 자신이 다른 사람의 흥미의 대상이라고 느낀다. 그런 사람은 거리를 산책하다가도 영화관 앞에 선 줄에 다가간다. 그 줄을 지나치려면 굳은 결심을 해야만 한다. 그는 차라리 길 건너편으로 건너가는 편을 택할 것이다. 이런 사람으로서는 식당에 들어가 혼자 테이블에 앉는다는 것은 시련이다. 무도회에서 직접 춤을 추려고 일어나기 위해서는 두세 쌍이 먼저 춤을 출 때까지 기다려야 할 것이다.

매우 이상한 일이지만 관중 앞에서 공연하거나 연기할 때 심한 불안 증상을 겪는 사람들이 꼭 일반적으로 '자기의식적'인 사람은 아니다. 또한 항상 지나치게 자기의식적인 사람이 다른 사람 앞에서 공연을 하면서 이 문제에 대한 자신들의 강박적 선입관을 잊을 수도 있다. 한눈에 보아도 자기의식적인 사람들이 타협하기에 가장 어려운 상황이라고 추측할 수 있다.

자기의식에 대한 그 밖의 특징들은 다시금 죄책감이 이 문제를 이해하는 핵심임을 지적하는 것처럼 보일 수 있다. 개인은 자신이 다른 사람에게서 기대하는 표정을 보면서도 사실상 언제나 자신을 적대적으로 비판하는 것이라고 상상한다. 그는 자신이 바보처럼 보일까 봐 두렵다. 또는 자신이 과시하기를 원한다고 다른 사람들이 생각할까 봐 두렵다.

한 환자가 그런 환상들을 표현할 때, 그 환자가 과시하고자 하며, 관심의 중심이 되고 싶어 하며, 뛰어나고 싶어 하며, 자기 곁의 타인들을 바보처럼 보이게 만들고 싶은 승인되지 않은 은밀한 욕구를 갖고 있으며, 이 욕구는 죄책감과 불안으로 가득 차 있어서 그 같은 것을 경험할 수 없다고 추측하기 쉽다. 그러므로 이러한 욕구가 충족되는 환상을 일으킬 상황들은 모든 쾌락을 잃게 된다. 따라서 개인은 은밀한 노출증 환자가 된다. 그의 몸은 무의식적으로 그의 성기와 동일시된다. 그러므로 그의 몸이 공개될 때마다, 만족으로 가는 이 잠재적인 방법과 연관된 신경증적 죄책감은 개인을 일종의 거세불안에 노출시킨다. 이 거세불안은 현상학적으로 '자기의식'으로 나타난다.

그런 용어로 자기의식을 이해하는 것은 한 개인이 직면한 핵심 문제를 회피하는 것이라고 나는 믿는다. 개인은 존재론적으로 실존적 위치가 불안한 사람이다. 그 개인은 분열적 성격이 자신의 존재론적 불안의 직접적인 표현이거나 그 불안의 원인이 되는 사람이다. 또 그 분열적 성격이 부분적으로는 그 불안을 극복하려는 하나의 시도이거나, 마지막으로 약간 다른 말로 언급하자면, 자신의 정체성에 대한 안정된 의식을 성취하는 데 실패한 결과인 존재에 대한 위협에서 부분적으로나마 자신을 지키려는 시도가 되는 그런 사람이다.

존재론적으로 불안정한 사람의 자기의식은 다음과 같이 이중적 역할을 한다.

1. 자신을 인식하는 것과 다른 사람들이 자신을 인식하고 있음을 아는 것은 자신이 존재하는 것과 다른 사람들이 존재하는 것을 확신시켜주는 수단이다. 카프카는 '기도하는 자와의 대화Gespräch mit dem Beter'라는 그의 이야기에서 이 점을 명백하게 보여주었다. 기도자는 존재론적 불안정이라는 실존적 입장에서 출발한다. 카프카는 말했다.

"내가 살아 있다는 것을 내 안으로부터 확신한 적은 없었다."

그러므로 그에게는 자신이 살아 있음과 사물이 실재함에 대한 확신이 필요하다. 이 필요성은 그의 실존에 있어 근본적인 문제다. 그는 자신이 현실 세계에서 대상이 되었다고 느낌으로써 그런 확신을 얻는다. 하지만 **그의** 세계는 실재하지 않기 때문에 그는 다른 누군가의 세계에서 대상이 되어야만 한다. 대상은 다른 사람에게 실재하는 것으로 보이기 때문이다. 고요하고 아름답게 보이기까지 한다. 마침내 "(…) 분명히 그럴 것입니다. 사람들이 자신들이 그런 것처럼 자신에 대해 이야기하는 것을 자주 듣기 때문입니다." 따라서 그는 자백한다. **"(…) 사람들이 나를 보도록 만드는 것이 내 삶의 목표**라고 내가 말하더라도 화내지 마십시오."(강조는 저자가 표시한 것)

또 다른 요소는 시간적 자기 안에 있는 불연속성이다. 존재론적으로 불안정한 사람은 시간 안에서 정체성이 불확실할 때 자신을 확인하기 위해 공간적 수단에 의존하는 경향이 있다. 이것은 존재론적으로 불안정한 사람이 자주 다른 사람들에게 **보여지는 것을** 매우 중요하게 여긴다는 사실을 설명하는 데는 도움이 될 것이다. 하지만 때로는 (공간이 아닌) 시간 안에서 자신의 의식에 가장 크게 의존할 수 있다. 이것은 시간을 순간의 연속으로 경험할 때 특히 그렇다. 자신의 시간-자기에 부주의함으로써 순간의 선형 시간적 연속의 한 부분을 잃는 것은 재앙으로 느껴질 수 있다.

둘리Dooley(1941)는 한 인간이 '소멸의 두려움에 대한 투쟁'과 '정체성을 삼키고, 부수며, 빼앗으려는 위협'에 대항해서 자신의 온전함을 보존하려는 시도의 일환으로 일어나는 이 시간적 자기 인식의 다양한 예를 제시한다. 둘리의 환자 중 한 사람은 이렇게 말했다.

"지난밤에 나는 얼음축제에서 자제력을 잃었어요. 그걸 보는 데 몰두해서 시간이 몇 시고, 내가 누구이며 어디에 있는지를 까맣게 잊었죠. 갑자기 내가 나 자신에 대해 생각하지 않았음을 깨달았을 때 죽도록 무서웠어요. 비현실적 느낌이 들었어요. 나는 단 1분도 나 자신을 잊지 말아야 해요. 시계를 보며 바쁘게 지내야 해요. 그렇지 않으면 난 내가 누군지 모를 거예요."(17쪽)

2. 위험으로 가득 찬 세상에서 잠재적으로 다른 사람이 볼 수 있는 대상이 된다는 것은 끊임없이 위험에 노출되는 것이다. 따라서 자기의식은 다른 사람에게 보인다는 단순한 사실 때문에 자신이 잠재적으로 위험에 노출되어 있다는, 자기에 대한 불안한 인식일 수 있다. 그러한 위험에 대한 확실한 방어는 어떻게든 자신을 보이지 않게 하는 것이다.

실제 사례에서 그 문제는 항상 그리고 반드시 복잡하다. 카프카가 소개한 기도하는 사람은 사람들이 자신을 보게 하는 것을 인생의 목표로 삼았다. 기도하는 사람은 사람들이 자신을 볼 때 이인증과 현실감 상실, 내적 무감각을 완화할 수 있었기 때문이다. 그에겐 자신을 실제로 살아 있는 사람이라고 느끼게 해줄 다른 사람이 필요했다. 자신이 살아 있다는 것을 한 번도 내면에서부터 확신하지 못했기 때문이다. 하지만 이는 자신에 대한 다른 사람의 염려가 호의적임을 신뢰한 것이다.

물론 이런 염려가 항상 있는 것은 아니었다. 기도하는 사람은 "나는 항상 그들이 한때 진짜였지만 이제는 날아가 버렸다고 느낀다"라고 말하지만 일단 그가 무언가를 인식하면 그것은 비현실적인 것이 된다. 그러한 사람이 자신에 대한 다른 사람들의 인식을 어느 정도 불신한다는 것은 놀랍지 않다. 예를 들어 다른 사람들이 결국, 그가 그들에 대해 가진 것과 똑같은 '도망자 인식'을 가지고 있었다면 어떨까? 자신이 살아 있다고 확신하기 위해 그가 자신의 인식보다 다른 사람들의 인식에 더 의존할 수 있을까? 사실 그 균형은 곧바로 흔들리는 일이 매우 흔하다. 개인은 자신이 다른 사람의 인식의 대상이 되는 것이 자신에게 가장 큰 위험이라고 느낄 정도다. 나는 페르세우스의 신화와 메두사의 머리, 악한 눈, 죽음의 광선에 대한 망상 등도 이 두려움과 관련 있다고 믿는다.

실제로, 생물학적으로 볼 때, 눈에 띈다는 바로 그 사실 때문에 동물은 적에게서 공격을 받을 위험에 노출된다. 적이 없는 동물은 없다. 그러므로 눈에 띈다는 것은 근본적인 생물학적 위험이다. 보이지 않는다는 것은 기본적인 생물학적 방어다. 우리는 모두 어떤 형태의 위장을 이용한다.

다음은 한 환자가 작성한 서면 진술이다. 열두 살 때 불안을 극복하려고 일종의 마법적 위장을 이용한 환자였다.

내가 열두 살쯤 되었을 때일 거예요. 나는 큰 공원을 지나서 아버지 가게까지 걸어가야 했어요. 길고 지루한 길이었죠. 나는 겁이 났던 것 같아요. 그게 싫었어요. 특히 어두워질 때는요. 나는 시간을 보내려고 게임을 시작했어요. 어렸을 때 선생님도 어떻게 돌을 세는지, 어떻게 도로 위 교차로 위에 서는지 아셨을 거예요. 나는 시간을 보낼 이 방법을 우연히 발견했어요. **내가 환경과 하나가 되고, 그 장소가 텅 비고 내가 사라진 것처럼 충분히 오랫동안 그 환경을 응시한다면, 내가 사라질 것이라는 생각이 들었어요. 그건 마치 선생님이 내가 누구인지, 어디에 있는지 모르는 것처럼 느끼는 것과 같아요.** 말하자면 풍경 속에 섞이는 것이죠. 따라서 선생님은 풍경 속에 섞이는 일을 두려워하죠. 격려 없이 그 일이 진행되기 시작하니까요. 나는 산책하면서 풍경과 내가 하나가 되었다고 느꼈어요. 그러고 나서 겁에 질려 거듭해서 내 이름을 불렀어요. 말하자면 나를 다시 살리고 싶었던 거예요.

눈에 띄게 되고, 평범함에서 벗어나게 되고, 독특하고 이목을 끌 때 느끼는 많은 불안에 대한 생물학적 유비가 있다. 그런 위험에 대비해서 사용하는 방어는 흔히 인간 풍경과 통합하고, 자신이 다른 사람들과 어떻게 다른지 보는 것을 되도록이면 어렵게 만드는 시도들로 이루어진다. 예를 들어 오베른도르프(1950)는 이인화가 죽은 척하기 playing possum와 유사한 방어라고 말했다. 우리는 8장에 나오는 피터의 사례에서 이러한 방어에 대해 상세히 고려해볼 것이다.

다른 사람처럼 되기, 자신이 아닌 다른 사람 되기, 어떤 역할을 연기하기, 익명의 사람 되기, 누구도 되지 않기(심리학적으로, 몸이 없는 척하기)는 특정 분열증 상태와 조현병적 상태에서 매우 철저하게 수행되는 방어들이다.

앞서 언급한 환자는 자신이 풍경과 섞일 때 무서워했다. 그 환자는 말했다.

"말하자면 나는, 나를 다시 살리기 위해 내 이름을 반복해서 부를 거예요."

이 말은 한 가지 중요한 문제를 제기한다. 나는 이 어린 소녀가 불안에 대해 보인 특정한 형태의 방어는 존재론적 기초가 흔들리는 것에서만 비롯될 수 있다고 생각한다. 이것이 올바른 추측이다. 안정적으로 형성된 정체감은 열두 살 소녀가 그녀의 게임에서 정체감을 잃는 것처럼 쉽게 상실되지 않는다. 그러므로 이 존재론적 불안정이 적어도 부분적으로나마 환자의 불안을 야기하고, 그다음에 환자가 자신의 결함의 원천을 탈출로로 이용했을 수 있다. 우리는 이 원칙이 제임스, 데이비드, D의 사례에서 이미 작동하고 있음을 보았다. 풍경과 섞여 하나가 되면서, 환자는 자신의 자율적 정체성을 잃었다. 사실 자신을 잃은 것이다. 광활한 창공에 모여 있는 황혼 속에 혼자 있어서 위험해진 것은 그녀의 '자기'뿐이었다.

이 원칙의 가장 일반적 표현은, 존재를 상실할 위험에 처할 때 비존재에 빠지는 것은 단지 게임이나 그런 척하는 것일 뿐이라고 항상 내적으로 은폐하면서 비존재 상태에 빠지는 식으로 방어하는 것이다.

폴 틸리히(1952, 62쪽)가 말했듯이, "신경증은 존재를 피함으로써 비존재를 피하는 방법이다." 문제는 개인이 가장하기 속에서 가식을 발견할 수 있다는 것이다. 그리고 자신이 기대했던 것보다 더 현실적인 방법으로, 아주 두려워했던 바로 그 비존재 상태로 실제로 뛰어들었다는 것이다. 비존재 상태에서 개인은 자율성과 현실, 삶, 정체성에 대한 자신의 의식을 박탈당했으며, 자신의 이름을 반복해서 부르는 것으로는 다시금 인생의 발판을 되찾을 수 없음을 깨닫지 못할 수 있다. 사실 이 어린 소녀의 게임은 이런 식으로 걷잡을 수 없게 되었다. 환자가 앞에서 언급한 인용문이 실린 자신의 인생에 대한 이야기를 썼을 때, 환자는 몇 년 동안 심각하게 이인화된 상태[14]에 머물러 있었다.

이 영역에서는 모든 것이 역설적이다. 5장에서 우리는 자기가 진정한 생기를 원하면서도 두려워한다고 말했다. 자기는 살아나는 것과 실제가 되는 것을 두려워한다. 그렇게 되면 즉각 소멸의 위험이 강해질까 봐 두렵기 때문이다. 이 역설 속에 '자기의식'이 함축되어 있기 때문이다.

우리의 어린 소녀는 풍경과 섞였다. 이제 타인들과 너무 쉽게 섞이기만 하고(앞 장에서 이런 현상이 일어나는 방법에 대해 설명했다), 그로 인해 자신의 정체성을 잃는 것을 두려워하는 사람은 자신의 자기에 대한 인식을 분리되고 냉담한 상태로 남아 있을 수단으로 이용한다. 개인은 자신의 위태로운 존재론적 안정을 유지하기 위해 자기의식에 의존하게 된다. 의식, 특히 자기의식에 대한 이러한 강조는 다양한 방향으로 가지를 뻗는다. 예를 들어 히스테리 환자는 자신의 존재의 측면들을 잊고 '억압'할 수 있다는 것을 지나치게 기뻐하는 것으로만 보인다. 반면에, 조현성 성격장애 환자는 특징적으로 자신에 대한 인식을 되도록이면 집중적이고 광범위하게 만들려고 한다.

하지만 지금까지 언급했듯이 얼마나 적대감으로 가득 차 있는가는 조현병 환자 스스로가 받는 자기 검증이다. 조현성 성격장애 환자는 애정 어린 자기 존중의 온기를 쬐지 않는다(조현병 환자의 경우 더욱

---

14 현재 느껴지는 자기 자신의 모습이나 현실이 이전까지 느끼고 경험해오던 자신의 모습이나 현실과 달리 매우 생소하고 낯설게 느껴지는 병리적 상태. ─옮긴이

그렇다). 자기 검증을 자기애narcissism의 한 형태로 간주하는 것은 매우 적절하지 못하다. 이런 의미에서 조현성 성격장애 환자도, 조현병 환자도 모두 자기애적 사람은 아니다.

한 여성 조현병 환자는 자신이 검은 태양의 눈부신 빛 아래서 말라 죽는다고 말했다(11장). 조현성 성격장애 환자에게 자기의 검증이란 검은 태양, 사악한 눈 아래 존재한다. 그의 눈부신 인식의 빛은 그가 지닌 자발성과 신선함을 죽인다. 또 모든 기쁨을 파괴한다. 모든 것이 그 눈부신 빛 아래서 시든다. 하지만 환자는 크게 자기애적인 사람은 아닐지라도 여전히 자신의 정신적 과정과 (또는) 육체적 과정을 지속적으로 관찰하는 일에 강박적으로 몰두했다. 페데른이 쓴 말로 표현한다면, 그 환자는 모르티도mortido[15]로 자신의 대상으로서의 자아ego-as-object에 정신을 집중하는 것이다.

앞서 조현성 성격장애 환자가 자신과의 관계를 이인화했다고 말했을 때, 매우 유사한 사항이 다른 용어로 표현되었다. 바꾸어 말하면 환자는 자신의 존재의 살아 있는 자발성을 검사함으로써 죽어서 생명이 없는 것으로 바꾸었다. 그 환자는 다른 사람들에게도 이렇게 하고, 그들이 자신을 그렇게(석화) 할까 봐 두려워한다.

이제 우리는 다음과 같이 제안할 수 있다. 환자는 죽는 것도, 생명이 없는 것도 두렵지 **않은** 반면에, 앞서 언급했듯이 진짜 생동감을 두

---

15 죽음 본능에 의해 나타나는 정신 에너지. 죽음 본능의 주요한 구성 요소는 공격성이다. — 옮긴이

려워한다. 또한 계속해서 자신을 인식하지 못하는 것을 두려워한다. 환자가 삶 속에 있는 죽음을 견뎌내야만 한다고 해도 자신의 자기를 인식한다는 것은 여전히 그의 지속된 존재에 대한 보장이요 확언이다. 한 대상을 인식하면 그 대상의 잠재적 위험이 줄어든다. 그렇다면 의식은 일종의 레이더, 감식장치다. 그 대상은 통제 아래 있는 것처럼 느껴질 수 있다. 죽음의 광선으로서의 의식에는 두 가지 주요한 특성이 있다. 자신을 석화(돌로 바꾸기, 자신이나 타인을 사물로 바꾸기)시키는 힘과 관통하는 힘이다. 따라서 환자가 타인의 시선을 경험한다면, 자신이 다른 사람의 물건으로 바뀌는 것에 대해 끊임없이 두려워하고 분노할 것이다.

개인은 타인들을 돌로 바꾸어 이러한 위험을 방지하려고 시도할 수 있다. 불행히도 돌은 그 사람을 볼 수 없으므로, 그는 자기 자신을 볼 수 있는 유일한 사람이 된다. 타인을 돌로 바꿔서 보는 데 성공했기 때문이다. 이제 그 과정은 반대쪽으로 방향을 바꾸고, 둔감하게 하고 참을 수 없는 자기 인식을 제거하려는 갈망으로 끝난다. 그렇게 해서 수동적 타인이 영향을 미치고 통제하는 수동적 사물이 된다는 기대가 반가운 위안이 될 수 있다. 그렇게 왔다 갔다 할 때, 그 개인은 평안할 수 없다. 실현 가능한 대안들 중에서 선택할 여지가 없기 때문이다.

보이는 것 또는 단순히 볼 수 있는 것에 강박적으로 집착하는 것은 우리가 반드시 저변에 있는 보이지 않는 것 또는 볼 수 없는 것에 대한 환상을 다루어야 한다는 것을 시사한다. 우리가 보았듯이, 보이는 것이 그 자체로 박해가 될 수도 있고, 한 사람이 아직 살아 있다는 보장도 될 수 있다면, 볼 수 있다는 것은 똑같이 모호한 의미를 지닐 것이다.

'자기의식적'인 사람은 한 가지 딜레마에 빠진다. 이 사람은 다른 사람이 자신을 보고 인식해줄 **때에만** 자신의 현실감과 정체감을 유지할 수 있다. 하지만 동시에 다른 사람은 '자기의식적'인 사람에게 정체성과 현실에 대한 위협이 된다. 사람들은 앞서 설명한 은밀한 내적 자기와 행동적 거짓-자기 체계라는 면에서 이 난제를 해결하려고 매우 교묘하게 노력을 퍼부었음을 발견한다. 예를 들어 제임스는 '다른 사람들이 나에게 내 존재를 준다'고 느낀다. 제임스는 스스로 자신이 텅 비었고 하찮은 사람이라고 느낀다.

"거기 누군가 없다면 나는 실재를 느낄 수 없어요……."

그렇지만 제임스는 다른 사람과 함께 있을 때 편하지 않았다. 자신이 다른 사람과 함께 있을 때에는 혼자 있을 때만큼 '위험한 상황에 처해 있다'고 느끼기 때문이다.

그러므로 자기의식적인 사람은 강박적으로 사람들과 교제하려고 애쓰지만, 결코 다른 사람 앞에서 '자연스럽게 행동하지 못한다.' 그는 결코 실제로 **다른 사람과 함께하지** 않음으로써 사회적 불안을 피한다. 그는 결코 자신이 말하려는 것을 말하지 않는다. 또 자신이 말하는 것을 의미하지도 않는다.

자기의식적인 사람이 연기하는 역할은 항상 자신이 아니다. 어떤 농담이 재미없다고 생각할 때는 웃으려고 주의하고, 재미있을 때에는 지루하게 보인다. 진짜 좋아하지도 않는 사람들과 친구가 되고, '정말' 친구가 되고 싶은 사람에게는 오히려 냉정하다. 그러므로 아무도 실제로 그를 알지도, 이해하지도 못한다.

자기의식적인 사람은 고립되어 있으면 공허하고 비현실이라고 느끼지만 그럴 때에만 안전할 수 있다. 그는 다른 사람들과 가장과 모호함이라는 정교한 게임을 한다. 사람들은 이 자기의식적인 사람의 사회적 자기가 거짓되고 헛되다고 느낀다. 자기의식적인 사람이 가장 갈망하는 것은 '인식의 순간'이라는 가능성이다. 하지만 우연히 인식의 순간이 발생할 때마다, 우연히 '자신의 정체가 드러날' 때마다 그는 당황해서 공포에 질렸다.

자기의식적인 사람이 자신의 참-자기를 숨기고, 감추며, 보이지 않도록 유지하면 할수록, 그가 다른 사람들에게 거짓 얼굴을 더 많이 보일수록, 더 강박적으로 자신을 거짓되게 표현한다. 자기의식적 사람은 극도로 자신에게 도취하고, 자신을 과시한다. 사실상 그는 자신을 미워하며, 다른 사람에게 자신을 드러내는 것을 두려워한다. 대신, 자신이 외부 장식으로만 여기는 것을 강박적으로 다른 사람들에게 드러낸다. 화려하게 옷을 입고, 큰 소리로 끈질기게 말한다. 끊임없이 자신에게로 사람들의 관심을 끌어들이며, 동시에 사람들이 자신에게서 관심을 거두게 한다. 자기의식적 사람은 강박적으로 행동한다. 그는 다른 사람에게 자신을 보이는 데 여념이 없다. 사람들은 그의 갈망을 알게 될 것이다. 하지만 이는 자기의식적 사람이 가장 두려워하는 것이기도 하다.

여기서 자기의식적인 사람의 '자기'는 자신만이 알고 눈에 보이지 않는 초월적 존재가 된다. 행동하는 몸은 더는 자기의 표현이 아니다.

자기는 몸 안에서 그리고 몸을 통해 실현되지 않는다. 자기는 뚜렷하게 구별되며 분리되어 있다. '다른 사람들이 나라고 간주하는 것이 결국 나다.' 이것이 R(3장)이 한 행동의 암묵적인 의미다. 제임스는 정반대 가능성을 연기했다. 그러므로 제임스의 명백한 과시 행동은 자신이 정말로 무엇을 느꼈고, 자신을 누구라고 느끼는지를 다른 사람들이 모르게 하려는 한 방법이었다.

어른은 자신을 다른 사람에게 보이게 하거나 보이게 하지 않는 것을 안정된 방어로 사용할 수 없다. 각기 고유한 형태의 안전을 가져올 뿐만 아니라, 각기 그것만의 위험성이 있기 때문이다. 가장 초기, 가장 단순한 유아기 상황의 복잡성을 고려한다면 그 위태로운 문제가 얼마나 복잡한지 판단할 수 있다. 다른 사람들이 나를 못 보게 하는 것과 보게 하는 것은 아이들에게 흔한 놀이다. 이 게임에는 몇 가지 변형이 있다. 우리는 이 놀이를 거울 앞에서 혼자 할 수도 있다. 아니면 다른 어른들과 결탁해서 할 수도 있다.

프로이트는 실패와 실을 가지고 노는 작은 소년에 대해 서술하면서 여기에 각주를 붙였다. 이 각주에서 프로이트는 이 놀이의 한 형태에 대해 설명한다. 나는 프로이트가 쓴 각주에 특별한 관심을 쏟고 싶지만, 전체 구절을 회상하는 것도 그럴 만한 가치가 있다.

아이는 지적 발달 면에서 전혀 조숙하지 않았다. 아이는 한 살 반이 되어서야 겨우 이해 가능한 몇 마디 말을 할 수 있었다. 또한 아이는 많은 소리를 이용해서 주변 사람들이 이해할 수 있는 의미를 표현하기도 했다.

아이는 부모와도, 부모의 하녀와도 좋은 관계였다. 사람들은 이 아이가 '착한 아이'라고 칭찬했다. 아이는 밤에 부모를 방해하지 않았고, 어떤 물건을 건드리지 말라거나 어떤 방에 들어가지 말라는 명령에 양심적으로 복종했다. 무엇보다도 엄마가 몇 시간 동안 자기 곁을 떠나도 아이는 결코 울지 않았다. 동시에 그는 엄마에게 꼭 붙어 있었다. 엄마는 그에게 직접 젖을 주었을 뿐 아니라, 외부의 도움 없이 그를 돌보기도 했다.

하지만 이 착하고 어린 소년에게는 때때로 손으로 잡을 수 있는 물건을 잡아서 자기에게서 멀리 떨어져 있는 모퉁이나 침대 밑에 던지는 불안한 습관이 있었다. 그러므로 아이가 자기 장난감을 찾아서 집어 드는 것은 흔히 골칫거리가 되었다. 이런 행동을 할 때 아이는 흥미와 만족을 표현하면서, 우렁차고 길게 끄는 "오-오-오-오"라는 소리를 냈다. 아이의 어머니와 지금 설명하는 작가(프로이트)는 아이의 이런 행동이 단순한 감탄이 아니라, 독일어로 'fort!(없다!)'라는 데 동의했다. 나는 결국 그것이 게임이었다는 것을 깨달았다. 그가 장난감을 쓴 유일한 용도는 그 장난감으로 '사라짐' 놀이를 한 것이다.

어느 날 나는 내 견해를 확증하는 아이의 행동을 관찰했다. 아이는 실이 감긴 나무 실패를 가지고 있었다. 예를 들어 아이는 자기 뒤쪽 바닥으로 실패를 끌고 다니면 실패가 마차가 되는 놀이를 하는 것은 생각하지도 못했다. 아이가 한 일은 끈으로 실을 잡고 커튼이 달린 아기침대 가장자리 위로 매우 기술적으로 실패를 던져 넣는 것이었다. 아이는 실패가 침대 안으로 사라지는 동시에 자신을 표현하는 "오-오-오-오"라는 소리를 냈다. 그다음에 아이는 다시 끈을 당겨 침대 밖으로 실패를 끄집어냈고,

실패가 다시 나타나면 즐거운 소리로 "Da!(있다!)"라고 환호했다. 이것은 완벽한 사라졌다가 다시 나타나기 게임이었다. 일반적으로 두 번째 행동에서 아이가 더 큰 즐거움을 느낄 것이 분명하다. 하지만 아이가 첫 번째 행동 자체를 지치지 않고 놀이로 반복하는 것을 목격할 수 있었다.

프로이트는 이 놀이에 대한 자신의 설명에 다음과 같은 중요한 각주를 덧붙였다.

이어서 추가적 관찰로 이 해석을 충분히 입증할 수 있었다. 어느 날, 아이 어머니는 몇 시간 동안 떠나 있었고, 돌아오는 길에 "아기 오-오-오-오"라는 말을 들었다. 처음에는 그 말을 이해할 수 없었다. 하지만 이 오랜 고독의 시간 동안 그 **아이가 자신을 사라지게 하는 방법을 발견했다**는 사실이 곧 드러났다(강조는 저자 랭이 표시한 것). 아이는 전신 거울에 비친 자신의 모습을 발견했다. 거울에 비친 자신의 모습은 바닥에 닿지 않았다. 아이는 몸을 웅크려서 거울에 비친 자신의 상을 '사라지게' 할 수 있었다.

따라서 이 어린 소년은 엄마가 사라지게 하는 놀이를 했을 뿐만 아니라 자신을 사라지게 하는 놀이도 한 것이다. 프로이트는 두 놀이 모두를 위험한 상황에 대한 불안을 놀이 속에서 반복해서 경험함으로써 그 불안을 정복하려는 시도로 이해해야 한다고 제안한다.

정말 그렇다면, 보이지 않는 것과 사라지는 것에 대한 아이의 두려움은 엄마가 사라지는 것에 대한 아이의 두려움과 밀접하게 관련되어 있다. 특정 단계에서 엄마를 잃으면 개인은 자신을 빼앗기는 듯한 위협을 받는다. 하지만 아이의 엄마는 단순히 아이가 볼 수 있는 사물이 아니라 아이를 바라보는 한 사람이다. 그러므로 자기 발달에 있어 한 가지 필수 요소는, 자신이 엄마가 사랑하는 눈으로 지켜보는 사람임을 경험하는 것이다.

평범한 유아들은 거의 지속적으로 어른들이 지켜보는 가운데 산다. 하지만 어른이 나를 보는 것은 유아의 온 존재가 관심을 받는 수많은 방법 중 하나일 뿐이다. 어른들이 주목하고, 귀여워하며, 흔들어주고, 포옹하며, 공중에 던져주고, 목욕시킬 때, 유아는 돌봄을 받는다. 어른들은 다시 그렇게 하지 못할 정도로 유아의 몸을 다룬다. 일부 어머니는 유아의 '정신적' 과정을 인식하고 응답할 수 있지만 구체적인 신체적 실제성을 책임감 있게 받아들이지는 못하기도 한다. 반대 경우도 마찬가지다. 어머니가 유아의 존재의 한 측면 또는 다른 측면에 대해 실패하는 것은 중요한 결과를 초래할 수 있다.

이 아이가 놀이에서 달성한 것에 대해 더 고려해보면 우리는 프로이트가 추정했듯이, 이 아이가 거울에 비친 자신의 모습을 볼 수 없었기 때문에 자신을 사라지게 할 수 있었음을 알게 된다. 즉 아이가 거울 안에서 자신을 볼 수 없다면 아이는 '사라질' 것이다. 따라서 아이는 거울의 도움을 받아 조현성 성격장애의 전제를 이용하고 있었기 때문에, 두 명의 '그 아이'가 있었다. 하나는 거울 안에, 다른 하나는 여기에 있었던 것이다. 즉 아이는 현실 속 타인의 눈 안에서 살고, 움직이며, 자신의 존재를 경험한다. 이런 현실의 타인을 잃거나 그 타인이 없는 상태를 극복하거나 극복하려고 시도할 때, 아이는 거울 안에서 자신을 볼 수 있는 자신과는 다른 사람이 된다.

하지만 **아이가** 거울 안에서 볼 수 있는 그 '사람'이 아이 자신도 아니고 다른 사람도 아닌 자신의 외관에 대한 반영일지라도, 아이가 거울에 비친 자신의 외관을 반영하는 타인을 더는 볼 수 없을 때 아이 자신은 사라진다. 더는 다른 사람이 자신을 지켜보거나 엄마가 곁에 있다고 느낄 수 없을 때, 아이는 자신이 사라졌다고 느낄 것이다. 현실의 타인은 언제라도 사라지거나 죽을 수 있다. 또는 아이에 대한 자신의 감정을 주고받지 못할 수도 있다.

바로 이런 사실의 우연성에서 타인의 위협이 발생하든 그렇지 않든, 혹은 그 타인이 더욱 직접적으로 내파라는 형태로 위협을 표현하든 그렇지 않든 간에, 조현성 성격장애 환자는 앞서 언급한 아이와 같은 방식으로 자신에 대해 거울이 되고자 한다. 전반적으로 통합된 준※이중성인 자신의 자기를 두 개의 자아, 즉 실제 이중성으로 바꾸려고 하는 것이다. '두 개의 자기'를 가진 이 작은 아이 안에서, 거울 밖에 있는 아이의 실제 자기는 어머니와 가장 쉽게 동일시될 거라고 상상할 수 있는 바로 그 자신이었다.

이렇게 **자신을 보는 사람에 대한 환상과 자기를 동일시하는 것**은 관찰하는 자기의 특성에 결정적으로 기여할 수 있다. 앞서 언급했듯이, 관찰하는 자기는 흔히 자신이 관찰하는 모든 것을 죽이고 시들게 한다. 이제 개인의 존재의 핵심에는 박해하는 관찰자가 있다. 아이는 낮설고 파괴적인 관찰자의 존재에 사로잡힐 수 있다. 그 관찰자는 그가 없으면 아이가 불안해졌던 바로 그 사람이다. 관찰자는 관찰하는 자기의 자리와 거울 밖에 있는 소년 자신의 자리를 차지한다. 이런 일이 일어난다면, 아이는 자신을 다른 사람처럼 관찰한다. 그렇게 해서 다른 사람의 눈에 비친 대상으로서 자신에 대한 의식을 유지하는 것이다. 아이는 다른 사람이 자신을 계속 볼 수 있도록 다른 사람에게 두 눈을 빌려준다. 그때 아이는 자신을 한 대상으로 보게 된다. 하지만 아이를 들여다보고 아이를 보는 그 자신의 일부는 거울 밖에 있는 현실의 사람이 가져야 한다고 느끼는 박해적인 특징을 발전시킨다.

거울놀이의 특이한 변형들이 있다. 한 사람의 질병이 분명하게 발병하는 것은 그가 거울을 들여다보고 그 안에서 다른 누군가(실제로는 자신의 반영이지만)를 볼 때다. 거울 안에 있는 '그 사람'은 편집성 정신증에서 박해자가 될 운명이었다. '그 사람'은 그(즉 환자)를 죽이려는 음모의 선동자였다. 그는(환자는) '그'(그의 소외된 자기)에게 총알을 박아버리기로 결심했다.

이 어린아이의 놀이에서, 이 아이를 인식하는 사람, 즉 자신의 엄마의 입장에 있는 아이는 마법적 방식으로 자신을 죽이고 있다. 나중에 조현병에 대해 연구할 때, 이 특별한 상황으로 돌아갈 기회가 있을 것이다. 아이가 자신을 사라지게 했다가 다시 나타나게 하는 놀이에는 반드시 아이의 다른 놀이, 즉 엄마를 (상징적으로) 사라지게 했다가 다시 나타나게 하는 놀이와 비슷한 의미가 있었을 것이다. 하지만 이 놀이를 이런 식으로 이해하려면 아이가 엄마를 볼 수 없고, 엄마가 자신을 본다고 느낄 수 없는 위험한 상황이 있다고 믿어야만 한다. 이 단계에서 **존재는 곧 지각되는 것** esse est percipi이라는 말은 다른 사람뿐 아니라 아이의 자기와도 관련이 있다.

내 딸아이 중 하나도 생후 2년 6개월일 때 비슷한 놀이를 했다. "우리 보지 마!"라는 명령을 듣고 나는 두 손으로 내 눈을 가려야 했다. 그 후에 "나 좀 봐!"라는 명령에 나는 재빨리 두 손을 치우고 딸아이를 보면서 놀라움과 기쁨을 표현했다. 또한 딸아이를 보면서 볼 수 없는 척하기도 해야 했다. 나는 다른 자녀들과도 이 놀이를 해야 했다.

아이들이 못된 일을 할 때도 아이들을 보지 않는 것은 아니다. 이 놀이의 목적은 일시적으로 다른 사람이 자신을 보지 못한다는 것을 아이가 경험하는 데 있다. 아이가 **나를** 보지 못하는 것이 문제가 아니다. 이 놀이에서 실제적인 물리적 분리가 일어나진 않는다. 이 놀이에서는 어른도, 아이도 숨거나 실제로 사라질 필요가 없다. 이것은 까꿍놀이 peek-a-boo의 마법판이다. 엄마가 방에서 사라지면 우는 아이는 자신의 존재가 사라지는 듯한 위협을 받는다. 아이에겐 **존재는 곧 지각되는 것** esse est percipi이기 때문이다. 아이가 완전히 살고, 움직이며, 자신의 존재를 가질 수 있는 것은 엄마 앞에 있을 때뿐이다.

왜 아이들은 밤에 불을 켜고 싶어 하고, 자기들이 잠들 때까지 부모가 함께 앉아 있기를 원할까? 이런 욕구의 한 가지 측면은 아이가 더는 자신을 보지 못하거나, 다른 사람이 자신을 더는 볼 수 없다고 느낄 때, 또는 다른 사람이 말하는 소리를 듣지 못하거나 자신이 말하는 소리를 다른 사람이 듣지 못한다고 느낄 때 무서워지기 때문일 수 있다.

현상학적으로 볼 때 잠을 자는 것은 세상의 존재와 자신의 존재에 대한 의식을 상실하는 것이다. 이것이 그 자체로 무섭기 때문에, 아이는 잠에 빠지는 과정에서 자신의 존재에 대한 의식을 잃어가는 동안 다른 사람이 자신을 보거나 자기 말을 듣는다고 느낄 필요가 있다. 아이가 잠을 자는 동안 아이의 존재를 비추는 '내적' 빛이 꺼진다. 불을 켠 채로 두는 것은 자신이 깨어도 어두움 속 공포가 없다는 확신을 제공할 뿐 아니라, 잠자는 동안 친절한 존재들(부모, 착한 요정, 천사)이 자신을 지켜본다는 마법적 확신을 제공한다. 아마도 어둠 속에 험악한 것들이 있을지도 모른다는 사실보다 더 나쁜 것은 어둠 속에 **아무것도 그리도 아무도 없다**는 두려움일 것이다. 그러므로 자신을 의식하지 않는 것은 존재하지 않는 것과 동일시될 수 있다. 조현성 성격장애 환자는 항상 자신을 의식함으로써 자신이 존재한다고 확신한다. 하지만 이 환자는 자신의 통찰과 명석함 때문에 고통을 받는다.

물론 누군가 나를 알아보기를 바라는 것이 시각적 관심사만은 아니다. 그것은 다른 사람에 의해 자신의 존재를 인정받거나 확인받고 싶은 일반적 욕구까지 확장된다. 그 욕구는 자신의 전 존재를 남이 알아주기 바라는 욕구이며, 사실은 사랑받고 싶은 욕구다.

따라서 내면에 자신에 대한 정체감을 유지할 수 없거나, 카프카의 기도하는 사람같이 자신이 살아 있다는 내적 확신이 없는 사람들은, R(3장)의 사례에서 그렇듯이 다른 사람이 자신을 경험해서 알 때만 자신이 실제로 살아 있는 사람이라고 느낀다. R은 자신에 대한 인식과 반응이 충분히 중요할 정도로 자신을 알아줄 누군가가 자신을 알

아주고 자신에게 반응한다고 인식하거나 상상할 수 없는 경우에 이
인화[16]의 위협을 받았다. 다른 사람에게 자신을 보이고 싶은 R의 욕구
는 '나는 다른 사람들이 나라고 알고 인식하는 그 사람이다'라는 등식
에 근거한다. R은 자신을 아는 다른 사람이 있어서 자신을 확실하게
안심시켜주기를 바랐다. 그런 사람이 있을 때 자신의 정체성에 대한 R
의 불안은 잠시 진정될 수 있었다.

---

16 자신의 삶을 외부에서 관찰하는 사람이 된 것처럼 자신의 신체나 정신적 과정에서 분
    리된 듯한 느낌. ― 옮긴이

8장

피터의 사례

나는 '심리적'이라는 단어를 좋아하지 않는다.
심리적이라는 것은 없다.
사람은 자신의 전기傳記를 개선할 수 있다고 말하자.

-장 폴 사르트르

다음 사례에서 우리는 앞선 두 장에서 논의한 많은 문제들이 실행되는 것을 볼 수 있다. 피터는 스물다섯 살 된 몸집이 큰 남성으로 건강의 화신처럼 보였다. 나를 만나러 온 피터는 자신에게서 끊임없이 불쾌한 냄새가 난다고 불평했다. 피터는 그 냄새를 분명하게 맡을 수 있었지만 그 냄새를 다른 사람도 맡을 수 있는지는 확신하지 못했다. 피터는 그 냄새가 특히 자기 몸의 아랫부분과 생식기 부위에서 난다고 생각했다. 신선한 공기 속에서 그 냄새는 타는 냄새 같았다. 하지만 보통은 시큼하고, 역하며, 낡고, 썩은 냄새가 났다. 피터는 그 냄새를 기차 대합실의 그을리고, 껄끄러우며, 곰팡내 나는 냄새에 비유했다. 또 그가 자란 지역의 빈민가 연립주택의 부서진 '옷장'에서 나는 냄새에 비유하기도 했다. 피터는 하루에도 몇 번씩 목욕을 했지만 이 냄새를 떨쳐내지 못했다.

다음에 나오는 피터의 생애에 대한 정보는 피터의 삼촌이 내게 준 것이다.

피터의 부모는 행복한 사람들은 아니었지만 서로 가깝게 붙어 있었다. 피터의 부모는 피터가 태어나기 10년 전에 결혼했다. 두 사람은 떨어질 수 없었다. 유일한 자녀인 아기는 두 사람의 삶에 아무 영향도 주지 못했다. 피터는 태어나서 학교를 졸업할 때까지 부모와 같은 방에서 잤다. 피터의 부모는 결코 공개적으로 피터에게 불친절하지 않았고, 항상 피터와 함께하는 것처럼 보였다. 하지만 부모는 **피터가 그곳에 없는 것처럼 피터를 대했다.**

삼촌은 계속 말을 이어갔다. 어머니 자신이 애정을 받아본 적이 없었기 때문에 결코 피터에게 애정을 줄 수 없었다. 피터는 분유를 먹고 자랐고, 살이 잘 올랐다. 하지만 어머니는 피터를 꼭 껴안아주지도, 함께 놀아주지도 않았다. 아기일 때 피터는 늘 울었다. 그렇다고 어머니가 공개적으로 피터를 거부하거나 등한시한 건 아니었다. 어머니는 피터를 잘 먹이고, 잘 입혔다. 피터는 이후의 아동기와 사춘기를 눈에 띄는 특이점 없이 잘 지냈다. 하지만 피터의 삼촌은 그의 어머니가 전혀 피터에게 주목하지 않았다고 말했다. 어머니는 아름다운 여인이었고, 항상 옷을 차려입고 자신의 모습에 감탄하는 것을 좋아했다. 피터의 아버지는 이 모습을 보고 싶어서 가능한 한 아내에게 자주 옷을 사주었고, 이 매력적인 아내와 함께 있는 것을 다른 사람들에게 보여주는 것을 매우 자랑스러워했다.

피터의 삼촌은, 피터의 아버지가 자기 방식대로 아들을 매우 좋아했지만, 아들에게 자신의 애정을 표현하지 못하게 하는 무언가가 있는 것 같다고 생각했다. 아버지는 무뚝뚝했고, 잘못을 들추었으며, 때때로 아무런 이유 없이 호되게 아들을 때리고, "아무짝에도 쓸모없는 유스터스Eustace 녀석!", "너는 큰 반죽 덩어리일 뿐이야!" 같은 말로 피터를 무시했다. 삼촌은 피터 아버지의 이런 행동을 유감스럽게 생각했다. 피터는 공부도 잘했고, 나중에 어느 사무실에서 직업을 구했을 때, 그것은 매우 가난한 이 가정이 사회적으로 크게 한 단계 올라가는 일이었기 때문이다. 아버지는 정말 '이 아이를 매우 자랑스럽게 여겼다.' 그 후에 피터가 전혀 아버지를 이해하려 하지 않는 것처럼 보였을 때, 이 일은 '아버지에게 끔찍한 충격'이었다.

피터는 외로운 아이였고, 언제나 매우 착했다. 피터가 아홉 살 때, 이웃집에 살던 그 또래 어린 소녀가 공습으로 앞을 못 보게 되었다. 소녀의 부모도 그 공습으로 모두 죽었다. 몇 년 동안 피터는 대부분의 시간을 소녀와 함께 보냈다. 피터는 무한한 인내심과 친절함을 지닌 아이였다. 피터는 그 소녀에게 그 지역을 돌아다니는 법을 가르쳐주었고, 그림처럼 아름다운 풍경이 있는 곳으로 데려갔고, 소녀와 함께 앉아 이야기했다. 나중에 소녀는 부분적으로 시력을 회복했다. 소녀는 피터의 삼촌에게 자신이 그 아홉 살짜리 소년에게 목숨을 빚졌다고 말했다. 그녀가 앞을 못 보고, 무기력하고, 친구가 없었을 때 아무도 소녀의 죽은 부모의 자리에 들어가지 못했고 들어가려는 사람도 없었다. 피터는 소녀를 위해 힘든 시간을 보낸 유일한 사람이었다.

학교에서 마지막 몇 년 동안, 피터의 삼촌은 피터에게 특별한 관심을 갖고 피터를 격려했고, 그가 세운 계획에 따라 피터는 변호사 사무실에 취직했다. 불과 몇 달 후 피터는 변호사 사무실을 그만두었다. 흥미가 없었기 때문이다. 하지만 다시 삼촌을 통해 선적 사무실에 일자리를 구했다. 피터는 육군에 소집될 때까지 이 회사에 근무했다. 육군에 근무하면서 피터는 순찰견을 돌보았고, 아무런 사고 없이 2년간 복무한 후에 개경주장에서 사육자로 일자리를 얻었다. 말 그대로 '개들에게로 갔다.'[17] 이로써 '아버지 가슴에 못을 박은 것이다.' 하지만 1년 후에는 이 일도 그만두었고, 다섯 달 동안 숙련되지 않은 다양한 별난 일들을 하던 끝에 일곱 달 동안 아무 일도 하지 않았다. 그런 다음 피터는 일반의를 찾아가서 냄새가 난다고 호소했다. 사실, 피터에게선 아무런 냄새도 나지 않기에 그 일반의는 피터가 정신과적인 도움을 받도록 의뢰했다.

환자는 자신의 인생을 다음과 같이 표현했다. 자신의 출생에 대한 피터의 감정은 아버지도, 어머니도 자신을 원하지 않았고, 실제로 자신이 태어난 것을 부모가 결코 용서하지 않았다는 것이었다. 피터는 자신이 세상에 존재하는 것을 어머니가 싫어한다고 느꼈다. 자신이 태어나면서 어머니의 몸매를 망가뜨리고, 몸을 상하고 아프게 했기 때문이다. 피터는 어릴 적에 어머니가 자주 이 사실을 들추어내며 피터를 꾸짖었다고 주장했다. 어쨌든 피터는 자신이 존재한다는 사실만

---

17 'go to the dogs'는 의역하면 '타락하다', '망가지다'라는 뜻이 있다. — 옮긴이

으로 아버지가 자신에게 분개했다고 느꼈다.

"아버지는 나에게 결코 세상에서 어떤 자리도 내주지 않으셨어
요……."

피터는 자신이 태어날 때 어머니에게 준 손상과 고통 때문에 어머
니가 성관계를 갖지 못했기에 아버지도 아들인 자기를 미워했을 것이
라고 생각했다. 피터는 자신이 도둑과 범죄자로 삶에 등장했다고 느
꼈다.

우리는 피터의 부모가 대체로 자기들에게 몰두한 상태에 머물렀고,
피터가 그곳에 없는 것처럼 그를 대했다는 결과에 대해 피터의 삼촌이
진술한 내용을 기억한다. 두 번째 인터뷰에서 나눈 이야기에 대한 다
음 녹취록에는 무시당하는 것과 자의식의 관계가 잘 드러나 있다.

피터 내가 기억하는 한, 나는 나 자신을 의식했어요. 어떤 면에서 명백한
일종의 자의식이었죠.
나 명백하다고요?
피터 네, 명백하죠. 단순히 그곳에 있는 거예요. 그냥 나 자신을 의식하
는 거였어요.
나 그곳에 있는 것이요?
피터 오, 그냥 있는 것이요. 그런 것 같아요. 아버지는 항상 태어난 날부
터 내가 눈엣가시였다고 말씀하셨어요.
나 눈엣가시요?
피터 네, 쓸모없는 유스터스가 또 다른 내 이름이었어요. 그리고 큰 반죽

190

덩어리라는 이름도 있었죠.

나 당신은 단지 그곳에 있는 것에 대해 죄책감을 느꼈군요.

피터 글쎄요. 네, 저는 잘 모르겠어요……. **그것은 우선 그냥 이 세계 속에 존재하는 것이었어요. 그런 것 같아요.**

피터는 어린 시절 자신이 혼자일 때가 많았지만 외롭지 않았다고 말했다. 그런데 '외롭다는 것은 혼자 있다는 것과 다르다.' 피터는 자신에게 말하는 어머니에 대한 차폐 기억screen memory이 있다. 대략 네다섯 살 즈음이었다. 어머니는 고추를 가지고 노는 피터를 목격하고는 그렇게 하면 키가 크지 않을 거라고 말했다. 피터가 일고여덟 살이었을 무렵 또래 여자 아이와 성적인 성격의 사건이 몇 번 있었지만, 피터는 열네 살쯤 될 때까지 자위행위를 시작하지 않았다. 이 모든 것은 피터에게 매우 중요한 일로 그의 자기의식을 강화하는 역할을 했다. 피터가 내게 말한 가장 초기 기억은 우선 이런 성적 사건들에 대한 기억이었다. 피터는 이런 사건에 대한 기억을 냉정하게 말했다. 그가 편안하게 앞 못 보는 소녀 진Jean에 대해 언급한 것은 몇 달이 지난 후였다.

중학교를 다니면서 자신에 대한 피터의 감정은 더욱 분명하게 구체화되었다. 이제 그 감정을 재구성할 수 있는 한, 피터는 자신이 모든 사람에 의해 거짓된 처지에 몰아넣어졌음을 더 많이 느끼기 시작했다. 피터는 자신이 선생님과 부모에 대해 누군가가 되고, 자신을 무엇인가로 만들어야 한다는 의무감을 느꼈다. 하지만 항상 이것이 한편으론 불가능하고, 한편으론 불공평하다고 느꼈다. 또 아버지, 어머니,

삼촌, 선생님에게 명예가 되기 위해 모든 시간과 에너지를 써야 한다고 느꼈다. 하지만 피터는 자신이 쓸모없고 가치 없는 사람이며, 어떤 사람이 되려는 모든 노력은 속임수와 허위라고 확신했다.

예를 들어 피터의 선생님은 피터가 '적절하게 말하고', '중산층의 옷'을 입기 원했다. 하지만 이 모든 것은 피터가 자신이 아닌 존재가 되게 하려는 것들이었다. 선생님은 은밀한 위로자인 피터가 학교에서 다른 아이들에게 성경의 교훈을 읽어주게 했고, 피터를 모범으로 제시했다. 사람들이 피터는 성경을 그렇게 잘 읽을 수 있으니 분명히 정말 착할 것이라고 말했을 때 피터는 혼자 냉소적으로 웃었다.

"그것은 내가 얼마나 훌륭한 배우였는지를 보여주었을 뿐입니다."

하지만 피터 스스로 자신이 무엇이 되기를 원하는지 알지 못했다. 자신은 지금 연기하고 있는 사람이 아니라고 느꼈을 뿐이다. 자신이 가치 없다고 느꼈고, 점점 자신은 하나님이 특별한 임무를 위해 보낸 매우 특별한 사람이라고 생각하게 되었다. 하지만 자신이 누구이며, 또는 무엇을 해야 할지…… 그는 말할 수 없었다. 그러는 동안 피터는, 자신이 느낀 것이 자신을 '사실상 그들 자신의 명예'인 성자로 만들려는 모든 사람의 노력이었다는 것에 몹시 분개했다. 따라서 피터는 사무직에서 일하는 것이 즐겁지 않았다. 피터는 사람들을, 특히 여자들을 점점 미워하게 되었다. 피터는 자신이 다른 사람을 미워한다는 것을 알았지만, 그들을 두려워한다고는 생각하지 못했다. '그 사람들이 내가 좋아하는 것을 생각하지 못하도록 막지 못하는데' 왜 피터는 그들을 두려워해야만 하는가? 이것은 물론 그 사람들에게는 '자신들'이 원하는 것을 하도록 피터에게 강요할 어떤 힘이 있었지만, 피터가 겉으로 '그 사람들의' 기대에 순응하는 한, 피터가 다른 사람에게 순응하고, 좀처럼 다른 사람에게 자신을 드러내지 않게 한 불안을 경험하는 것을 피할 수 있었음을 의미한다.

피터가 처음 불안발작을 경험한 것은 두 번째 직장에서였다. 그때까지 피터에게 중심적인 문제는 진실하거나 위선자가 되는 것으로 구체화되었다. 진실하든지, 역할을 맡아 연기하는 것이었다. 피터는 자신이 위선자요, 거짓말쟁이며, 사기꾼이고, 가식쟁이라는 것을 알았다. 대체로 피터가 들키기 전에 얼마나 오랫동안 사람들을 놀릴 수 있느냐 하는 것이 문제였다. 학교에서 피터는 자신이 그런 일을 매우 잘 피할 수 있다고 믿었다. 피터는 자신의 진정한 느낌이라고 여기는 것을 가장했다. 그러면 그럴수록 다른 모든 사람에게 숨기고 비밀로 해야 하는 일을 행하고 생각했다. 이에 따라 피터는 다른 사람의 얼굴을 더 많이 훑어보기 시작했다. 자신이 읽을 수 있는 것을 통해 다른 사람들이 자신에 대해 생각하거나 아는 것이라고 상상한 것을 이해하기 위해서였다.

두 번째 직장에서 피터가 자신의 '진정한 감정'이라고 여긴 것은 주로 동료 여직원들에 대한 가학적인 성적 환상들이었다. 특히 충분히 존경받을 만하게 보였지만 피터가 자신처럼 위선자일 거라고 생각한 어느 동료 여직원에 관한 것이었다. 이런 환상들을 떠올리면서 피터는 직장 화장실에서 반복해서 자위행위를 했다. 그러다 한 번은 전에 어머니에게 일어났던 일처럼, 피터는 자위행위를 하고 난 직후에 자신이 마음속에서 강간한 그 여자 직원과 마주쳤다. 여직원은 피터를 똑바로 바라보았다. 피터를 꿰뚫어보면서 피터의 은밀한 자기를 들여다보고, 그곳에서 피터가 자기에게 무슨 일을 했는지 보는 듯했다. 피터의 마음은 공포로 가득 찼다. 이제 피터는 더는 자신의 행동과 생각을 다른 사람들에게 숨길 수 있다고 확신하거나 믿을 수 없었다. 특히 피터가 말했듯이, 피터는 자신의 얼굴이 자신의 진정한 정체성을 드러내지 않을 것이라고 더는 확신할 수 없었다. 동시에, 피터는 정액 냄새가 자신을 배신하지 않을까 두려웠다.

육군에 입대할 때 피터는 이런 상태였다. 하지만 피터는 이 내적인 고통을 겉으로 드러난 징후로 나타내지 않고 복무를 마쳤다. 사실 피터는 외모, 정상성, 불안으로부터의 자유를 성취한 듯 보인다. 피터가 이를 성취했다고 느낀 것은 가장 흥미롭고 중요했다. 피터의 명백한 정상성은 '내적인' '참-자기'와 외적인 '거짓-자기'의 분열을 매우 고의적인 방식으로 신중하게 강화한 결과였다.

이러한 사실은 피터가 그 당시에 꾼 꿈에 표현되었다. 피터는 빠르게 달리는 차에 타고 있었다. 피터는 뛰어내렸고 차는 계속 달려서 충돌했다. 피터가 다치기는 했지만 심각한 부상은 아니었다. 따라서 피터가 잠시 동안 자신과 함께 했던 놀이는 논리적이지만 비참한 결론에 빠졌다. 피터는 마침내 자신이 방법을 아는 것처럼 그 놀이에서 손을 뗐다. 피터는 자신에게서도 자신을 분리했고, 다른 사람들에게서도 자신을 분리했다. 이러한 행동의 직접적 효과는 피터의 불안이 완화되고, 피터를 정상적인 사람으로 보이게 했다는 것이다. 하지만 이

것이 피터가 한 일의 전부가 아니었고, 그 행동들의 유일한 결과도 아니었다.

자신이 '실제로는' 하찮은 사람이라는 피터의 확신이 그랬듯이, 무의미, 방향 부재, 무익함에 대한 피터의 감각은 점점 강화되었다. 피터는 더는 거짓으로 꾸미는 것이 무의미하다고 느꼈다. 피터는 다음과 같은 말로 자신에게 명확히 이를 서술했다.

'나는 하찮은 사람이다. 그러므로 나는 아무것도 하지 않을 것이다.'

이제 피터는 자신을 거짓-자기에게서 분리하는 것뿐만 아니라 자신으로 보이는 모든 것을 파괴하느라 여념이 없었다. 피터는 말했다.

"나는 내가 나라고 생각하거나 사람들이 나라고 생각했던 것보다 훨씬 덜한 사람이 되는 데서 약간의 냉소적 만족을 얻었어요."

그 자신의 말로 표현한다면(우연히도 이것은 하이데거의 말이기도 했다), 피터는 항상 자신은 '존재의 경계'에 있다고 느꼈다. 오직 한 발만 삶에 딛고, 그 발에 대해서조차 아무런 권리가 없다고 느낀 것이다. 피터는 자신이 실제로 살아 있지 않으며, 어쨌든 아무런 가치가 없고, 살아 있기를 주장할 아무런 권한도 없다고 느꼈다. 피터는 자신이 이 모든 것의 밖에 있다고 생각했다. 하지만 잠시 동안 한 조각 희망을 마음에 품었다. 여자들에게는 여전히 비밀이 있을 수 있다. 피터는 어떤 식으로든 한 여자에게 사랑받을 수 있다면 자신이 가치 없다는 느낌을 극복하리라 느꼈다.

하지만 피터에게 이 잠재적 길은 차단되었다. 자신과 어떤 관계가 있는 모든 여성은 자신처럼 텅 비어 있을 수밖에 없으며, 자신이 그 여자들에게서 얻을 수 있는 것은 전부, 피터가 취했든지 아니면 그 여자들이 피터에게 주었든지 간에 자신을 구성하는 특성처럼 쓸모없을 수밖에 없다는 피터의 확신 때문이었다. 따라서 피터만큼 쓸모없지 않은 여자라면 누구나 피터와 결코 어떤 관계를 맺을 수 없었다. 무엇보다도 성적인 의미에서 그랬다.

피터가 여자들과 맺는 실제 성관계는 모두 완전히 난잡했고, 그 관계들을 통해 피터는 결코 자신의 닫힘shut-upness을 극복할 수 없었다. 피터는 자신이 '순수하다'고 생각하는 소녀에 대해서 몇 년 동안 빈약하고 정신적인 사랑의 관계를 유지했다. 하지만 피터는 이 소녀와의 관계를 그 이상의 것으로 전환할 수 없었다. 피터가 키에르케고어를 읽었다면, "자신이 믿음이 있었다면 레기네와 결혼했을 것"이라는 키에르케고어에게 동의했을 것이다. 하지만 피터는 키에르케고어를 읽지 않았다.[18]

우리는 피터가 내게 이 우정에 대해 말하는 데 왜 그렇게 오래 걸렸는지 물어야만 한다. 우정은 의심의 여지 없이 피터의 인생에서 가장 중요한 것들 중 하나였고, 피터가 십대 시절에 드러나게 조현병에 걸리지 않도록 막는 데 도움이 되었을 것이다. 피터는 자신의 삶에 있는 우정 같은 것은 다른 사람에게 매우 숨기는 경향이 있었다. 반면 유치

---

18 키에르케고어의 약혼녀였던 레기네 올센Regina Olsen을 말한다. 키에르케고어는 24세에 레기네와 약혼했지만, 결혼을 앞두고 "나는 신의 사랑에 이르기 위해 대상을 멀리해야만 했다"라고 고백하면서, 그녀와 파혼한다. ─옮긴이

하고 난잡한 성적 사건, 자위행위 그리고 가학적인 성적 환상에 관해 이야기하는 것은 조금도 억제하지 않는다. 이는 실제로 피터와 이런 유형의 사람에게 있는 특성이었다.

토론

추측컨대 피터는 자신의 몸 안에서도, 세상 안에서도 '편한' 적이 없었다. 볼품없고, 어색하며, 뻔하다고 느꼈다. 우리는 피터의 자기애적인 엄마에 대해 피터의 삼촌이 한 설명을 기억한다. 피터의 엄마는 피터를 꼭 안아주거나 함께 놀아주지 않았다. 심지어 피터의 몸이 세상에 존재하는 것을 거의 알아보지 못했다. 엄마는 피터가 그곳에 없는 것처럼 피터를 대했다. 피터는 자신의 역할에 대해 어색하고 뻔하다고 느꼈을 뿐 아니라, 단지 '애초에 세상에 있다는 것'에 죄책감을 느꼈다.

피터의 엄마는 스스로에게만 관심이 있는 듯했다. 엄마는 피터를 보지 못했다. 피터는 보이지 않았다. 피터가 그를 볼 수 없는 어린 맹인 소녀에게 그렇게 좋은 친구, 아니 더 적절하게 말해서 '엄마'가 된 것은 단지 우연이 아니다. 이 우정에는 많은 측면이 있지만, 가장 중요한 측면은 피터가 이 소녀를 편하게 느꼈다는 것이다. 자신은 이 소녀를 볼 수 있었지만 그녀는 피터를 볼 수 없었기 때문이다. 게다가 소녀에겐 필사적으로 소년이 필요했다. 소년은 소녀에게 추파를 던졌다. 물론 피터는 어머니에게는 할 수 없는 방식으로 소녀를 불쌍히 여길 수 있었다. 이 소녀와 순찰견, 견사견은 피터가 자발적으로 애정을 보여줄 수 있고 애정을 받을 수 있는 유일한 생명체였다.

피터는 거의 모든 사람에 대해 사람들의 기대와 야망에 순응하는 것에 기초를 둔 거짓-자기 체계를 작동하기 시작했다. 계속해서 그렇게 하면서 피터는 다른 사람들과 자신을 점점 증오하게 되었다. 자신의 '참-자기'에 적절하게 속한 것에 대한 피터의 감정은 점점 줄어들면서, 이 참-자기가 점점 취약하다고 느끼기 시작했다. 피터는 다른 사람이 자신의 가짜 인격을 뚫고 자신의 은밀한 환상과 생각의 내부 성소에 들어갈 수 있다는 것을 점점 두려워하게 되었다.

피터는 겉으로 보기엔 정상적인 방식으로 계속해서 자신이 '단절disconnexion'과 '분리uncoupling'라고 부른 두 기법을 고의적으로 사용했다. 단절은 피터의 자기와 세상 사이의 실존적 거리가 넓어지는 것을 의미했다. 분리는 그의 '참-자기'와 부인된 거짓-자기 사이의 모든 관계가 끊어지는 것을 의미했다. 이러한 기술들은 기본적으로 발견되는 것을 피하기 위한 것이었고 이에 더해 많은 변형 기술이 있었다.

예를 들어 피터는 집에 있거나 아는 사람들 사이에 있으면, 자신이 아닌 역할이나 배역에 자신을 끼워 넣을 수 있을 때까지 어색하고 편하지 않았다. 피터는 그것이 적절한 위장이라고 생각했다. 그런 다음 자신의 행동에서 자신의 '자기'를 '분리'한 후 불안을 느끼지 않고 원활하게 기능할 수 있었다고 말했다.

그러나 이것은 여러 가지 이유로 그의 문제를 만족스럽게 해결해

주지 못했다. 피터가 오랫동안 자신의 행동에 자신의 자기를 계속해서 넣을 수 없었다면 삶의 허위성, 무엇이든 하고 싶은 욕망의 결핍, 누그러지지 않는 권태감을 점점 강하게 느꼈을 것이다. 게다가 그러한 방어기제는 확실하지 않다. 때때로 피터는 허점을 찔리고, 자신의 '핵심'을 파고드는 표정이나 언급을 느끼게 될 테니까. 피터는 다른 사람들이 자신을 보면 위험하고 느꼈는데, 그런 느낌은 피터가 다른 사람들이 자신의 '자기'를 보지 못하도록 하는 장치를 통해 더 지속적으로, 덜 쉽게 완화되었다. 때때로 피터는 사람들이 자신의 가식을 간파할 수 있음을 느끼고, 이 느낌을 해소하는 데 어려움을 겪을 것이다.

피터가 남에게 보이는 데 몰두한 것은 자신이 하찮은 사람(몸이 없다는)이라는 내재하는 감정에서 자신을 회복하려는 시도였다. 피터의 자신에 대한 구체화된 경험의 본질에는 기본적으로 부적합한 것이 있었다. 자기 몸은 다른 사람들을 위한 것이라는 피터의 선입견, 즉 자기 몸은 다른 사람이 보고, 듣고, 냄새 맡고, 만질 수 있는 것이라는 선입견은 이러한 자신에 대한 경험에서 생긴 것이다. 이 '자기의식'이 피터에게 얼마나 고통스러웠든지 간에, 이러한 자기의식은 다음과 같은 사실에서 필연적으로 발생한다. 즉 피터 자신의 신체 경험들은 피터의 자기에게서 떼어졌다. 그래서 피터가 이 빙 도는 경로를 통해 자신에게 유형의 존재가 있음을 확신하려면, 자신이 다른 사람들에게 실제 대상임을 알 필요가 있다.

게다가, 자신에게서 나는 냄새에 대한 피터의 망상도 다소 쉽게 흔들릴 수 있다.

하지만 피터는 이 특별한 불안에 적응할 또 다른 방법을 발견했다. 이 방법에는 정반대의 장점과 약점이 있었다. 피터는 사람들이 자신에 대해 아무것도 모른다면 사람들과 함께할 수 있으리라 느꼈다. 이건 힘겨운 성취를 요구하는 조건이었다. 그것은 피터가 '이방인'이 되는 나라의 다른 지역으로 가야 한다는 것을 의미했다. 피터는 매번 다른 이름을 쓰며, 여기저기로 다녔다. 어느 곳에서도 알려질 정도로 오래 머물지는 않았다.

이런 조건 아래서 피터는 잠시 동안 (거의) 행복할 수 있었다. 피터는 '자유로웠고', '자발적일' 수 있었다. 피터는 여자들과도 성관계를 할 수 있었다. 피터는 '자기의식적'이지도 않았고, '관계망상ideas of reference'도 없었다. 이런 일들이 더는 일어나지 않았다. 피터의 자기가 피터의 신체에서 내적으로 분리되는 일이 더는 필요치 않았기 때문이다. 피터가 정말로 첩자였다면, 구현된 사람이 될 수 있다. 하지만 **피터**가 다른 사람들에게 알려지면, 피터는 육체에서 분리된 위치로 되돌아가야만 했다.

피터는 익명이나 가명을 쓰거나 이상한 나라에 있는 이방인이 되었다. 이러한 행동 안에 담긴 환상은 관계망상이 있는 사람에게 흔한 증상이다. 관계망상이 있는 사람들은 자신이 직장 동료에게서 벗어나거나 자기 마을을 떠나거나 새롭게 시작할 수 있으면 모든 것이 괜찮아지리라 여긴다. 이런 환자들은 흔히 이곳저곳 직장을 옮기며, 여기저기 장소를 옮겨 다닌다. 이 방어기제는 잠시 동안 효과가 있지만 관계망상이 있는 사람이 익명인 한에서만 지속될 수 있다. '발견되지' 않는 것은 매우 어렵다. 환자들은 다른 사람들이 '잡아내서', '정체를 드러내게 하려는' 적의 영토에 있는 스파이만큼이나 '자신의 정체를 드러내는 데'[19] 의심이 많고 신중해지기 쉽다.

예를 들어 피터는 낯선 마을에서조차 이발소에 가는 것을 주저했다. 피터가 이발소에 대해 느끼는 불안은 적어도 거세불안이란 말의 일반적인 의미에서 볼 때, 거세불안의 표현은 아니었다. 오히려 피터는 이발사가 물을 가능성이 있는 자신에 대한 모든 질문에 대답해야 한다는 것이 불안했다. 하지만 그 질문들은 '순수한' 질문이었다. 예를 들어 "축구를 좋아하십니까?", "7만 5,000파운드를 딴 녀석을 어떻게 생각하세요?" 등이다. 피터는 이발 의자 안에 붙잡혔다. 피터에게는 그것이 머리가 깎이는 동안 자신의 몸을 맡기고, 잠시 동안 구체적인 사람 속으로 숨어야 하므로 익명성이 깎일 수 있는 악몽 같은 상황이었다.

"사람들은 흔히 자신들이 여기저기를 왔다 갔다 하고, 이 직장이나 저 직장에서 일하며, 이러저러한 사람을 안다고 말하지만 나는 되도록이면 내가 어디 출신이고, 직업이 무엇이며, 누구를 아는지에 대해서 다른 사람이 알지 못하게 하려고 노력합니다……."

마찬가지로 피터는 공공 도서관 한 곳을 단골로 다닐 수 없었고, 자기 이름으로 도서관 출입증 한 장도 가질 수 없었다. 대신, 피터는 도시 전역에 있는 다양한 도서관에서 책을 빌렸다. 각각의 도서관에서 피터는 가명과 허위 주소로 도서관 출입증을 소지했다. 사서가 자신

---

19 여기서 나는 모든 관계망상을 이런 용어로 이해해야 한다고 제안하는 것은 아니다.

을 알아보기 시작했다고 생각하면 그 도서관에 돌아가지 않았다.

비록 이러한 방어를 유지하기 힘들었지만 방어에 성공하려면 적지에 있는 스파이에게 요구되는 만큼이나 많은 노력, 기술, 경계심이 필요했다. 그래서 피터가 사람들이 자신을 '발견'하거나 '인식'하지 못했다고 느끼는 한, 이러한 도구는 피터에게서 끊임없이 '분리'되고 '단절'될 필요성을 없애는 데 도움이 되었다. 그런데 이 시점에서 피터의 상황은 어려웠지만, 완전히 절망적이지는 않았다. 물론 조현성의 방어 체계는 **자기 멸절의 고의적 투사**가 된 방법으로 피터의 상황을 비판적으로 나타냈다. 이 조현성의 방어 체계는 피터 삶의 양식 전체이자 세상 속에서 살아가기 위해 실현 가능한 방법을 찾으려는 시도였다. 피터의 불안정한 정신 상태가 결정적 지점을 지나서 정신증이 되기 시작한 것은 이 일이 일어난 때였다.

참된 죄책감과 거짓 죄책감

이제 우리는 피터가 지배당한 죄책감과 그에 따른 결과를 더 자세하게 고려해야 한다. 우리는 피터가 어색하고 뻔하다고 느꼈을 뿐만 아니라, 단지 '애초에 세상에 있다는 것'에 죄책감을 느꼈음을 기억한다. 이 단계에서, 피터는 자신이 생각했거나 행동한 어떤 것에도 죄책감을 느끼지 않았다. 피터는 자신에게 공간을 차지할 권리가 없다고 느꼈다. 이뿐 아니라 피터에게는 깊이 자리 잡은 확신이 있었다. 자신은 썩은 것으로 만들어졌다는 확신이었다. 항문 성교와 배설물로 만든 아이를 생산하는 것에 대한 피터의 환상은 이러한 확신의 표현들이었다. 이 같은 환상들의 세부 사항은 피터의 통각에 기여하지 않았다면 현재 우리의 관심사가 되지 못했을 것이다. 피터는 자신의 자기가 거름과 배설물로 구성되었다고 생각했다. 피터의 아버지가 피터에게 "너는 큰 반죽 덩어리야"라고 말했다면 피터는 훨씬 더 멀리 나아간 것이다. 피터는 자신이 가치 없는 거름과 배설물 덩어리라는 확신 때문에 다른 사람들에게 가치 있는 어떤 것으로 보이는 것에 대해 죄책감을 느꼈다.

피터는 자위하는 것을 언짢게 느꼈다. 하지만 나는 피터가 느끼는 죄책감의 핵심이 다음과 같은 흥미로운 발견에서 드러났다고 믿는다. 즉 **피터는 자위행위를 포기하면 무가치감이 심해졌고**, 실제로 피터가 아무 일도 하지 않고 아무것도 되지 않기를 시작했을 때는 자신에게서 나는 냄새를 참을 수 없게 되었다. 나중에 피터가 이 냄새에 대해 말했듯이 "그것은 어느 정도 내가 나 자신에 대해 갖는 관심이었다. 그것은 자기혐오의 한 형식이었다." 다시 말해서 피터는 자신의 몸에서 견딜 수 없을 만큼 심한 악취를 맡았다.

사실 피터에게는 죄책감에 대한 완전히 상반되는 두 개의 원천이 있었다. 하나는 피터에게 살라고 다그쳤고, 다른 하나는 죽으라고 다그쳤다. 하나는 건설적이었고, 다른 하나는 파괴적이었다. 두 개의 원천이 유발한 감정은 달랐지만 두 감정 모두 몹시 고통스러웠다. 피터가 자기 확증을 표현하는 일을 했다면, 실제하고 살아 있으며 가치 있는 귀중한 사람임을 표현하는 일을 했다면 피터는 "이것은 가짜고, 허위야, 넌 쓸모없어"라는 말을 들었을 것이다. 하지만 피터가 양심의 이 거짓 조언에 대한 지지를 거부할 것을 고집했다면 그렇게 쓸데없거나, 비현실적이거나, 죽었다고 느끼지도, 그렇게 심한 악취가 나지도 않았을 것이다. 반면에 피터가 단호하게 아무것도 하지 않으려고 했다면 여전히 자신이 허위나 가짜라고 느꼈을 것이다. 피터는 여전히 불안을 경험한다. 그리고 피터는 자신의 몸을 다른 사람들의 지각의 대상이라고 강박적으로만 인식했다.

하찮은 사람이 되려는 모든 노력이 낳은 가장 나쁜 결과는 피터의 존재 전체에 걸쳐 감도는 무감각이었다. 이 무감각은 피터의 '분리된 자기' 경험, 신체 경험, '단절된' 세계에 대한 경험에 스며들었다. 모든 것이 멈추기 시작했다. 피터는 세상이 현실이 아닌 것 같았다. 자신에게 다른 사람을 위한 어떤 존재가 있다고 상상하기 어려웠다. 가장 나쁜 것은, '무감각'해지기 시작했다는 것이다. 피터는 '무감각'해지는 이 느낌이 무엇인지 계속해서 설명했다. 피터의 설명에 따르면, 이 무감각해지는 느낌은 몸의 현실감과 생동감을 상실하는 것을 포함한다는 것을 알 수 있다. 이 감정의 핵심은 피터가 자기 몸을 다른 사람을 위한 실제 대상이라고 느끼지 못하는 것이다. 피터는 (참을 수 없을 정도로) 자신만을 위해 존재하게 되었고, 세상이 보기에는 자신이 어떤 존재를 갖는다고 느끼지 않게 되었다.

이 모든 면에서 피터는 부모가 자신을 다루거나, 더 정확하게 말해서 다루는 데 실패했던 자신에 대한 2차원적 경험 안에 있는 근본적인

격차와 싸우고 있었을 가능성이 크다. 피터에게는 다른 사람들이 자신을 만질 수 있고, 냄새 맡을 수 있어야 한다는 등 강박적인 선입견이 있었다. 피터는 이런 선입견이 매우 불쾌했다. 이런 선입견은 살아 있는 몸의 바로 그 차원을 유지하려는 필사적인 시도였다. 몸에는 다른 사람을 위한 존재가 있다는 것이다. 하지만 피터는 2차원적이고, 인위적이며, 강박적인 방식으로 자기 몸에 관해 이러한 차원에 대한 감각을 '끌어올려야'했다. 이것은 원래 유아기 상황에서 나온 기본적인 감각 안에 자리 잡지 않은 피터의 경험의 차원이었고, 그 빈틈은 채워졌다. 나중에 한 인간으로서 사랑받고 존경받는 느낌이 발달해서가 아니라, 사실상 모든 사랑은 위장된 학대라는 느낌 때문이었다. 그 사랑은 피터를 다른 사람의 물건으로 바꾸는 것이 목표였기 때문이다. 그것은 피터가 말했듯이 피터의 학교 선생님 모자에 있는 깃털이었다.

　이 환자는 학교와 직장에서 어려움을 겪었고, 학교에서 자신이 가식적이며 가짜라고 느꼈으며, 사무실에서는 공포감을 느꼈는데 고의적으로 자신의 존재 안에서 분열을 일으키기 시작해서 그의 상태가 더 심상치 않게 바뀔 때에는 특히 그랬다. 피터는 "자신을 모든 것에서 끊어놓으려고" 애썼다고 말했고, 이것은 사실이다. 피터는 여기에 '분리uncoupling'라는 기법을 더했다. 이렇게 하면서, 피터는 자신의 존재의 다른 측면들을 함께 연결시킨 관계를 끊으려고 애썼다. 특히, 피터는 자신의 행동이나 표정 '안'에 있지 않으려고 노력했다. 자신이 하고 있는 것이 되지 않으려고 애쓴 것이다. 여기서 우리는 피터가 자신과 세계 사이에서 신체적 행동과 표정의 과도기적 위치에서 놀고 있었음을 알 수 있다. 이제 피터는 "다른 사람을 위한 대상이 될 수 있는 나의 모든 것은 내가 아니다"라고 말하려고 했다.

피터의 몸은 분명히 '나'와 세계 사이의 모호한 과도기적 위치를 차지한다. 몸은 한편으로 내 세계의 핵심이자 중심이지만, 다른 한편으로는 다른 사람의 세계 안에 있는 하나의 대상이다. 피터는 다른 사람이 인지할 수 있는 자신의 어떤 것에서도 자신을 분리하려고 애썼다. 그 밖에도 세계와 일치하며 성장했지만 이제 자신의 내적 자기에게서 분리시키려고 애쓰는 태도, 야심, 행동 등 모든 집합체를 부인하려고 했다.

피터는 자신의 온 존재를 비존재로 바꾸는 일에 착수했다. 비존재가 되기 위해서 자신이 할 수 있는 만큼 조직적으로 착수했다. 자신은 아무도 아니며 아무것도 아니라는 확신 아래, 피터는 가치 없는 사람이 되려는 가혹한 정직함에 이끌렸다. 피터는 자신이 별 볼일 없는 사람이라면 별 볼일 없는 사람이 되어야만 한다고 느꼈다. 이름 없는 사람이 되는 것은 이러한 확신을 사실로 바꾸는 한 방법이었다. 피터는 직장을 포기하고 끊임없이 이동하면서 방방곡곡을 헤맸다. 어떤 과거도, 미래도 없었다. 어떤 소유도, 친구도 없었다. 아무것도 아니었고, 아는 사람도 없었으며, 아무도 그를 몰랐기에, 피터는 자신이 쓸모없는 사람임을 더 쉽게 믿게 해줄 조건을 만들었다.

오난Onan[20]은 자신의 정액을 땅에 쏟았다. 그렇게 함으로써 오난은

---

20 구약성서 〈창세기〉 38장에 나오는 유다의 아들. 형이 죽으면 동생이 형수를 아내로 맞아 형의 후손을 보는 형사취수제兄死取嫂制를 거부하고, 형에게 자신의 씨를 주지 않기

자신의 생산력과 창조력을 허비하는 죄를 지었다. 나중에 그가 표현했듯이 피터의 죄책감은 단지 그가 자위행위를 하고 가학적인 상상을 했다는 데 있기보다는, 환상 속에서 다른 사람들과 하는 것을 상상했던 일을 실제로 다른 사람들과 함께할 용기가 없었다는 데 있었다. 그리고 자신의 환상을 억압까지는 아니더라도 억제하려고 시도하고 또 어느 정도 성공하면, 피터는 이런 환상을 경험했다는 사실뿐 아니라 이 환상들을 억압했다는 데 죄책감을 느끼게 되었다.

피터가 하찮은 사람이 되는 일에 착수했을 때, 피터는 보통 사람이라면 할 수 있는 모든 일을 할 권리가 자신에게 없다는 것뿐만 아니라 자신의 양심을 초월해서, 또 양심에 반해서, 그리고 양심에도 불구하고 이 모든 일을 할 용기가 없다는 데 죄책감을 느꼈다. 양심은 피터에게 그가 이 삶에서 했거나 할 수 있었던 모든 일이 잘못되었음을 말하고자 했다. 피터는 자신에게 삶에 대한 권한이 없다는 감정을 스스로 결정해서 허용하는 일에 죄책감을 느꼈다. 또한 이런 삶의 가능성에 접근하기를 스스로 거부하면서도 죄책감을 느꼈다.

피터가 죄책감을 느낀 것은 자신의 욕망, 욕동 또는 충동 그 자체에 대해서가 아니라, 현실 속에서 실제 사람들과 실제적인 일을 함으로써 실제 사람이 될 용기가 없었기 때문이다. 단지 자신의 소원에 대해서 죄책감을 느낀 것이 아니라, 그 소원들이 소원으로만 남아 있다는 것에 죄책감을 느낀 것이다. 피터가 느낀 허망함은 자신의 소원이

위해 고의로 땅에 사정을 했다는 이유로 하나님께 죽임당한 인물이다. —옮긴이

환상 속에서만 실현되고, 현실 속에서는 실현되지 않는다는 사실에서
비롯되었다. 자위행위는 피터가 실제 사람과의 창조적인 관계를 환상
속 환영들과의 메마른 관계로 **탁월하게** 대체하는 활동이었다. 피터가
느낀 죄책감은 실제 사람에 대한 실제적 욕구에서 비롯되는 가능성
있는 죄책감이 아니라, 자신의 욕망이 환상적인 욕망일 뿐이라는 사
실에 대한 죄책감이었다.

하이데거는 죄책감을 침묵하는 대자존재의 부름이라고 말했다.[21]
사람들이 피터의 진정한 죄책감이라고 부를 수 있는 것은 피터가 가
짜 죄책감에 항복하고, 자신이 되지 않는 것을 삶의 목표로 삼고 있다
는 사실이다.

하지만 이 환자 안에는 앞서 언급한 내적 자기의 분열이 있었다. 어
린 시절부터 피터는 자신은 쓸모없는 사람이라는 느낌에 시달렸다.
이제 이 느낌을 확증할 조건을 만드는 일에 무섭게 매달렸다. 하지만
동시에 피터는 자신이 특별한 사명과 목적을 지니고 하나님에 의해
이 땅에 보내진 매우 특별한 사람이라고 느꼈다. 피터는 이 공허한 전
능감과 사명감이 매우 무서웠다. 그래서 '일종의 미친 감정'이라고 제
쳐놓았다. 피터는 자신이 "정신병원과 거기에 있는 모든 것"[22]이라는

---

21 대자존재Für-sich-Sein는 스스로 자신을 파악하는 존재, 즉 의식적 존재다. 대자존재는
즉자 존재An-sich-Sein에서 발전한 제2단계의 존재로, 주관적인 자기 자신과 거리를 두
어 자신을 객관화하고 반성적인 관찰과 사유를 할 수 있다. 독일의 철학자 헤겔이 사용
한 개념이다. —옮긴이

22 엠프슨의 'Let it go'라는 시의 한 구절. "Madhouse and the Whole Thing There". —옮긴이

윌리엄 엠프슨William Empson의 표현에 나오는 식으로 이 감정에 면죄부를 주었다고 해도 그것을 느꼈다. 하지만 피터가 그러한 대안에 탐닉한 것에 대해 혹독한 형벌이 부과되었다. 피터가 자신의 몸 안에, 그리고 그 몸을 통해 살지 않음으로써 아무도 아닌 사람이 되려고 노력했기 때문에, 피터의 몸은 어떤 의미에서 죽어갔다.

그러므로 피터는 가식을 벗어던졌을 때, 자신이 곰팡내 나고, 역한 냄새가 나며, 기분 나쁜 무시무시한 무언가임을, 실제로는 생명이 없고 죽은 무언가임을 상기하고 그 가식에 주목해야만 했다. 피터는 정신적 지혈대로 자신의 몸에서 자신을 분리했다. 그러자 피터의 실체 없는 자기와 피터의 '분리된' 몸은 모두 일종의 실존적 괴저를 나타냈다.

피터는 나중에 한 언급에서 그 문제의 핵심을 다음과 같이 간략하게 진술한다.

어떤 면에서 나는 일종의 죽은 상태였어요. 나 자신을 다른 사람에게서 단절했고 내 안에 갇히게 되었어요. 그리고 당신이 이 일을 할 때 어떤 면에서는 당신도 죽어가는 것을 나는 알 수 있어요. 당신은 세계 안에서 다른 사람들과 **함께** 살아야만 해요. 그렇지 않으면 무언가 내면에서 죽을 거예요. 바보같이 들리네요. 잘 이해가 안 돼요. 하지만 그런 일이 일어날 것 같아요. 재밌네요.

3부

R.D.Laing

제9장

정신증의 발현

사물들이 산산이 부서진다. 중심을 지탱할 수 없다.
무질서만이 세계 위에 흐트러뜨려진다.

－예이츠 W. B. Yeats

　우리는 이미, 특히 데이비드와 피터의 사례에서, 명백한 정신증과 위험할 정도로 비슷한 조현성 성격장애의 징후들을 검토했다. 이번 장에서 우리는 경계선을 넘어 정신증적 상태로 가는 방식들을 살펴볼 것이다. 물론 여기서 온전한 정신과 정신이상을, 온전한 정신의 조현성 성격장애 환자와 조현병 환자를 항상 명확하게 구별할 수 있는 것은 아니다. 때때로 정신증의 발병이 매우 극적이고 갑작스러우며, 그 징후가 매우 명백하기 때문에 정신증 진단을 내리는 데는 어떤 의문이나 의혹도 없을 수 있다. 하지만 많은 사례의 경우, 그러한 갑작스럽고 명백한 질적 변화는 없고, 몇 년간에 이르는 변화가 있을 뿐이다. 그 기간의 어떤 단일 시점에도 임계점을 지났는지 여부가 전혀 명확하지 않을 것이다.

앞서 설명한 특별한 형태의 조현성 실존적 상태가 출발점일 경우, 온전한 정신에서 정신이상으로 전환되는 본질을 이해하려면 특별한 실존적 배경에서 나온 정신증적 잠재성을 고려해야만 한다. 우리는 이 상태에서 자기가 자신의 정체성과 자율성을 나타내고 유지하기 위해, 그리고 세상에서 오는 지속적 위협과 위험에서 안전해지기 위해 다른 사람들과 직접 관계 맺는 일에서 자신을 고립시키고, 자신만의 대상이 되려고 애쓴다는 것을 분명하게 말했다. 사실 그것은 자신하고만 직접적으로 관계를 맺으려는 것이다. 이때 자기의 주요한 기능은 환상과 관찰이 된다.

이제 이 일에 성공하는 한, 한 가지 필연적인 결과는 조현병 환자의 자기가 현실과 '접촉하지' 않기 때문에 어떤 현실감sentiment du réel도 유지하기 어렵다는 사실이 된다. 실제로 조현병 환자의 자기는 결코 현실과 '맞닥뜨리지' 않는다. 민코프스키가 말했듯이(1953), 조현병 환자는 세계와의 '중요한 접촉'을 상실한다. 대신 우리가 보았듯이, 다른 사람들이나 세계와 맺는 관계에서는 지각, 감정, 생각, 행동이 상대적으로 낮은 관계 맺음의 '계수'를 갖는 거짓-자기 체계에 위임된다.

이 상태에 있는 개인은 비교적 정상적인 사람으로 보일 수 있지만, 점차 더욱 비정상적이고 절망적인 수단을 통해 겉보기에 정상과 비슷한 상태를 유지하는 것이다. 이 사람의 자기는 '정신적'인 것들의, 즉 자신만의 대상들의 은밀한 '세계' 안에 있는 듯한 환상에 빠져 '공유된 세계' 속의 삶에 혼자 참여하는 거짓-자기를 관찰한다. 이 현실의 공유된 세계 안에서 다른 사람과의 직접적인 의사소통은 거짓-자기 체계로 바뀌었기 때문에, 자기는 이 매체를 통해서만 외부의 공유된 세계와 소통할 수 있다. 따라서 첫 번째 사례에서 자기에 대한 파괴적 충돌을 막기 위해 고안된 경계나 방어벽은 자기가 피할 수 없는 감옥의 벽이 될 수 있다.

따라서 세계에 대한 방어는, 다른 사람에게 붙잡혀 물건으로 조작되는 것을 피함으로써 박해의 충돌(폭발)을 방지하고 자신을 계속 살아 있게 하려는 주요 기능에서조차 실패한다. 불안은 어느 때보다도 강렬하고 은밀하게 되돌아온다. 지각의 비현실성과 거짓-자기 체계가 갖는 목적의 허구성은 전체로서 공유된 세계, 몸, 존재하는 모든 것에 대한 무감각한 느낌으로 확장되고, '참-자기'에게까지 스며든다. 공허함이 모든 것을 뒤덮는다. 내적 자기 자체는 완전히 비현실적인 것이 되거나 '환상이 되고', 분열되며, 죽고, 처음 시작할 때 지녔던 불안정한 정체감을 더는 유지할 수 없게 된다. 이것은 방어기제 같은 가장 불길한 가능성을 사용함으로써 악화된다.

예를 들면 정체성을 보존하기 위해 사람들이 자기를 알아보는 것을 피하거나(앞서 지적한 것처럼, 정체성은 2차원적으로 획득되고 유지되기 때문에, 다른 사람이 자신을 알아봐 주는 것과 자신에게 스스로 부여하는 단순한 인식이 필요하다) 삶의 고통에 대한 방어로서 삶 안에 있는 죽음의 상태에 의도적으로 몰두하는 것이 있다.

자기를 더 철회시키려는 노력과 자기를 회복하려는 노력은 정신증의 같은 방향으로 합쳐지게 된다. 어떤 면에서 조현성 성격장애 환자는 필사적으로 자신이 되고, 자신의 존재를 되찾으며 보존하려고 애

쓸 수 있다. 하지만 비존재에 대한 욕망에서 존재하고 싶은 욕망을 구분한다는 것은 매우 어려운 일이다. 조현성 성격장애 환자가 하는 많은 일이 그 자체로는 구분할 수 없을 정도로 모호하기 때문이다. 우리는 피터에 대해 피터가 자신을 파괴하려 하거나 자신을 보존하려 한다고 분명하게 말할 수 있을까? 우리가 '둘 중 하나'나 '또는'이라는 두 용어를 서로 배타적 용어로 생각한다면 이 질문에 답할 수 없다.

삶에 대한 피터의 방어는 대체로 삶 안에서 죽음의 한 양식을 창조하는 것이었다. 이러한 죽음의 양식은 그 자체로 어느 정도 불안으로부터 자유를 제공하는 것처럼 보였다. 피터는 생존하기 위해 주머니여우처럼 죽은 체했다. 피터는 익명이나 가명일 때에는 자신이 될 수 있었다. 즉 다른 사람들에게 알려지지 않았거나 다른 사람들에게 자신을 자신이 아닌 것처럼 알릴 수 있으면 그랬다.

이 애매한 정체성이 무한정 지속될 수는 없었다. **그 정체감에는 자신을 알릴 다른 사람의 존재가 필요했기 때문이다.** 다른 사람이 피터의 존재를 알아주는 것과 피터 자신의 자기 인식이 결합되어야 했다. 만일 한 사람이 다른 사람들과 단절되고 자신의 존재 대부분과도 분리된 사람이 되려고 시도한다면 계속해서 온전한 정신으로 사는 것은 불가능하다.

그와 같이 다른 사람들과 함께하는 방식은 기본적으로 자폐증적 정체성을 통해 자신의 현실을 유지하는 능력을 전제로 한다. 그는 마침내 다른 사람과의 변증법적 관계가 없는 사람이 되는 일이 가능하다고 전제할 것이다. 이러한 책략의 전체 목적은 외부에서 '내적 자기'

에 이르는 모든 직접적 접근을 배제함으로써, 외부 출처로부터 나오는 상상 속 파괴에서 '내적' 정체성을 보존하는 것인 듯하다. 하지만 항상 다른 사람에 의해서 자격이 갖추어진 '자기' 없이 '객관적' 요소에 헌신하고, 다른 사람들과의 변증법적 관계 속에서 살지 않으면 그 '자기'는 이미 가지고 있을 불안정한 정체성이나 활력을 유지할 수 없다.

'내적' 자기가 겪는 변화에 대해서는 이미 부분적으로 기술했다. 그 변화들은 다음과 같이 열거될 수 있다.

1. 내적 자기는 환상이 되거나 날아가고, 따라서 확고하게 뿌리 내린 모든 정체성을 상실한다.
2. 내적 자기는 비현실적인 것이 된다.
3. 내적 자기는 가난해지고, 텅 비며, 무감각해지고, 분열된다.
4. 내적 자기는 점점 증오와 두려움, 시기심으로 가득 찬다.

이것은 다른 관점에서 볼 때 하나의 과정에 있는 네 가지 측면이다. 제임스는 온전한 정신의 한계까지, 아마도 그 이상까지 이 과정을 수행했다. 흔히 있는 일이지만 이 스물여덟 살 젊은이는 의도적으로 자신이 '참-자기'와 '거짓-자기 체계'라고 여기는 것 사이의 분열을 키웠다.

제임스의 마음속에서 무엇인가를 바라보는 어떤 방식이나 생각이나 행동도 거짓되고 비현실적이었다. 보고, 생각하고, 느끼고, 행동하는 것은 '기계적이고', '비현실적'이었다. 이 모든 것들은 단지 '그들이'

사물을 보고, 생각하며, 느끼고, 행동하는 방식이었기 때문이다. 아침에 열차를 타러 걸어갈 때 누군가를 만나면, 제임스는 그 다른 사람과 보조를 맞추고, 모든 사람이 말하고 웃었던 것에 대해 말하고 웃어야 했다. 제임스는 말했다.

"내가 열차 문을 열고 누군가를 나보다 먼저 열차에 타도록 한다면 이것은 사려 깊은 사람이 되는 방법이 아니라, 내가 얼마나 다른 사람들과 똑같이 행동할 수 있는지를 보여주는 한 수단일 뿐이에요."

하지만 다른 모든 사람들과 같은 것처럼 보이려고 제임스가 노력한 것은 다른 사람들에 대한 분노와 자기에 대한 경멸 때문이었다. 제임스의 실제 행동은 자신의 '진정한' 감정을 숨기는 것과 드러내는 것 사이에서 벌어진 갈등이 빚어낸 기이한 산물이었다.

제임스는 별난 생각으로 자신의 정체성을 주장하려고 했다. 제임스는 평화주의자요, 신지학자며, 점성가요, 영성가이자, 신비주의자이며, 채식주의자였다. 제임스가 적어도 자신의 이상한 생각을 **다른 사람들과 나눌 수 있었다**는 사실이 그의 온전한 정신을 유지하는 데 가장 중요한 단일 요소였을 것이다. 그 제한된 영역 안에 있을 때, 제임스는 때때로 자신의 생각과 독특한 경험을 함께 나눌 다른 사람들과 같이 있을 수 있었다.

현재 서구 문화에서 그러한 생각과 경험은 한 인간을 동료에게서 격리시킨다. 그러한 생각과 경험이 그 사람을 비슷한 '괴짜들'의 작은 모임으로 끌어들이는 데 도움이 된다. 고립은 그 사람을 정신증적 소외로 넘어갈 위험에 빠지게 한다. 예를 들어 제임스의 '신체 도식body schma'은 출생 전부터 죽음에까지 퍼졌고, 때와 장소의 통상적인 한계를 해소했다. 제임스는 다양하게 '신비' 체험을 했다. 그 체험에서 제임스는 자신이 절대자, 하나의 현실과 결합되었다고 느꼈다. 제임스만 '아는' 세상을 다스리는 법칙이 있었다. 완전한 마법의 법칙이었다. 직업은 화학자였지만 제임스가 '정말' 믿는 것은 화학과 과학의 법칙이 아니라 연금술의 법칙, 흑마술과 백마술, 점성술이었다. 제임스의 '자기'는 제임스의 관점을 공유하는 다른 사람들과의 관계 안에서 또한 그 관계를 통해서조차 부분적으로만 실현되었다. 이러한 제임스의 '자기'는 점점 마법의 세계에 사로잡혀서, 그 세계의 일부가 되었다.

환상이나 상상의 대상들은 다음과 같이 마법의 법칙을 따른다. 그 대상들은 마법적 관계를 맺는다. 그것은 진짜 관계가 아니다. '자기'가 환상적인 관계에 점점 더 참여할수록, 진짜 관계에는 점점 덜 직접 참여하게 된다. 그렇게 함으로써 '자기'는 자신의 '현실성'을 상실한다. 현실성을 상실한 '자기'는 그것과 관련된 대상들과 마찬가지로 마법의 유령이 된다.

이러한 사실이 갖는 한 가지 의미는, 그와 같은 '자기'에게는 모든 것이 가능하고 제한이 없다는 것이다. 그것은 모든 소원이 조만간 현실과 필요성에 의해 제한되고 유한한 것이 되는 것과 마찬가지다. 그렇지 않다면 그 '자기'는 누구나 될 수 있고, 어디든지 있을 수 있으며, 어느 때에든지 살 수 있다. 제임스에겐 그렇게 될 것이었다. '상상 속에서' 확신은 성장하고 환상적 능력(초자연적 능력, 마법적 능력, 신비로운 능력)을 축적하고 있었다. 특징적으로 모호하고 분명하지 않지만, 그럼에도 제임스가 단순히 이 시간과 이 장소의 제임스가 아니며, 그런 부모의 제임스도 아니고, 엄청난 임무를 띤 매우 특별한 사람, 아마도 붓다나 그리스도의 화신이라는 생각에 기여했다.

즉 더는 죽을 몸에 고정되어 있지 않은 '참-자기'는 '환상으로 변하고', 개인이 하는 공상 속 변화 가능한 환영 안으로 휘발된다. 이런 맥락에서, 정체성을 위협하는 위험에 방어하는 자기가 고립되면, 이미 있었던 불안정한 정체성을 상실하게 된다. 게다가 현실에서 철회하면 '자기'가 빈곤해진다. 자기는 무능하기 때문에 전능하다. 자기의 자유는 진공상태에서 작동한다. 자기의 활동은 생명이 없다. 자기는 바싹 말라서 죽는다. 꿈속의 세계에서 제임스는, 깨어 있는 생활에서보다 황량한 세상에서 자신이 훨씬 더 외롭다고 느꼈다. 예를 들면 다음과 같다.

1. 나는 마을에 있는 나를 발견했다. 나는 내가 버려졌음을 깨닫는다. 나는 폐허가 되었다. 그 안에는 활기가 없었다. (…)
2. (…) 나는 황량한 풍경 한가운데 서 있다. 나는 완전히 활기가 없었다. 어떤 생명도 눈에 보이지 않았다. 풀은 거의 자라지 않았다. 내 발은 진흙 속에 박혀 있다.
3. 나는 돌과 모래로 된 외로운 장소에 있었다. 나는 무엇으로부터 도망쳐서 거기에 왔던 것이다. 이제 나는 어딘가로 돌아가려고 애썼지만 어디로 가야 할지 몰랐다. (…)

비극적 모순은 결국 어떤 불안도 피하지 못한다는 것이다. 반면에 모든 불안과 그 외의 모든 것은 깨어 있는 삶과 허무와 죽음의 지속적인 느낌에 대한 꿈속에서의 모든 경험 속에 주입됨으로써 더욱 고통스러워진다.

자기는 실제 사람들이나 사물들과의 관계에서만 '실제'가 될 수 있다. 하지만 자기는 모든 관계 안에서 삼켜지게 될 것을 두려워한다. '나'는 환상의 대상에 **대해서**vis-à-vis 중요한 역할을 할 뿐이다. 거짓-자기가 세상과 거리를 관리하는 동안, 경험의 모든 요소에서 다양하고 중대한 현상학적 변화가 일어난다.

그러므로 우리가 이미 언급한 요점은 이러하다. 자기는 초월적이고, 공허하며, 전능하고, 자신만의 방식대로 자유로운데, 이 자기가 환상 속에서는 누구나 될 수 있지만 현실에서는 보잘것없는 사람일 뿐이다.

이 자기는 주로 자신의 환상의 대상들과 관련이 있다. 그렇게 환상 속에 있는 자기이기 때문에 결국 자기는 날아가 버린다. 객관적 요소에 몰입하는 것에 직면하기가 두렵기 때문에, 자기는 자신의 정체성을 보존하려고 노력한다. 하지만 자기는 더는 사실, 즉 제한되고 명확한 사실에 단단히 뿌리를 내리지 않고, 자신이 무엇보다도 지키고자 하는 것을 잃을 위험에 처하게 된다. 제한된 사실을 놓치면 자기는 그 정체성을 상실한다. 현실을 잃으면 세상에서 선택의 자유를 행사할 가능성이 사라진다. 죽임당할 위협에서 탈출하면서 자기는 메마르게 된다. 개인은 여전히 어떻게 그것이 자신이 아닌 다른 사람을 위한 것인지를 알지만, 이제 더는 세계를 다른 사람들이 경험하는 것처럼 경험하지 않을 수 있다.

하지만 거짓-자기 체계로 세계의 현실성에 대한 즉각적 감각을 유지할 수는 없다. 더욱이 거짓 체계는 현실을 검증할 수 없다. 현실 검증에는 더 나은 대안을 선택할 수 있는 자신의 주관이 필요하기 때문이다. 그리고 그런 주관이 부족하기 때문에 거짓-자기는 거짓이 된다.

외부 세계로부터의 경험이 내적 자기에게서 걸러질 때, 이 자기는 더는 사회에서 받아들일 수 있는 방식으로 자신의 욕망을 느끼거나 표현할 수 없다. 사회적 수용 가능성은 단지 속임수나 기술이 되었다. 사물에 대한 자신의 견해, 사물들이 그에게 주는 의미, 그의 감정, 표정은 기괴하고 괴상하지는 않더라도 적어도 이상하고 별나기 쉽다. 자기는 점점 더 자신의 체계 안에 싸인 채로 있지만 거짓-자기는 변하는 경험에 대한 적응과 조절을 수행해야 한다. 이 거짓-자기 체계는 분명히 유연하다. 즉 새로운 사람들과 함께 작동하며, 변하는 환경에 적응한다. 하지만 자기는 현실 세계의 변화들을 따라잡지 못한다. 자기가 맺은 환상 관계에 있는 대상들은 이상화하는 방향으로 수정되거나, 더 박해받는다고 느끼더라도 동일한 기본 모양을 유지한다. 현실에 관해서 이런 환상 속의 인물들(심상들)을 검사하고 평가하며 수정하려고는 생각하지 않는다. 사실 그렇게 할 필요가 없다. 지금까지 개인의 자기는 현실에 영향을 주고 그 현실 안에서 실제 변화를 일으키는 일에는 아무런 노력을 하지 않았다.

자기와 그 심상이 앞서 말한 수정을 거치는 동안, 거짓-자기 체계는 비슷한 변화들을 겪는다. 우리는 다음과 같이 도식적으로 표현된 본래의 태도를 기억한다.

자기 ⇌ (몸-세계)

신체는 거짓-자기 체계의 **수준** niveau이지만, 개인은 이 체계가 단지 신체적 활동만을 넘어서서 구체화하고 확장된다고 생각한다. 신체는 대부분 그 개인의 내적 '자기'가 자기의 한 표현이 아니라고 부인하는 개인 '존재'의 모든 측면으로 이루어져 있다. 게다가 제임스의 경우에 그랬듯이, 개인은 자기가 점점 배타적 환상 관계로 물러서고 '떨어질수록' 거짓-자기와 다른 사람들의 거래에 대한 비참여적 관찰인 거짓-자기 체계가 점점 잠식하고, 실제적으로 모든 것이 이 체계에 속한다고 생각될 때까지 개인 자신의 존재를 점점 더 깊이 침식한다고 느낀다. 제임스는 마침내 시각, 청각, 촉각으로는 어떤 대상도 인지할 수 없게 되었다.

특히 무슨 경험을 하든지 그것은 '자신이 아니라고' 느꼈다.[1] 우리는 이미 몇 가지 예를 들었다. 이러한 사례의 수는 무한대로 늘어날 수 있다. 제임스는 자신이 집과 직장에서, 또 친구들에게 하는 행동을 이런 식으로 느끼기 때문이다.

---

[1] 한 사람의 존재 내의 분열과 다양한 감각 양상들의 관계는 매우 부적절하게 이해된 상태에 머물러 있다.

거짓-자기 체계의 특성에 대한 이 존재 양식의 성과는 다음과 같이 요약할 수 있다.

1. 거짓-자기 체계는 점점 광범위해진다.
2. 거짓-자기 체계는 더 자율적 체계가 된다.
3. 강박적 행동의 파편들에 시달리게 된다.
4. 거짓-자기 체계에 속한 모든 것은 점점 생기가 없어지고, 비현 실적이 되며, 거짓되고, 개성이 없어진다.

몸과 자기의 분리, 몸과 타인들 사이의 밀접한 연관은 신체가 다른 사람에게 순응하고 남을 달래기 위해 움직일 뿐 아니라, 실제로 다른 사람들의 소유가 된다고 생각하는 정신병적 입장에 적합하다. 개인은 자신이 계속해서 다른 사람 눈으로 사물을 보기 때문에 자신의 인식 이 허위라고 느낄 뿐 아니라, 다른 사람들이 자신의 눈으로 세상을 보 기 때문에 자신을 속이고 있다고 느끼는 입장이 되기 시작한다.

제임스는 거의 이 지점에 도달했다. 이미 그는 자신의 '뇌' 속에 있 는 생각들은, 그가 항상 말하듯이 자신의 것이 아니라고 느꼈다. 제임 스가 하는 지적 활동의 많은 부분은 자신의 생각을 손에 넣고, 자신의 생각과 감정을 통제하려는 시도였다. 예를 들어 제임스의 아내는 곧 잘 밤에 제임스에게 우유 한 잔을 주었다. 제임스는 아무런 생각 없이, 아내에게 미소 지으며 "고마워"라고 말하곤 했다. 하지만 곧 제임스는 자신에 대한 혐오감에 압도당했다. 아내는 단지 기계적으로 행동했고, 제임스는 똑같은 '사회역학'으로 응답했다. 그가 우유를 마시고 싶었을까? 그가 웃고 싶었을까? "고마워"라고 말하고 싶었을까? 그렇지 않았다. 하지만 제임스는 이 모든 일을 했다.

제임스 같은 입장에 있는 개인이 직면한 상황은 중요하다. 그는 대체로 비현실적이고 무감각해졌다. 현실성과 생명의 잠재성에 대한 감각을 잃어버리지는 않았더라도 더는 그것들을 직접 느끼거나 경험하지 못할 수 있다. 어쩌면 현실성과 생명은 자연 안에(더 구체적으로 말하면 대자연의 몸 안에) 존재할지도 모르고, 특정한 유형의 경험에서 파악될 수도 있다. 또 지적 훈련과 통제로 되찾을 수도 있다. 하지만 자기는 항상 다른 곳에 있는, 즉 그곳엔 있고 이곳엔 없는 풍부하며, 생생하고, 풍족한 삶에 대한 시기심 속에 있는 증오로 가득 차 있다.

앞서 말했듯이 자기는 텅 비어 있고 메말라 있다. 우리는 이 자기를 구강 자기라고 부를 수 있다. 텅 비어 있고, 채워지기를 갈망하면서도 채워지는 것을 두려워하기 때문이다. 아무리 많이 마시고, 먹고, 씹고, 삼키더라도 자기의 구강성을 결코 충족시킬 수 없다. 구강 자기는 아무것도 통합할 수 없다. 여전히 끝없이 깊은 구덩이다. 결코 채워질 수 없는 입을 크게 벌린 나락이다. 축축하게 젖은 세상에서도 이 자기는 목마름을 풀 수 없다. 건설적 목적을 위해 세상을 음식(어떤 의미에서)으로 받아들이고 파괴하는 것이 가능할 때 생길 수 있는 죄책감도 발생할 수 없다.

자기는 세계에 동화되지 않고, 그 세계를 먼지와 재로 바꾸어 파괴하려고 한다. 자기는 증오하는 대상을 이해하지 않고, 무無로 바꾼다.

따라서 '자기'는 황폐하고, 다른 사람들 안에 있다고 생각하는 장점(생명, 현실성)을 필사적으로 시기하지만 그 장점을 받아들이기보다는 파괴해야만 한다. 그것은 어떤 면에서 생명과 현실성을 얻는 문제가 되고 그리하여 자기의 소멸이라는 결과를 낳진 않을 것이다. 하지만 현실을 파괴하는 것과 은밀하게 현실을 획득하는 것은 주로 마법적 절차들이다. 은밀하게 현실을 획득하는 이러한 마법적 방법에는 다음과 같은 것들이 포함된다.

1. 만지기
2. 흉내 내기, 모방하기
3. 마법적 형태로 현실 훔치기

개인이 내면에서 타인의 현실성에 대한 즉각적 인상을 불러일으킬 수 있다면, 어느 정도 안도감을 얻을 수도 있다(이러한 방법들에 관해서는 234쪽부터 나오는 로즈의 사례에서 설명했다).

사람은 강렬한 고통이나 공포에 시달릴 때 더욱더 살아 있는 실제 감정을 느끼려고 시도할 수 있다. 한 여성 조현병 환자는 손등에 담뱃불을 비벼서 끄고, 엄지손가락으로 눈알을 세게 누르며, 머리카락을 천천히 쥐어뜯는 습관이 있었다. 환자는 무언가 '진정한' 것을 경험하려고 그런 일을 했다고 했다. 이 여성이 피학적 만족을 얻으려고 애쓰는 것도, 마비된 것도 아니었음을 이해하는 것이 가장 중요하다. 이 여성 환자의 감각은 평소보다 덜 강렬하지 않았다. 살아 있다는 것과 실재한다는 것 말고는 모든 것을 느낄 수 있었다.

민코프스키는 자신의 환자 중 한 명이 비슷한 이유로 옷에 불을 질렀다고 보고한다. 그 냉혹한 조현성 성격장애 환자는 '즐거움을 위해서 행동하고', 극단적 흥분을 즐기며, 환자 자신이 말했듯이, '강제로 약간의 활기를 자신 안에 밀어 넣기 위해' 자신을 극단적 위험에 빠뜨릴 수 있었다.

횔더린Hoelderlin[2]은 말했다.

"오, 너, 에테르의 딸이여! 나타나주시오, 그대 아버지의 정원에서 내게로. 그리고 그대가 내게 이 세상 행복을 약속할 수 없다면 두렵게 하시오. 오, 다른 무엇인가로 나를 두렵게 하시오."

하지만 이러한 시도는 아무것도 이루지 못한다. 제임스가 카프카의 '기도하는 사람'과 거의 같은 말로 이야기했듯이, "현실은 내게서 물러난다. 내가 만지는 모든 것, 내가 생각하는 모든 것, 내가 만나는 모든 사람은 내가 다가가자마자 허상이 된다……."

타인이 실재 존재를 점점 상실하고, 이 때문에 나와 당신이 함께한다는 의식과 우리 됨we-ness의 의식을 상실하면, 여성들은 남성보다 더 쌀쌀하고 위협적이 될 수 있다.

빈스방거(1942)가 세계-내-존재의 이중 양식이라고 부른 돌파점에 있는 마지막 희망은 동성애 애착을 통해서일 수 있다. 또는 마지막 사랑의 유대감은 어린아이나 동물이라는 타인에 대한 것일 수 있다.

---

2   빈스방거(1958), 《희망을 위한 탄원 Entreaty(to Hope)》에서 인용, 311쪽.

보스(1949)는 고립된 상태에서 자기와 세계가 수축되고 좁아진 한 남성 안에서 동성애적 사랑이 담당한 역할에 대해 다음과 같이 서술했다.

'두피와 심근'조차 수축된 이 인간은 남녀 사이 사랑의 결합의 실존적 충만함을 넓히고 심화시키기 위해 '손을 뻗는' 일이 점점 불가능해진다. 이 사람은 한때 사촌에 대한 사랑이 그에게 의미했던 '천상의 행복'이나 '열정과 깨달음'을 얻을 수 없다. 그의 존재를 점점 더 불모화하는 과정의 첫 단계는 그 여자가 사랑의 투명성을 상실하고, 완전히 다르며, 동떨어지고 '이질적' 존재의 극이 된 것이었다. 그녀는 '창백'해졌고, '신기루'가 되었다. 그런 다음 그녀는 '소화할 수 없는 음식'을 상징했고, 마침내 그의 세계의 틀에서 완전히 벗어났다.

진행되는 조현병은 '그의 남성성을 고갈시키고', 그의 남성적 감정이 대부분 동났을 때, 그는 갑자기 그리고 평생 처음으로 특정한 형태의 동성애에 '자신의 마음을 열도록' 몰린다고 느꼈다. 그는 이 동성애에서 부분적으로나마 존재의 충만함을 경험하는 데 성공했다. 그는 이 절반의 충만함을 얻으려고 힘을 '다할' 필요가 없었다. '자신을 잃을' 위험도, 제한된 범위와 깊이 안에 있는 무한함 속으로 '달려갈' 위험도 거의 없었다. 그와 반대로, 동성애는 '완전한 남자가 되도록' 그의 존재를 보충해줄 수 있었다.

보스는 다음과 같이 말했는데, 나는 이 견해가 옳다고 생각한다.

이러한 관찰은 모든 편집증 환자에게서 어김없이 동성애 경향을 발견할 수 있다는 프로이트의 중요한 진술을 새롭게 설명하는 데 도움이 된다. 프로이트는 동성애가 피해 의식이 발달하는 원인이라고 생각했다. 하지만 우리는 동성애와 피해 의식이라는 두 가지 현상 안에서 똑같은 조현병적 수축과 인간 존재의 파괴에 대한 두 가지 비슷한 표현 형식, 즉 한 사람의 성격에서 잃어버린 부분을 되찾으려는 두 개의 다른 시도를 본다 (122~124쪽).

그 사람은 악몽 같은 미다스Μίδας처럼, 그가 접근하기만 하면 모든 것이 죽는 세계에 있다. 이제 이 단계에서는 다음과 같은 두 가지 추가적 가능성이 그 사람에게 열릴 것이다.

1. 그는 모든 것에도 불구하고 자신이 되기로 결심할 수 있다.
2. 그는 자신의 자기를 죽이려고 시도할 수 있다.

두 가지 프로젝트 모두 수행되면 명백한 정신증이 될 것이다. 이 둘은 별도로 고려할 것이다.

한 개인의 거짓-자기 체계가 그대로 남아 있고, 자기나 낯선 행동의 일시적 파편들 더미에서 공격받아 황폐화되지 않았다면 개인은 완전히 정상적 모습을 보일 수 있다. 하지만 이 정상적 외관 뒤에 내적인 정신병적 과정이 은밀하고 조용하게 진행될 수 있다.

개인의 '참-자기'는 그 개인이 명백하게 정상적·성공적으로 일상

생활을 조절하고 여기에 적응하는 것을 점점 더 부끄럽고 우스꽝스러운 가식이라고 여길 것이다. **같은 방식으로** 개인의 자기는 자신이 상상하는 관계에서 점점 더 증발되고, 세계 안에 있는 타인들 사이에 있는 한 대상인 자기를 방해하는 우연성과 필연성에서 자유로워진다. 그는 이 세계 안에서 자신이 이 시간과 이 장소에 속하는 일에 전념하며, 삶과 죽음의 지배를 받고, 이 살과 이 뼈 속에 갇힐 것을 알았다. 이렇게 환상 속에서 증발한 '자기'가 이제 그 닫힘shutupness에서 벗어나며, 허위를 중단하며, 정직해지며, 드러내며, 나타내며, 애매하지 않게 자신을 알리려는 욕망을 품게 되면 급성 정신증의 발병을 목격하게 된다.

그런 사람은 겉으로 볼 때는 제정신인 것 같지만 내적으로는 점점 제정신이 아닌 사람이 되어간다. 이러한 종류의 사례들은 피상적 검사에서 가장 당황스러운 문제를 제시할 수 있다. '객관적' 역사를 검토해볼 때, 우리는 이해할 만한 촉발 스트레스들을 어떤 것도 발견하지 못하고, 심지어 돌이켜보아도, 그런 갑작스러운 사건의 발생이 임박했다는 어떤 명백한 징후도 발견할 수 없기 때문이다. **이런 경우들에 있어 우리는 정신의학적 과거력이 항상 그랬던 것처럼 그 개인에게서 거짓-자기의 이력이 아니라 그의 자기**의 이력을 수집할 수 있을 때에만 그 사람의 정신증을 설명할 수 있다.

다음은 '갑작스러운' 정신증 발병에 대한 매우 일상적인 두 가지 서술이다. 이는 모든 정신과 의사에게 익숙한 종류의, '외부'에서 주어진 서술이다. 이런 관점에서 보면, 그들은 여전히 매우 당황스러운 상태로 남아 있을 것이다.

이 스물두 살 청년의 부모와 친구들은 그 청년을 매우 '정상적'이라고 생각했다. 바닷가에서 휴가를 보내는 동안, 청년은 배를 타고 바다로 나갔다. 몇 시간 후 사람들이 청년을 구조했는데, 육지에서 멀리 떨어져 표류한 끝이었다. 청년은 사람들이 자신을 구조하는 것을 거부하면서 자신이 하나님을 잃어버렸고, 그를 찾으려고 바다로 떠났다고 말했다. 이 사건은 여러 달 동안 입원을 요구하는 명백한 정신증의 발병을 나타낸다.

50대인 한 남성은 이전에는 어떤 '신경' 문제도 겪지 않았다. 적어도 아내가 아는 한. 아내가 보기에 남성은 정신증이 급성으로 발생할 때까지 그의 '평범한 자기'로 보였다. 어느 뜨거운 여름날 오후 남성은 아내와 자녀들과 함께 강가로 소풍을 갔다. 식사를 마친 후 보이는 곳에 다른 소풍객들이 있었지만, 남성은 완전히 벌거벗고 강물에 들어갔다. 이 정도는 기껏해야 이상한 일이었을 것이다. 허리 깊이까지 물속을 걸어간 후, 남자는 자기 몸에 물을 뿌렸다. 남자는 이제 물 밖으로 나오기를 거부했다. 남자는 자신이 자기 죄에 대해 세례를 주는 것이며, 그 죄는 아내와 자녀들을 사랑한 적이 없다는 것이고, 자신은 깨끗해질 때까지 물을 떠나지 않겠다고 말했다. 결국 그는 경찰관에게 끌려서 강 밖으로 나왔고, 정신병원에 입원했다.

두 사례에서, 그리고 다른 곳에서 설명한 다른 사례들에서, 온전한 정신, 즉 겉으로 볼 때 '정상적' 외모, 복장, 행동, 운동과 언어(관찰 가능한 모든 것)는 거짓-자기 체계에 의해 유지되었지만, '자기'는 자신의 세계가 아니라 자기가 보는 세계에 점점 더 많이 관여하게 되었다. 나는 정신증 환자에 대한 많은 '치료'가 그 환자가 이런저런 이유로 다시 한 번 **제정신인 척하기로** 결심했다는 사실에 근거한다고 확신한다.

이인화된 환자가 조현병 환자든 아니든, 자신의 자기를 살해했다고 말하거나, 그 자기를 상실했거나 강탈당했다고 말하는 건 드문 일이 아니다.

대개 그러한 진술을 망상이라고 부르지만, 그 진술들이 정말 망상이라면 실존적 진리를 포함한 망상이다. 이런 진술은 그것을 말한 개인의 기준으로는 사실상 진실인 진술로 이해해야 한다.

자신이 자살했다고 말하는 조현병 환자는 자신이 스스로 목을 자르거나 운하에 몸을 던지지 않았다는 사실을 분명히 이해할 것이다. 또한 그 말을 듣는 사람도 똑같이 분명하게 이 사실을 이해하리라 기대할 것이다. 그렇지 않을 경우 그 사람을 바보로 간주한다. 사실, 조현병 환자는 이러한 질서에 대해 많은 진술을 한다. 이러한 질서는 분명 이 조현병 환자가 바보로 간주하는 사람들과 이해하지 못하는 모든 사람의 무리를 위한 덫을 의미할 수 있다.

그런 환자에게는 자신의 목을 벰으로써 자신의 **자기**를 죽이려고 시도하는 것은 완전히 **불합리한 추론**non sequitur일 것이다. 그의 **자기**와 **목**은 서로 빈약하고 동떨어진 관계만 맺고, 한쪽에 일어난 일이 다른 쪽에 거의 아무런 영향을 미치지 않을 정도로 충분히 떨어져 있다고 느낄 수 있기 때문이다. 즉 조현병 환자의 자기는 체화되지 않았다. 그 자기는 아마도 불멸하거나 거의 불멸의 비육체적 물질로 만들어졌다고 여겨질 것이다. 조현병 환자는 그 자기를 '삶의 본질'이나 자신의 '영혼'이라고 부르거나, 심지어 자신만의 이름으로 부른다. 또 그 자기를 빼앗길 수 있다고 느낀다. 이것은 다니엘 파울 슈레버Daniel Paul Schreber(1955)의 정신증에 대한 유명한 그리고 가장 핵심적 개념들 중 하나였다.

자기의 상실에 대한 두려움을 발기부전에 대한 불평 뒤에 있는 더 익숙한 신경증적 불안과 비교하면, 이 상당히 복잡한 정신증적 소재에 접근할 수 있다. 발기부전에는 다음과 같은 환상이 잠재되어 있다. 개인은 자신의 생식기능을 상실하는 것을 두려워한다. 그래서 거세된 것처럼 보임으로써 그 쓸모를 보존한다(거세를 피한다). 그는 자신이 거세된 것처럼 가장하고, 거세된 것처럼 행동함으로써 거세의 위협을 차단한다. 정신증 환자는 이것과 같은 원리로 방어를 사용했지만, 성기의 기능에 대해서가 아니라 자기에 대해서 방어를 사용한 것이다. 그것은 궁극적이고, 가장 역설적으로 불합리한 잠재적 방어다. 마법적 방어도 이러한 방어를 능가할 수는 없다. 이러저러한 형태에서 볼 때, 이 방어는 지금까지 내가 볼 수 있었던 모든 형태의 정신증에서 나타나는 기본적 방어다.

우리는 다음과 같이 그 일반적 형태를 통해 이 방어에 대해 말할 수 있다. 즉 방어는 **존재를 보존하는 수단으로서 존재의 부정**이다. 조현병 환자는 스스로 자신의 '자기'를 죽였다고 느낀다. 이것은 죽임당하는 것을 피하기 위한 것으로 보인다. 조현병 환자는 살아남기 위해 죽는다.

다양한 요인들이 통합되어 이런저런 방법으로 개인이 자신의 자기를 제거하도록 촉구할 수 있다. 자기가 신체 그리고 사실상 모든 생각, 감정, 행동, 인식과 분리되고, 그것들과 동일시되지 않게 하려는 노력도 결국 불안에 종속되는 일에서 자기를 해방시키지 못했다. 자기는 분리하는 일에서 얻을 어떤 잠재적 이익도 얻지 못했고, 본래 자기가 피하려고 한 모든 불안에 종속된다.

다음 두 사례는 그러한 문제들에 연루된 개인이 얼마나 큰 고통을 받는지 보여준다.

나는 로즈가 스물세 살이었을 때 그녀를 만났다. 나를 만난 로즈는 자신이 미쳐가고 있어서 두렵다고 말했다. 사실 그녀는 미쳐가고 있었다. 로즈는 끔찍한 기억들이 다시 떠올랐다고 말했다. 아무리 애써도 그 기억을 잊을 수 없었다. 하지만 이제 로즈는 이 문제에 대한 답을 발견했다. 로즈는 이제 **자신을 잊음으로써** 이 기억들을 잊기 위해 노력한다고 말했다.

로즈는 항상 다른 사람을 보고 그렇게 해서 결코 자신을 주목하지 않음으로써 이 일을 하려고 했다. 처음에는 계속해서 쓰러지고 싸우고 싶지 않다고 느끼는 일이 로즈에게 안도감을 주었다. 하지만 로즈의 내면에서 무언가가 이에 맞서 싸웠다. 로즈는 우울해졌고, 계속해서 일을 하려고 했지만, 이것이 점점 더 큰일이 되었다. 결국 로즈는 모든 생각과 동작이 의지의 고의적 행동에서 나왔다고 느끼게 되었다. 그다음엔 로즈는 더는 자신에게 의지력이 없다고 느끼기 시작했다. 의지력을 다 소진했던 것이다. 게다가 로즈는 자신을 위해 무언가를 하거나 자신이 한 일을 개인적으로 책임지는 것이 두려웠다. 동시에 로즈는 자신의 인생이 더는 자신의 것이 아니라는 느낌 때문에 괴롭다고 말했다.

"내 존재는 내 손이 아니라 다른 모든 사람의 손에 있어요."

로즈에게는 그녀만의 삶이 없었다. 로즈는 그냥 존재했을 뿐이다. 자신에 대한 어떤 목적도, 어떤 '욕구'도, 어떤 의향도 없었다. 로즈는 스스로 말했듯이 자신이 최근에 '뚝 떨어졌고' 너무 늦기 전에, 지금 '그것'에서 벗어나고 싶다고 느꼈다. 하지만 도가 지나쳐버린 상황 때문에 더는 자신을 지킬 수 없고, '그것'이 자신에게서 '벗어나고' 있다고 느꼈다. 로즈가 사람들을 좋아할 수 있다면 나아질 것이다.

며칠 후 로즈는 다음과 같이 자신을 표현했다.

계속해서 이런 생각이 들어요. 나는 경계선을 넘고 있어요. 내 진짜 자기는 밑으로 떨어졌어요. 그 자기는 내 목에 있었지만 이제 훨씬 밑으로 내려갔습니다. 나는 나를 잃고 있었어요. 점점 더 깊어지고 있어요. 선생님께 말하고 싶은 것이 있지만 무서워요. 내 머릿속은 수많은 생각과 두려움, 미움과 질투로 가득 찼어요. 내 머리는 그것들을 파악할 수 없어요. 나는 그것들을 계속 유지할 수 없어요. 나는 내 콧마루 뒤에 있어요. 그러니까 내 의식이 거기에 있어요. 그것들이 내 머리를 쪼개서 열고 있어요. 오, 그건 조현병이지? 안 그래요? 나에게 이런 생각들이 있는지 없는지 난 모르겠어요. 지난번에는 내가 치료를 받으려고 그런 생각들을 꾸며낸 것 같아요. 내가 이렇게 미워하는 대신 다시 좋아하고 사랑할 수만 있다면 나는 사람들을 좋아하고 싶어질 거예요. 하지만 난 사람들을 미워하고 싶고, 나 자신도 죽이고 싶어요.

이후 몇 주 동안 로즈는 계속 이런 식으로 말했다. 스스로 자신을 죽이고 있다는 로즈의 생각은 자신이 이미 '자신'을 **죽였다**는 확신으로 바뀌었다. 로즈는 거의 끊임없이 자신이 실제로 자신을 죽였다거나 때때로 자신을 잃어버렸다고 주장했다. 완전히 자신을 '잃었거나' '죽었다고' 느끼지 못하는 경우에는, 자신에 대해 '낯설다고' 느꼈다. 로즈도, 다른 것들도 더는 그들에 대해 똑같은 현실감을 느끼지 않았다. 로즈는 자신이 현실적 방법으로 사물을 경험할 능력과 실제적인 것을 생각할 능력을 상실했음을 고통스럽게 인식했다. 또한 똑같은 강도로 다른 사람에게는 이런 역량이 있음을 알았다.

로즈는 자신이 '현실을 되찾기 위해' 의도적으로 또는 무심코 실행한 다양한 기법들을 설명했다. 예를 들어 누군가가 로즈에게 그녀가 '실제적'인 것으로 분류한 것을 말하면 로즈는 "나는 그렇게 생각할 거야"라고 말할 것이다. 그리고 그 표현의 현실성의 일부가 자신에게 영향을 미치리라는 희망으로, 계속해서 그 단어나 구절을 혼잣말로 반복하고 또 반복해서 말할 것이다.

로즈는 의사들이 실제라고 느꼈기에 항상 한 의사의 이름을 마음에 간직하려고 했다. 로즈는 다른 사람들에게 영향을 미치기 위해 애썼다. 예를 들어 자신이 바라는 것을 말하면 다른 사람들이 당황하는 것이다. 로즈는 이 일이 매우 쉽다는 것을 알았다. 다른 사람들이 무엇을 느끼든지 자신은 완전히 초연하다고 느꼈기 때문이다. 다른 사람을 보다가 당황하는 기색을 발견하면, 자신은 틀림없이 실제라고 자신에게 말했다. 실제 타인에게 실제 효과를 일으킬 수 있었기 때문이다. 누군가가 '그녀의 마음 안에 들어오면' 그녀는 자신이 그 사람이라고 말할 것이다.

이제 로즈는 자신이 한 사람을 좋아할 수 있는 한 그만큼 자신이 그 사람과 같을 것이라고 느낀다. 로즈는 사람들을 따라다녔고, 사람들의 걸음걸이를 모방했고, 사람들이 한 말을 따라 했으며, 사람들의 몸짓을 흉내 냈다. 자주 다른 사람을 격노케 하는 방식으로, 로즈는 자기가 들은 모든 말에 절대적으로 동의했다. 하지만 지금껏 내내, 로즈는 줄곧 자신이 자신의 진정한 자기에게서 점점 멀어지고 있다고 말했다. 로즈는 자신이 다른 사람에게 '다가가고', 다른 사람들도 자신에게 다가오게 하길 원했지만 이것은 점점 더 불가능해졌다.

더 절망을 느끼면서, 로즈는 공포를 덜 느끼게 되었지만, 그럼에도 지속적 두려움에 사로잡힌 상태에 머물렀다. 로즈는 그 두려움이 무엇에 대한 것인지 알 수 없게 되었다. 로즈는 사람들이 일하는 것을 보았지만 "그 사람들을 인식할 수 없었어요. 그것은 텅 빈 느낌이에요"라고 말했다. 로즈는 모든 사람이 다 자기보다는 똑똑하다고 확신했다. 사람들은 모두 재치 있는 일을 했지만 로즈는 그 사람들이 하는 가장 단순한 행동도 무엇을 성취하기 위한 것인지 이해할 수 없었다. 로즈에게는 미래가 없었다. 시간은 멈췄다. 로즈는 앞을 내다볼 수 없었다. 그녀의 모든 기억은 촘촘하고 끊어진 데가 없었고, 그 기억들이 그녀의 머릿속에서 밀치락달치락했다.

민코프스키가 말한 의미에서 보면 로즈는 과거, 현재 또는 미래라는 시간 안에서 일어난 사건들을 분별하는 감각, '체험된 시간 lived time'에 대한 감각을 잃어가고 있음이 분명했다.

로즈가 자신이 다른 사람들에게 다가갈 수 없고, 다른 사람들은 그녀에게 다가올 수 없다고 느낄수록, 그리고 자신이 '사람들은 들어올 수 없고 나는 나갈 수 없는' 자신만의 세계에 있다고 느낄수록, 그녀의 이 은밀하고 폐쇄된 세계가 외부의 정신증적 위험에 의해 더 많이 침략당한다는 것은 가장 중요한 사실이었다. 즉 그녀의 은밀한 세계는 어떤 의미에서 더 '알려졌다.' 로즈는 다른 사람들을 더 의심하게 되었고, 자신의 사물함에 물건들을 감추기 시작했다. 로즈는 자신의 물건을 다른 사람이 훔친다고 생각하는 경향이 있다. 로즈는 핸드백과 개인 소지품을 자주 확인했다. 자신이 아무것도 도둑맞지 않았음을 확인하기 위해서였다.

더 물러날수록 동시에 더 취약해진다는 이러한 모순은 두 가지 경우 가장 명확하게 드러났다. 한편으로는 로즈가 스스로 자신을 죽이고 있다고 말한 것이고, 또 한편으로는 로즈가 '자신의 자기를 잃어버리거나 도둑맞을까 봐' 두려워한 것이다. 로즈는 다른 사람들의 생각만 품었고, 다른 사람들이 말한 것만 생각했다.

이제 로즈는 둘이 되는 것에 대해 말했다.

"두 명의 내가 있어요."

"그녀가 나고, 나는 항상 그녀예요."

로즈는 어머니를 죽이라고 말하는 목소리를 들었고, 이 목소리가 '나의 나들mes 가운데 하나'에 속한다는 것을 알았다.

"여기 위에서부터(그녀의 관자놀이를 가리키면서) 가공하지 않은 솜이에요. 내게는 나만의 생각이 없어요. 나는 매우 혼란스러워요. 나, 나, 나, 항상 나와 나, 나와 나 자신, 내가 나 자신에게 말할 때, 나는 뭔가 잘못되었음을 알아요. 무슨 일이 내게 일어나고 있는데, 나는 그게 무엇인지 몰라요."

따라서 자기를 잃어버릴까 봐 두려워했음에도 로즈는 '현실을 되찾으려고' 노력하면서 그녀 자신이 되지 않으려 했다. 또한 자신의 자기에게서 벗어나려는 시도나 자기를 죽이려는 시도를 기본 방어들로 사용했다. 사실, 이 방어들은 강화되었다.

조현병 환자가 '자살하게' 되는 것은 불안으로 인한 압박뿐만 아니라, 죄책감 때문이기도 하다. 이 죄책감은 그런 사람들에게서 나타나는 특히 급진적이고 압도적 죄책감이다. 개인은 조정할 여지가 없이 그 주제를 방치하는 것 같다.

우리는 이미 피터가 어떻게 그런 죄책감의 압박 아래서 아무것도 아닌 것이 되고, 아무도 아닌 사람이 되는지를 보았다. 비슷한 경로를 뒤쫓는 한 환자의 또 다른 사례도 있다. 다행히도 이 환자의 병은 확실히 억제됐다. 더 정확하게 말하자면, 이 여환자는 다시 회복되는 것이 어려웠을 정신증적 상태에 빠지기 전에 그 병의 진행을 억제했다.

스무 살 마리Marie는 1년 동안 대학에 다녔지만 어떤 시험도 통과하지 못했다. 마리는 시험을 치르기 위해 며칠을 너무 빨리 도착하거나 너무 늦게 도착했다. 그녀가 제시간이나 아직 시험이 진행 중일 때 도착했다면 다소 우연에 의한 것으로 보였다. 마리는 시험문제에 답하는 것조차 귀찮아했다. 2학년 때, 마리는 수업에 전혀 참석하지 않았고, 전혀 아무 일도 하지 않는 것처럼 보였다.

이 여학생의 삶에서 구체적 사실을 알아내기는 몹시 어려웠다. 마리는 다른 사람의 제안으로 내게 왔다. 나는 그녀가 일주일에 두 번 내게 진료를 받도록 정기적 시간을 정했다. 마리가 언제 도착할지는 결코 예측할 수 없었다. 마리가 시간을 지키지 않았다고 말한다면 매우 절제된 표현일 것이다. 명확한 상담 시간은 막연하게나마 그녀가 방향을 잡도록 돕는 시점이었다. 마리는 목요일 오전에 상담을 예약하고도 토요일 아침에야 나타났다. 아니면 오후 5시에 전화를 걸어 조금 전 잠에서 깨서 4시에는 상담을 받을 수 없지만, 한 시간 안에 오는 것은 적당할 것 같다고 말하기도 했다.

마리는 예고도 없이 다섯 번의 상담 회기를 놓쳤다. 그런 다음, 아무 언급도 없이 여섯 번째 회기에는 정확한 시간에 도착했고, 상담이 단절되기 전 회기에서 그만둔 부분의 이야기를 이어갔다.

마리는 흐트러진 생머리를 한 창백하고, 마르고, 병약한 사람으로 옷차림이 애매모호하고 이상했다. 마리는 특별히 자신에 대해 잘 표현하지도, 터놓지도 않았다. 내가 아는 한, 마리가 잠깐 동안 접촉한 많은 사람 중 단 한 명도 마리가 어떻게 살았는지 알지 못했다. 마리의 집은 런던 외곽에 있었지만, 대학에 다녔기 때문에 마을에서 하숙을 했고, 자주 하숙집을 옮겼다. 마리의 부모는 딸이 어디에 사는지 몰랐다. 이따금 마리는 부모 집을 방문했고, 가족과 조금 아는 사람처럼 하루를 보냈다. 사실 마리는 외동이었다. 마리는 거의 발끝으로 빠르고 조용하게 걸었다. 말은 부드럽고 명료했지만 무기력했고, 목소리가 희미했으며, 아무 활기도 없이 조용하고 부자연스러웠다. 또 자신에 대해 말하는 것을 좋아하지 않고, 정치나 경제 같은 주제에 대해 말하는 것을 좋아했다.

마리는 나를 특별히 무관심하게 대했다. 그녀는 자신이 대개 나를 그냥 알고 지내는 지인 중 한 사람, 우연히 만나 잡담을 나누는 사람으로만 생각함을 내게 분명히 말했다. 하지만 언젠가 나에게 매혹적인 사람이지만 본성이 사악하고 더럽다고 말하기도 했다. 마리는 나에게서 무엇인가를 얻고자 하는 어떤 욕망이나 기대도 저버리지 않았다. 하지만 그녀가 스스로 내게서 끌어냈다고 느끼는 것이 무엇인지는 결코 완전히 분명하지 않았다. 자신이 내게 그렇게 무관심하다고 느꼈을 때, 마리는 왜 자신이 나를 만나려고 상당히 먼 거리를 이동하는지 이해할 수 없었다.

사람들은 이 여성의 사례에서 전망이 매우 절망적이라고 생각할 것이다. 그녀가 조발성 치매dementia praecox나 단순형 조현병schizophrenia simplex의 임상 정신의학적 양상을 명확하게 보였기 때문이다.

그런데 어느 날 마리는 정시에 도착했고, 놀라울 정도로 변해 있었다. 그녀에 대한 나의 경험으론 마리가 적어도 평범하게 신경 써서 옷을 입고 있었던 게 처음이었다. 이런 유형의 사람들의 특징이지만 정의하기가 매우 어려운 모습, 즉 불안할 정도로 이상한 옷차림이나 스타일이 아니었다. 그녀의 몸가짐과 표정이 틀림없이 그 안에 **살아** 있었다.

마리는 진료 회기를 시작하면서 자신이 다른 사람들과의 모든 진정한 관계에서 자신을 차단하고 있음을 깨달았다고 말했다. 또한 자신이 살아온 방식을 두려워했지만 그 문제와는 별개로, 이것이 올바른 삶의 방식이 아님을 알게 되었다. 분명히 매우 결정적인 일이 일어났던 것이다.

마리의 말에 따르면 그 일은 영화를 보러 갔을 때 일어났다. 이것은 의심할 이유가 없다. 마리는 일주일 동안 매일 〈라 스트라다 La Strada〉[3]라는 영화를 보러 극장에 갔다. 이 영화는 한 남자와 한 여자에 대한 이탈리아 영화다. 주인공 남자는 이 마을에서 저 마을로 여행하면서 연기하는 떠돌이 차력사다. 그 연기란 가슴을 팽창시켜 자기 몸을 동여맨 쇠사슬을 끊는 것이었다. 차력사는 자기 조수로 연기할 소녀를 그녀의 부모에게서 산다. 남자는 강하고, 잔인하며, 더럽고, 사악하다. 남자는 소녀를 배설물처럼 대한다. 그 소녀를 선택하자마자 강간하고, 때리고, 버린다. 남자는 양심도, 가책도 없는 것처럼 보인다. 남자는 소녀를 사람으로 인정하지 않고, 소녀가 그를 기쁘게 하려 하거나 그에게 충실할 때에도 전혀 감사를 하지도 않는다. 남자는 소녀가 그를 위해 다른 사람보다 더 잘할 수 있는 게 아무것도 없음을 소녀에게 분명히 말했다.

소녀는 자신의 삶이 무슨 소용이 있는지 알 수 없었다. 이 남자에게

---

3 우리말 제목은 〈길〉. — 옮긴이

삶을 맡겼기 때문이다. 남자에게 소녀는 가치 없고 쓸모없는 사람이었다. 슬픔과 황폐함 속에 지속적인 괴로움은 없었지만, 소녀는 자신이 중요하지 않다는 사실로 인해 절망에 빠졌다.

소녀는 서커스에서 줄타기를 하는 사람과 친구가 됐다. 소녀는 남자에게 자신이 무의미하다고 탄식한다. 하지만 줄타기 곡예사가 자신과 함께 떠나자고 요청했을 때 소녀는 거절했다. 그러면서 자신이 그렇게 떠나면 이 남자를 받아줄 사람이 아무도 없을 거라고 말한다. 줄타기 곡예사는 조약돌 하나를 집어 들고, 소녀가 **전혀** 쓸모없다는 것을 믿을 수 없다고 말한다. 적어도 이 조약돌만큼은 가치가 있어야 하기 때문이다. 적어도 조약돌은 존재하고 있었다. 게다가 줄타기 곡예사는 소녀가 그 사실을 모르더라도, 소녀에겐 약간의 쓸모가 있어야만 한다는 것도 지적했다. 소녀는 자신이, 이 남자가 자기한테서 쫓아버리지 않은 유일한 사람이란 사실을 알았기 때문이다.

영화의 진짜 매력은 이 소녀에게서 나온다. 소녀에게는 속임수나 기만이 전혀 없다. 그녀는 행동으로 감정의 모든 그늘을 완전히, 즉각 나타낸다. 차력사가 소녀의 눈앞에서 줄타기 곡예사를 죽이고 자신의 범죄를 자백하기보다 정의를 회피하자, 소녀는 침묵하면서 "바보는 아프다, 바보는 아프다" 하며 흐느끼고 푸념한다. 소녀는 아무것도 하지 않고, 아무것도 먹지 않는다. 소녀가 전혀 나아질 기미가 보이지 않자, 차력사는 추운 겨울 길가에서 잠자는 소녀를 버린다. 소녀의 운에 맡긴 것이다.

환자는 영화에 나오는 소녀와 자신을 동일시했다. 동시에 자신과 소녀가 대조된다고 보았다. 차력사는 자신의 사악함과 무관심, 잔인함으로 아버지에 대한 이 환자의 환상을 구현했고, 이 환자가 가진 나에 대한 환상도 어느 정도 구현했다. 하지만 이 환자가 가장 강렬한 인상을 받은 것은, 비록 이 소녀가 절망하고 불행해했지만, 그 삶이 아무리 끔찍하더라도 자신을 삶에서 고립시키지 않았다는 점이다. 소녀는 결코 자신을 파괴하지 않았다. 또한 그녀는 자신의 단순함을 왜곡하려고 하지 않았다. 소녀는 특별히 종교적인 사람이 아니었다. 소녀는 자신이 하나님이라고 부를 수 있는 존재에 대한 신앙을 마리보다 더 많이 가졌던 것처럼 보이지는 않았다. 하지만 비록 소녀의 신앙이 익명이었다고 해도 어쨌든 그 삶의 방식은 삶을 부정하는 것이 아니라 삶을 긍정하는 것이었다.

마리는 이 모든 것이 자신의 삶의 방식과 끔찍할 정도로 대조된다고 보았다. 마리는 자신이 창조의 신선함과 너그러움에 접근할 수 없다고 느꼈기 때문이다. 영화에 나오는 소녀조차 서커스 광대를 보면서 웃을 수 있었고, 줄타기를 하는 사람에게 가슴 설렜고, 노래에서 위안을 찾고, 조약돌 못지않게 가치가 있을 수 있었다.

'객관적' 임상 정신의학적 관점에서 보면, 유기체적 기초에 근거한 진행성 조현병적 정신 황폐의 과정에 제동장치가 있었다고 말할 수 있다. 실존적 관점에서 보면, 마리는 자신을 죽이려는 시도를 중단했다고 말할 수 있다. 마리는 자신의 삶이 자신의 정체성을 파괴하고 아무도 되지 않으려는 체계적 시도가 되었음을 알게 되었다. 마리는 자신을 다른 사람들과 함께 특정한 업무에 종사하는 실제적 사람이라고 구

244

체적으로 정의할 근거가 되는 것이라면 무엇이든지 다 피했다. 마리는 자신의 행동이 어떤 실제적 결과도 낳지 않을 방식으로 행동하려고 노력했다. 그런 이유로 마리의 행동은 전혀 실제 행동이 될 수 없었다.

우리가 보통 실제적 목적을 달성하기 위해서 하고, 그 행동 안에서, 또 그 행동을 통해, 점점 구체적 사람들로 정의되도록 행동을 이용하는 대신, 마리는 어떤 구체적 일도 하지 않고, 특정 시점에 특정 장소에 특정한 사람과 함께 있으면서 특정한 일을 하는 것을 결코 보이지 않음으로써, 자신을 소멸점에 이르게 하려고 시도했다.

우리 모두가 그렇듯이 마리는 항상 특정 시간에 특정 장소에 있었지만 항상 분리됨으로써, '말하자면 어딘가 다른 곳'에 있음으로써 이 사실의 함의를 피하려고 애썼다. 마리는 자신의 행동 '속에 들어가지' 않는 것이 가능한 것처럼 행동했다. 마리가 한 모든 일, 마리가 하는 것처럼 보이는 일, 마리가 맺는 것처럼 보이는 우정, 그리고 마리의 모든 몸짓과 표정까지도 모두 마리가 자신의 행동에서 자신을 분리하려는 노력의 일환이었다.

이런 방법으로 마리는 아무도 되지 않으려고 시도했다. 그러므로 마리의 입장은 피터의 입장과 매우 비슷했다. 두 환자는 모두 자신이 어떤 사람인 것은 단지 흉내 내기며, 자신이 취할 수 있는 유일하게 정직한 길은 아무도 되지 않는 것이라고 점점 더 확신하게 되었다. 아무도 되지 않는 것이야말로 자신이 '실제로' 존재한다고 느낄 수 있는 모든 것이었다. 이 자기 소멸 과정을 관찰한 임상의가 발견한 것은 다름 아닌 단순 조현병의 고된 과정이었다.

피터나 마리와 마찬가지로, 지금 묘사하는 조현병의 단계에 있는 환자들은 자신들이 고려하거나 고려하지 않은, 또는 저지르거나 저지르지 않은 특정한 생각이나 행동에 그다지 많은 죄책감을 느끼지 않는다. 피터와 마리가 이런 점에 죄책감을 느꼈다면 자신이 나쁘거나 가치 없다는 훨씬 포괄적인 의식으로 대체된다.

이런 의식은 어떤 점에서든지 두 사람의 **존재**할 권리를 공격한다. 조현병 환자는 감히 존재한다는 것에 죄책감을 느끼고, 존재하지 않는 것, 존재하기를 지나치게 두려워하는 것, 생물학적으로는 아니더라도 실존적으로 자살을 시도하는 것에 두 배로 죄책감을 느낀다. 조현병 환자의 죄책감은 삶에 능동적으로 참여하는 것을 막고, '자기'를 고립된 상태로 유지하며, '자기'를 더 많이 물러남의 상태에 빠지게 하는 데 긴급한 요소가 된다. 그러므로 죄책감은 바로 이 책략에 덧붙여진다. 이 책략은 본래 죄책감에 의해 촉발된 것이다.

예를 들어 제임스는 다음과 같은 꿈을 꾸었다.

"두 개의 원자가 같은 방향으로 이동하고 있었어요. 그러다가 그 원자들은 거의 근접해서 쉬기 위해 뒤쪽으로 방향을 바꾸었어요."

제임스는 손으로 그 원자들의 경로를 가리켰다. 제임스는 놀랐고, 끔찍한 예감과 함께 갑자기 이 꿈에서 깨어났다.

제임스는 이 꿈을 해석하면서 두 원자가 자신이라고 했다. 그 원자들은 자신의 '정상적 경로'로 계속 가는 대신, '자신들 안으로만 몰입했다.' 그렇게 함으로써 '그 원자들은 사물에 대한 자연의 질서를 위배한다.' 이 꿈에 대한 더 많은 연상은 제임스가 자신에 대해서 '뒤쪽으로

돌아선' 관계에 깊이 죄책감을 느꼈음을 보여주었다. 왜냐하면 그것은,

1. 일종의 자위행위Onanism, 즉 자신의 창조력과 생산력을 낭비하는 것이기 때문이다.
2. 실제 이성애 관계에서 물러나는 것이며, 자신의 존재의 두 부분 사이에 관계를 형성하는 것이다. 그 한 부분은 남성이고, 다른 한 부분은 여성이다.
3. 다른 남자들과의 관계에서 물러나기, 그리고 자신 안에 자신과의 배타적 동성애 관계를 설정하는 것이다.

이는 더 어려운 문제를 분명히 밝혀준다. 그 문제는 이런 상황에서 자기가 그 자신과 맺는 관계는 죄책감을 느끼는 관계라는 것이다. 앞서 지적했듯이 그 관계는 '만물의 자연 질서 속에서' 두 사람 사이에서만 존재할 수 있고, 실제로 자기가 독단적으로 실행할 수 없는 관계의 방식을 자기 안으로 모으거나 추구하기 때문이다.

자기의 분열(로즈의 '두 나들mes', 제임스의 두 원자들로 대표되는 상태)은 한 가지 유형의 환각을 일으키는 기초다. 자기의 조각들 중 하나는 일반적으로 '나'라는 의식을 유지하는 것처럼 보인다. 다른 '자기'는 '그녀'라고 부를 수 있다. 하지만 이 '그녀'는 여전히 '나'다. 로즈는 "항상 **그녀**가 나고, 나는 **그녀**예요"라고 말한다. 한 조현병 환자는 내게 말했다. "**그녀**는 **나**를 찾는 하나의 **나**예요."(만성 조현병 상태의 자기는 여러 개의 초점으로 분열한다. 각각의 초점은 분명한 나-의식I-sense을 지니고 있고,

각각 다른 조각을 부분적으로 내가 아닌 것not-me이라고 느낀다.) '다른' 자기에 속하는 '생각'은 지각의 특성을 일부 지닌다. 경험하는 자기가 그 '생각'을 상상력의 산물이나 그것에 속하는 것으로 받아들이지 않기 때문이다. 즉 다른 **자기**는 환각의 기초가 된다. 환각은 잔류된 나-의 식을 유지하는 파편(자기 초점)의 분해된 '다른' 자기의 조각에 대해 갖는 '마치 ~인 것처럼'이라는 인식이다.

명백한 정신증 환자들의 경우 이 환각은 더 분명해진다. 더욱이 자기-자기 관계는 내면에서 싸우는 환영들이 서로 난폭하게 공격할 내적 환경을 제공한다. 환자는 환영들이 구체적이라고 느낀다(이에 관해서는 다음 장을 보라). 사실 그런 내적 환영들에게 그러한 공격을 받기 때문에 조현병 환자는 자신이 살해당했다고 말하거나 '자신이' 자신의 '자기'를 살해했다고 말할 수밖에 없다.

하지만 결국에는 '조현병 환자의 언어'로 말할 때조차 자살을 한다고 해도 내적 환영 '자기'를 살해하는 것은 실제로 불가능하다. 유령을 죽일 수는 없다. 원형적 기관들은 조현병 환자의 존재의 모든 측면을 완벽하게 통제하는 것으로 보이는데, 이 원형적 기관들이 내적 환영 '자기'의 역할과 기능을 거의 완벽하게 '넘겨받는' 일이 일어날 수 있다. 그러므로 치료의 과제는 개인의 본래 '자기'와 접촉하는 것이다. 우리가 믿어야 할 개인은 현실은 아니더라도 여전히 **잠재성**이며, 치료해서 적합한 삶으로 돌아갈 수 있다. 하지만 이는 우리가 정신증의 과정과 현상을 더 오래 연구한 후에 받아들이고 설명할 수 있는 이야기다. 우리는 이제 이 일에 착수할 것이다.

10장

조현병 환자의 자기와 거짓-자기

이제 우리는 회복 단계에 있는 한 미국인 환자가 제공한 조현병적 질환에 대한 정선된 서술로 우리의 설명을 공고하게 할 것이다. 이 환자는 두 미국인 저자 해이워드Hayward와 테일러Tayor(1956)가 보고한 환자로 두 저자 중 한 사람에게 심리 치료를 받았다. 그들은 다음과 같이 말한다.

조앤은 스물여섯 살 된 백인 여성이다. 그녀의 병이 처음 나타난 것은 1947년 초였고, 그때 환자는 열일곱 살이었다. 그다음 2년 동안, 조앤은 네 군데 사립병원에서 전기 충격 34회와 인슐린 치료 60회를 동반한 심리 치료 교육으로 치료를 받았다. 혼수상태에 빠지는 일이 50회나 발생했으나 조앤은 '거의 나아지지 않았고', 결국 저자 중 한 사람(M. L. H)에게 의뢰되었다. 절망적으로 아파 보였기 때문이다.

저자가 치료를 시작할 때 조앤은 냉정했고, 위축되었으며, 나서기를 꺼렸고, 의심이 많았다. 환시와 환청 증상이 진행 중이었다. 조앤은 어떤 병원 활동에도 참여하지 않았고, 매우 자주 혼미한 상태가 되는 바람에 어떤 반응도 이끌어내기가 어려웠다. 치료가 필요하다는 압박을 받으면 조앤은 무뚝뚝하게 저항하거나 화를 내며 혼자 있고 싶다고 주장했다. 자살 시도가 세 번 있었는데 깨어진 유리 조각으로 자신의 몸을 베고, 진정제를 과다 복용하기도 했다. 때때로 조앤은 너무 난폭하게 호전적으로 변해서 동요된 환자들을 모아두는 병동에 있어야 했다.

나는 여러 가지 이유에서 이 자료를 이용하기로 결정했다. 자신의 정신증에 대한 이 여성의 설명은 책에서 제시된 관점을 놀랄 만하게 확증할 수 있다. 내가 그 미국 책이 출판되기 전에 이 책을 썼다는 사실은 그러한 확증을 강화한다. 그 미국 작가들은 자아ego, 초자아superego, 원초아id라는 고전적 정신분석 용어로 글을 썼다. 나는 이러한 사실이 이 책을 이해하는 데 다음과 같이 불필요한 제한을 두었다고 느낀다. 환자의 설명은 바로 환자가 그녀 자신을 보는 방식이었고, 작가들이 그녀에게 부과하거나 제안한 것은 아니었다. 따라서 이 경우, 내 환자들 중 하나의 자료를 제시하면서 그 환자가 자신에 대한 내 이론을 앵무새처럼 반복하고 있다고 말하는 오류의 가능성을 피할 수 있다.

마지막으로, 이 환자는 내가 아는 '평범한' 말로 명확하고 통찰력 있게 자신에 대해 설명했다. 나는 환자의 설명이 우리가 정신증 환자의 이상한 행동을 그 환자의 관점에서 본다면, 그 행동 중 많은 부분을 이해할 수 있으리라는 걸 보여주기 바란다.

먼저 나는 지금까지 제시한 견해들을 간단히 요약하고자 한다.

몸에서 자기가 분리되는 것은 부담하기가 고통스러운 일이다. 고통받는 사람은 이 분리를 치유하도록 도울 누군가를 갈망하기도 하지만 이 분리는 기본적 방어 수단으로 활용되기도 한다. 사실 이것은 본질적 난제를 정의한다. 자기는 몸과 결합하고 몸 안에 뿌리박길 원하지만 몸 안에 머무는 것을 계속해서 두려워한다. 그곳에서 피할 수 없는 공격과 위협을 받는 것을 두려워하기 때문이다. 거기에 더해 자기는 몸 밖에 있지만, 이 위치에서 기대할 수 있는 이점을 유지할 수 없음을 깨닫는다. 어떤 일이 일어나는지에 관해서는 이미 언급한 바 있다.

1. 자기가 지향하는 것은 원초적인 구강이 지향하는 것이다. 자기는 생명 유지라는 난제에 관심을 두면서도 무엇이든 '받아들이는 것'을 두려워한다. 자기는 갈증으로 바싹 마르고, 황폐해진다.
2. 자기는 몸 **안에** 있는 모든 것에 대한 혐오로 가득 차 있다. 몸 안에 있는 것을 파괴하거나 파괴하지 않을 유일한 방법은 자신을 파괴하는 것이라고 느낄 수 있다.
3. 자기를 죽이려는 시도는 의도적으로 이루어질 수 있다. 그것은 부분적으로 방어적이다('내가 죽는다면 나는 살해될 수 없다'). 또한

부분적으로 그 개인을 억압하는 통렬한 죄책감을 지지하려는 시
도다(살아 있을 권리에 대한 감각이 없음).

4. '내적' 자기는 스스로 분열되어 자신의 정체성과 통전성을 상실
한다.

5. 자기는 자신의 실제성을 상실하고, 자기 밖의 실제성에 직접 접근
한다.

6. (a) 자기에게 안전한 곳은 감옥이 된다. 자칭 안식처는 지옥이 된다.
(b) 독방에서 누리는 안전조차 사라진다. 자기의 고립된 영역은
고문실이 된다. 내적 자기는 자신의 분열되고 구체화된 부분들
이나 통제할 수 없게 된 자신의 환영들에 의해 이 방 안에서 박
해받는다.

조현병 환자의 존재에는 근본적 분열이 있다. 이 분열이 조현성 상
태에서 이어진 것임을 기억한다면 조현병 환자의 말과 행동 중에서
이해할 수 없는 것도 일정 정도는 이해할 수 있게 된다. 조현병 환자의
존재는 두 개로 분열된다. 탈신체화된 자기와 그 자기가 바라보는 사
물인 몸인데 때때로 이 몸을 세상에 있는 그저 또 다른 사물처럼 여긴
다. 몸 전체와 많은 '정신적' 과정도 자기에게서 분리된다. 자기는 매
우 제한된 영역(상상과 관찰)에서 계속 작동하거나, 완전히 기능이 멈
춘 것처럼(즉 죽고, 살해당하며, 도둑맞은 것처럼) 보일 수 있다. 물론 이러
한 설명은 매우 도식적이고, 예비적인 지나친 단순화로 인한 결점이
있다.

이 분열이 온전한 정신의 경험을 지지하는 데 실패하고, 정신증의 핵심이 되게 하는 몇 가지 방법에 대해서는 이미 간략하게 설명한 바 있다.

많은 조현병 환자의 경우, 자기-몸의 분열은 여전히 근본적 분열이다. 그런데 '중심'을 유지하지 못하면 자기-경험이나 신체-경험도 정체성, 통전성, 응집성, 활기를 유지할 수 없다. 조현병 환자는 갑작스레 우리가 제안한, '무질서한 비실재'[4]라는 상태로 최종 결과가 가장 잘 묘사될 수 있는 상태에 곤두박질치게 된다. 그런 완전한 분열의 최종 상태는 말로 표현할 수 없는 가상의 상태다. 하지만 우리는 그런 가상적 상황을 정당하다고 느낀다.

가장 극단적 형태의 분열은 삶과 양립할 수 없다. 철저하게 황폐화된 만성 긴장성 파과형 조현병 환자는 이 과정이 그 내면에서, 생물학적으로 생존 가능한 사람에게서 가능한 가장 극단적 정도까지 계속 진행된 사람일 것이다.

조현병 환자를 이해하는 데 가장 큰 장애물 중 하나는 다음과 같은

4　그와 같은 조건에 대해 내가 문학에서 찾아낸 최상의 표현은 윌리엄 블레이크의《예언서들Prophetic Books》(《대륙의 예언들The Continental Prophecies》3권과《프랑스 혁명The French Revolution》을 포함한 11권의 기타 예언서들로 이루어져 있는 연작 —옮긴이)에서였다. 지옥에 대한 그리스신화의 묘사에서, 단테에서, 망령들이나 유령들은 삶에서 멀어졌지만 여전히 자신들의 내적 응집력을 유지한다. 블레이크의 작품에서는 그렇지 않다. 블레이크 책에 나오는 인물들은 내면에서 분열을 겪는다. 이 책들은 오랫동안 연구할 필요가 있다. 블레이크의 정신병리를 이해하기 위해서가 아니라, 블레이크가 제정신을 유지했을 동안 가장 친밀한 방식으로 무엇을 어느 정도 알고 있었는지 블레이크 자신에게서 직접 듣기 위해서다.

조현병 환자의 완전한 불가해성이다. 그 사람이 조현병 환자임을 알게 하는 기이함, 기괴함, 모호함이다. 이것이 왜 장애물이 될까? 이유는 많다. 환자는 자신의 불안과 경험의 본질이 어떻게 우리와는 철저히 다른 방식으로 구성되어 있는지, 자신이 아는 한 분명하고 직접적 방식으로 우리에게 말하려고 애쓴다. 그럴 때조차도 그 말하는 내용을 이해하기는 필연적으로 힘들다. 게다가, 환자가 하는 말의 형식적 요소는 특이한 방식으로 열거된다. 이러한 형식적 특성은 적어도 어느 정도까지는 환자의 경험에 대해 선택 가능한 순서를 언어에 반영한 것으로 보인다. 환자의 언어는 일관성이 당연한 부분에서 분열되어 있고, 흔히 우리가 분리하는 요소들은 섞여 있다(혼돈).

하지만 이 피할 수 없는 곤경은 적어도 어떤 사람이 조현병 환자와 처음 만날 때 사실상 훨씬 증가할 것이 확실하다. 조현병 환자는 자신이 숨을 연막으로 이용하려고 고의적으로 모호한 말과 복잡한 말을 사용하기 때문이다. 이러한 환자의 특성이 조현병 환자가 정신증 환자 놀이를 하거나 그런 척하는 모순적 상황을 만든다.

사실, 앞서 말했듯이, 조현병 환자들은 흉내 내기를 많이 하고 모호한 말을 많이 사용한다. 어떤 경우든 조현병 환자들이 이렇게 하는 이유는 한 번에 한 가지 이상의 목적에 도움이 될 가능성이 있기 때문이다. 가장 분명한 목적은 침입(삼켜짐, 내파)으로부터 자기의 비밀과 개인적 삶을 보존하는 것이다. 한 환자가 말했듯이, 자기는 일상 대화에서 말을 주고받는 것에 대해서도 자신이 부서지고 짓이겨졌다고 느낀다.

조현병 환자는 자신의 '참-자기' 때문에 사랑받기를 원하면서도,

사랑을 두려워한다. 어떤 형태의 이해도 조현병 환자의 전체 방어 체계를 **위협한다**. 조현병 환자의 외향적 행동은 지하 통로에 뚫린 수많은 통로와 유사한 방어 체계다. 사람은 그 통로를 통해 지하 성채에 이를 것이라고 상상하지만 그 통로는 아무 곳에도 이르지 않게 하든지, 아니면 다른 곳에 이르게 한다. 조현병 환자는 장난삼아 건드리는 행인에게 일상적 검사와 진찰을 받느라 자신을 드러내진 않을 것이다. 알려지지 않는 한 자기는 안전하다. 날카로운 평가에서도 안전하다. 증오로 인한 파괴에서도 안전하지만 사랑에 질식되거나 삼켜지는 것에서도 안전하다. 조현병 환자가 신분을 감춘다면 사람들은 그의 몸을 다루고, 조작하고, 쓰다듬고, 때리며, 주사를 놓는 등등의 일을 할 수 있다. 하지만 구경꾼인 '그'는 침범을 할 수가 없다.

동시에 자기는 이해받기를 간절히 바란다. 사실, 자신의 전 존재를 받아들여주고, 그렇게 해서 '자신을 그냥 내버려둘' 한 명의 온전한 사람을 갈망하는 것이다. 하지만 이 일은 대단히 신중하고 주의 깊게 진행해야만 한다. 빈스방거가 말했듯이 "너무 빨리, 너무 가까이 다가가려 하지 마라."

조앤은 말한다.

"우리 조현병 환자들은 많은 것을 말하고, 많은 일을 해요. 다 중요하지 않은 일이죠. 그런 다음 우리는 중요한 것들을 이 모든 것과 함께 섞어요. 의사가 그것들을 보고 느낄 만큼 충분히 신경을 쓰는지 알기 위해서죠."

한 조현병 환자는 중요한 것들을 '중요하지 않은 많은 것들'과 섞는 이 기법의 한 가지 변형이 무엇인지 내게 알려주었다. 환자는 실제적 예를 들었다. 정신과 의사와의 첫 만남에서 환자는 의사에게 강렬한 경멸을 느꼈다. 환자는 전두엽절제술leucotomy을 받으라는 처방을 받을까 봐 이 경멸감을 드러내기가 두려웠다. 하지만 절실하게 경멸감을 표현하기 원했다. 면접이 진행되는 동안 환자는 점점 더 그것이 가식이고 쓸데없는 짓이라고 느꼈다. 자신은 단지 거짓된 모습을 가장하고 있었고, 정신과 의사는 이 거짓된 표현을 완전히 심각하게 받아들이는 것 같았기 때문이다.

정신과 의사는 환자에게 혹시 어떤 목소리가 들리는지 물었다. 환자는 매우 어리석은 질문이라고 생각했다. 자신은 정신과 의사의 목소리를 들었기 때문이다. 따라서 환자는 소리가 들린다고 대답했고, 이후의 질문에 그 목소리는 남자의 목소리라고 대답했다. 다음 질문은 "그 목소리가 당신에게 무엇을 말하죠?"였다. 환자는 이 질문에 "넌 바보야!"라고 대답했다. 미친 척함으로써, 환자는 처벌받지 않고 자신이 그 정신과 의사를 어떻게 생각하는지를 말하려고 애썼다.

많은 조현병은 다른 사람 안에서 지루함과 무의미함을 일으키기 위한 단순히 터무니없고, 논점을 벗어난 말이요, 위험한 사람들을 떼어내기 위해 오래 지속되는 의사 진행 방해다. 조현병 환자는 흔히 자신과 의사를 웃음거리로 만든다. 환자가 미친 척하는 것은 어떤 대가를 치르더라도 하나의 일관된 생각이나 의도에 대해 **책임질** 가능성을 피하기 위해서다. 조앤은 다음과 같이 다른 예를 들었다.

환자들은 의사가 도와줄 것이라고 말하지만 실제로는 도와주지 않을 거고 도와줄 수 없다는 것을 간파할 때 웃으며 자세를 취해요. 여자의 경우에 자세 취하기는 유혹적이지만 자신의 모든 골반 기능에서 의사의 주의를 흐트러뜨리기 위한 노력이죠. 환자들은 의사의 주의를 딴 데로 돌리고 집중하지 못하게 하려 애써요. 또 의사를 기쁘게 하려고 노력하지만 혼란스럽게도 해요. 중요한 일을 조사하지 못하게 하려는 거예요. 당신이 정말로 당신을 도와줄 사람들을 찾았다면 그들을 혼란스럽게 할 필요는 없어요. 당신은 정상적 방식으로 행동할 수 있어요. 나는 의사가 돕고 싶어 하는지뿐만 아니라 도울 수 있는지, 또한 도울 것인지를 느낄 수 있어요.

놀랍게도 조앤의 말은, 조현병 환자가 자신을 이해해준다고 느끼는 사람을 만나면 조현병 환자이기를 멈춘다는 칼 구스타브 융 Carl Gustav Jung의 진술을 입증한다. 이런 일이 일어나면, 그 '질병'의 '징후'로 여겨지는 기이한 행동은 대부분 사라진다.

선생님을 만나면 내가 아무도 나의 모국어로 말하지 않는 나라에서 길을 잃은 여행자처럼 느껴졌어요. 설상가상으로 그 여행자는 어디로 가야 할지도 몰라요. 완전히 길을 잃을 것 같고, 무력하며, 외로웠어요. 그러고 나서 갑자기 여행자는 영어를 말하는 한 이방인을 만나요. 그 이방인이 갈 길을 모른다고 해도, 그 문제를 다른 사람과 나눌 수 있고, 당신이 얼마나 기분 나쁜지 그 사람에게 이해시킬 수 있다는 게 훨씬 기분 좋게 느껴져요. 당신이 혼자가 아니라면, 더는 절망하지 않아요. 그것이 어느 정도 당신에게 생명을 주고, 다시 싸울 의지를 주죠.

미친다는 것은 당신이 도와달라고 외치지만 아무 소리도 나오지 않는 악몽과 같아요. 또는 당신은 부를 수 있지만 아무도 듣거나 이해하지 못하는 악몽 같죠. 누군가 당신의 목소리를 듣고 당신을 깨우려고 돕지 않는다면, 당신은 그 악몽에서 깨어날 수 없어요.

조각들을 모으고 하나가 되게 함으로써 환자를 통합하는 주요한 동인은 치료하는 의사의 사랑이다. 아무 조건을 붙이지 않고, 환자의 전 존재를 인식하고 받아들이는 사랑이다.

하지만 이것은 단순히 의사와 환자의 관계의 시작일 뿐 끝이 아니다. 환자에게서 더 눈에 띄는 외적 '징후'가 그렇게 많이 두드러지지 않더라도, 환자는 그의 존재가 지속적으로 분열한다는 면에서 여전히 정신증 상태에 있다.

우리는 환자의 자기가 실재와 접촉을 잃고, 자신이 실재하거나 살아 있다고 느끼지 못한다는 사실에 주목했다.

조현병 환자는 다른 사람들이 자신을 본다는 것, 따라서 적어도 자신이 **거기에** 존재한다는 것을 인식하고, 이 의식에서 자신이 실재한다는 확신을 불러일으키려고 노력한다. 조앤은 조현병 환자가 이러한 확신을 불러일으키는 몇 가지 방법을 예로 들었다. 조현병 환자는 내적 원천에서 나오는 이 확신을 유지할 수 없다.

환자들은 의사가 자신들을 볼 수 있다고 확신하지 않을 때 발로 차고 비명을 지르며 싸워요. 의사가 진정한 당신을 볼 수 없다는 것, 의사가 당신이 무엇을 느끼는지도 이해하지 못한다는 것, 의사가 자신만의 생각을 가지고 그냥 앞으로 나아가고 있다는 것을 깨닫는 것은 가장 무서운 느낌이에요. 나는 내가 보이지 않거나 어쩌면 아예 그곳에 있지 않다고 느끼기 시작했어요. 나는 소란을 피워야 했어요. 의사가 자신의 생각이 아닌 내게 응답하는지 알고 싶었던 거죠.

자신의 설명 전반에 걸쳐, 이 환자는 자신의 참-자기를 순응적인 거짓-자기와 반복해서 대조한다. 다음 구절에서 환자는 자신의 '참-자기'와 몸의 분열을 생생하게 표현한다.

선생님이 정말로 나와 잤다면 모든 걸 망쳤을 거예요. 선생님은 자신이 내 동물적 몸에 대한 쾌락에만 관심이 있고 사람인 부분에 대해서는 실제로 신경 쓰지 않는다는 것을 내게 확신시켰을 거예요. 그건 내가 실제로 여자가 아니고, 여자로 자라기 위해 많은 도움이 필요했을 때 선생님이 날 여자처럼 이용했다는 의미일 거예요. 선생님은 내 몸만 보고, 아직 어린 소녀였던 진짜 나는 볼 수 없었다는 의미일 거예요. 진짜 내 몸은 천장에 올라가 선생님이 내 몸에 하던 짓을 지켜봤을 거예요. 선생님이 진짜 내가 죽도록 내버려두는 데 만족한 것처럼 보였을 거예요. 선생님이 여자 애에게 먹을 것을 줄 때, 선생님은 그 아이에게 선생님이 그 애의 몸과 자기를 원한다고 느끼게 하는 거예요. 선생님이 그 여자애랑 자면 그 애는 자기 몸이 분리되어 죽었다고 느낄 수 있어요. 사람들이 죽은 시체들과 성관계는 가질 수 있어도 결코 밥을 먹일 수는 없어요.

조앤의 '참-자기'는 진정한 통합 상태가 나타날 출발점이 되어야
했다. 하지만 이 '참-자기'엔 쉽게 접근할 수 없었다. 첫 번째 이유는
다음과 같이 참-자기를 위협하는 위험 때문이었다.

　상담은 나 자신이 되어도 안전하다고 느끼고, 당신이 화내며 나를 떠날
까 봐 두려워하지 않고 내 모든 감정을 털어놓고, 그 감정들이 실제로 어
떤지 알아볼 유일한 기회였어요. 나는 선생님이 내가 밀고 밀어도 결코
굴러가지 않고 나를 떠나지 않을 큰 바위가 되어주길 바랐어요. 나로서
는 당신에게 불친절한 것이 안전했어요. 다른 모든 사람에 대해서는 나는
그들을 기쁘게 하려고 나 자신을 바꾸려고 노력했어요.

또한 그 자기가 증오와 파괴적 잠재력으로 가득 차서, 그 안에 들어
간 어떤 것도 생존하지 못한다고 느꼈기 때문이기도 했다.

　증오가 가장 먼저여야만 해요. 환자는 의사를 증오하죠. 상처를 다시 벌
리기 때문이에요. 환자는 자신도 미워해요. 자신과 다시 접촉하도록 허용
했기 때문이죠. 환자는 그렇게 함으로써 더 큰 상처에 이르게 될 뿐이라
고 확신해요. 환자는 진심으로 죽어서 아무것도 자신을 만질 수 없고 끌
어낼 수 없는 장소에 숨기를 원하죠.
　의사는 환자가 싫어할 때까지 환자에게 끈질기게 말하기를 매우 좋아

해야만 해요. 당신이 싫어하면, 사랑하는 것처럼 많이 다치지는 않지만, 단지 싸늘하게 죽은 상태가 아니라 다시 살 수 있어요. 다시금 사람들이 당신에게 무언가를 의미하게 돼요.

의사는 자신이 싫어하게 될 때까지 환자에게 끈질기게 말해야만 해요. 그것이 시작하는 유일한 방법이에요. 하지만 절대로 환자가 미워하는 것에 죄책감을 느끼게 해서는 안 돼요. 아기가 어떻게 느끼든지 부모는 자신이 아기 방에 들어갈 권리가 있음을 아는 것처럼, 의사는 자신에게 그 질병 안에 침투할 권리가 있음을 확신해야만 해요. 의사는 자신이 옳은 일을 하고 있음을 알아야만 해요.

환자는 자신의 문제들을 몹시 두려워해요. 그 문제들이 자기를 파괴했기 때문이죠. 그래서 환자는 그 문제들 속에 의사가 말려들도록 허용한 것에 몹시 죄책감을 느껴요. 환자는 의사도 부서질 거라고 확신해요. 의사가 질병 안으로 들어가기 위해 허가를 요청하는 것은 공평하지 않아요. 의사는 자신의 방식대로 싸워야 해요. 그러면 환자가 죄책감을 느낄 필요가 없어요. 환자는 자신이 의사를 보호하려고 최선을 다했다고 느낄 수 있어요. 의사는 자신의 방식으로 "당신이 어떻게 느끼든 나는 들어갑니다"라고 말해야만 하죠.

또한

조현병 환자의 문제는 다른 사람을 신뢰하지 못한다는 거예요. 조현병 환자들은 한곳에 모든 것을 걸 수 없어요. 일반적으로 의사는 아무리 환자가 반대하더라도 그 질병에 들어가기 위해서 싸워야만 해요. 의사가 매를 맞고 살해되는 것은 놀라운 일이에요. 정말로 신경을 썼다거나 매우 화가 나지 않았다면 어떤 환자도 의사에게 그렇게 하지 않으니까요. 한 사람이 다른 사람을 죽이는 것은 그 사람이 단지 죽은 채로 누워 있기를 원해서가 아니라 부활하기를 정말로 원하기 때문이에요.

처음에는 사랑하는 일이 불가능해요. 사랑하면 당신은 무력하고 작은 아기로 바뀌기 때문이죠. 조현병 환자는 자신에게 필요한 것을 의사가 알고 공급해주리라 완전히 확신할 때까지 사랑하는 일이 안전하다고 느끼지 못해요.

무엇인가를 또는 누군가를 받아들이는 것에 대한 두려움은 악한 것뿐만 아니라 선한 것까지 미쳐요. 나쁜 것은 자기를 파괴할 테고, 자기는 선한 걸 파괴할 거예요.

그러므로 자기는 텅 비고 몹시 배고파요. 자기는 온통 먹기를 갈망하면서도 먹을 것을 파괴하고, 그로 인해 파괴당해요.

어떤 사람들은 입술에 토사물을 묻힌 채 평생을 살아요. 당신은 그 사람들의 끔찍한 굶주림을 느낄 수 있어요. 하지만 그들은 당신이 자신들에게 먹을 것을 주는 것을 거부해요.

사랑으로 기쁘게 주어지는 젖가슴을 보면서도, 그 가슴에 가까이 가면 당신은 어머니의 가슴을 미워했듯이 그 가슴을 미워할 거예요. 이러한 사실을 안다는 건 끔찍한 불행이에요. 그건 끔찍한 죄책감을 느끼게 해요. 사랑할 수 있으려면 그전에 증오를 느낄 수도 있어야 하기 때문이죠. 의사는 자신이 증오를 느낄 수 있지만 이해할 수 있고, 그것 때문에 상처받지 않을 수 있음을 보여주어야만 해요. 조현병에 의해 의사가 다치게 된다면 너무 끔찍해요. 그렇게 모유를 원하면서도 동시에 그 가슴을 미워하는 것에 대한 죄책감으로 미어지는 것은 끔찍해요. 결과적으로, 조현병환자는 한 번에 세 가지를 시도해야만 하죠. 즉 조현병 환자는 가슴에 도달하려고 하면서도 죽으려고 해요. 그의 세 번째 부분은 죽지 않으려고노력하고 있어요.

이 마지막 문장과 관련된 문제들에 대해서는 나중에 다시 이야기할 것이다. 우선 우리는 자기와(또는) 대상이 파괴될 경우를 대비해서, 어떤 것이라도 이 문장 안에 들어가는 것을 피하기 위한 자기의 노력을 지속해야만 한다.

앞서 말했듯이 자기는 모든 것의 밖에 있기 위해 노력한다. 모든 존재가 **그곳에** 있고, **이곳엔** 아무도 없다.

이것은 마침내 환자가 자신의 모든 것을 '내가 – 아닌' 것으로 느낀다는 입장에까지 이른다. 환자는 자신의 모든 것이 단지 낯선 현실의거울이라며 거부한다. 이렇게 자신의 존재를 완전히 거부하면서 '그'는, 아니 그의 '참-자기'는 단지 소실점이 된다. '그'는 현실적이거나실제적일 수 없었다. 아무런 실제적 정체성이나 실제적 개성을 지닐수 없었다. 그가 누구냐 하는 모든 것은 거짓-자기-체계가 내리는 정의에 따라 결정되었다. 이는 행동과 말을 넘어 생각, 개념, 기억과 환상에까지 미쳤다.

이 거짓-자기-체계 안에서 편집증적 두려움이 자라난다. 그 거짓 체계는 모든 것을 포함할 정도로 퍼졌고, 자기는 이 거짓 체계를 단지 낯선 현실(하나의 대상, 사물, 기계, 로봇, 시체)의 거울이라고 거부한다. 단연코, 결과적으로 거짓-자기-체계가 개인이 소유한 낯선 존재나 사람으로 간주되기 때문이다. '개인'은 거짓-자기-체계에 참여하는 것을 거부했고, 거짓-자기-체계는 낯설고, 적대적이며, 파괴적인 힘에 의해 통제받고 지시받는다고 느껴지는 적에게 점령당한 영토가 된다. 자기는 진공 속에 존재한다. 이 진공은 비록 처음에는 아마도 순간이지만, 비교적 온화하고 보호적인 방식으로 캡슐 안에 쌓이게 된다.

> 내가 병 속에 있는 것 같은 기분이었어요. 모든 것은 밖에 있고, 나를 건드릴 수 없다는 걸 느낄 수 있었죠.

하지만 이것은 악몽으로 바뀐다. 병의 벽은 모든 것에서 자기를 차단하는 감옥이 된다. 반대로 자기는 이전엔 자신의 감옥 안에서도 그런 적이 없을 만큼 박해를 받는다. 따라서 최종 결과는 적어도 그것이 본래 방어하려 한 상태만큼 끔찍하다. 게다가,

> 이 깊은 동굴 안에는
> 온화함도, 부드러움도, 온기도 없어요.
> 내 두 손은 돌투성이 동굴 측면을 따라,
> 모든 틈새 속에서 느껴요,
> 그곳엔 깜깜한 심연이 있음을.

때때로 그곳엔 공기가 거의 없어요.

그래서 나는 항상

이 동굴 안의 공기를 들이마시면서도

새로운 공기를 갈망해요.

입구도 출구도 없어요. 나는 갇혀 있어요.

하지만 난 혼자가 아니에요.

아주 많은 사람이 나를 향해 모여들어요.

두 개의 바위 사이에 난 아주 작은 공간에서

한줄기 빛이 흘러들어 와요.

이곳은 어두워요. 습하고 공기는 매우 퀴퀴해요.

이곳 사람들은 크고 거대해요.

사람들은 말할 때,

자신들이 한 이야기를 그대로 되풀이해요.

사람들이 움직일 때마다,

동굴 벽에 드리워진 사람들의 그림자가

사람들을 따라 움직여요.

내가 어떻게 생겼는지,

이 사람들이 어떻게 살았는지 나는 모르겠어요.

때때로 사람들은 부주의한 실수로 나를 밟아요.

나는 그렇게 생각해요. 나는 그러길 바라요.

그들은 무거운 사람들이에요.

동굴 안은 점점 좁아져요.

나는 두려워요.

내가 여기서 벗어나면, 끔찍할 거예요.

이 사람들 중 더 많은 사람이 밖에 있을 거예요.

그 사람들은 모두 나를 짓밟으려고 할 거예요.

내 생각에는 그 사람들이 여기 있는 저것들보다

훨씬 무거워요.

여기 있는 사람들은 곧 (내 생각에는 실수로)

여러 차례 나를 밟을 거예요.

내게 남은 것은 많지 않을 테고,

나는 그 동굴 벽의 일부가 될 거예요.

그 후에, 나는 이곳에서

메아리와 그림자가 된 다른 사람들과 함께

메아리가 되고 그림자가 될 거예요.

나는 더는 매우 강하지 않아요.

나는 두려워요.

여기 바깥에는 나를 위한 게 전혀 없어요.

그 사람들은 더 크고 나를 이 동굴 안으로

밀어 넣을 거예요.

밖에 있는 사람들은 날 원치 않아요.

이곳에 있는 사람들은 날 원치 않아요.

난 상관없어요.

동굴 벽은 매우 거칠고 단단해요.

곧, 나도 단단하고 꿈쩍도 하지 않는

그 벽의 일부가 될 거예요. 매우 단단한.

*

나는 이곳에서 사람들 발에 밟혀 아파요.

하지만 그 사람들이 고의로 나를 밟은 것은 아니며,

그건 그들이 저지른 부주의한 실수예요.

나는 그렇게 생각해요. 나는 그러길 바라요.

내가 어떻게 생겼는지 보는 것이 재밌을지도 몰라요.

하지만 나는 결코 빛줄기 속으로 들어갈 수 없어요.

사람들이 실수로 내 길을 막고 있기 때문이죠.

나는 그렇게 생각해요. 나는 그러길 바라요.

하지만 내가 어떻게 생겼는지 보는 것은 끔찍할지도 몰라요.

왜냐하면 그 후에 나는

내가 여기 있는 다른 사람들과 같음을

알 수 있을지도 모르기 때문이죠.

나는 그렇지 않아요.

나는 그러길 바라요.

*

이 동굴 벽을 벗겨요!

내 사지를 멍들게 하고 잘라내는

동굴의 끔찍한 가장자리를 모두 벗겨요!

동굴 안에 빛을 퍼부어요!

동굴을 깨끗하게 해요!

메아리와 그림자를 내보내요!

사람들의 중얼거림을 몰아내요!

동굴을 날려버리세요! 다이너마이트로!

*

안 돼요, 나는 안 해요. 아직 안 돼요.

내가 이 구석에서 일어설 때까지는.

이제, 나는 걷고 있어요.

그곳에서, 나는 당신을 밟았어요.

그리고 당신을, 그리고 당신을, 그리고 당신을!

당신은 내 발꿈치가 느껴지나요? 내가 발로 차서 괴로운가요?

하! 이제, 내가 너를 밟고 있어요! 울고 있나요? 잘됐네요.

그 병은 동굴이 되었다. 조앤의 사지를 멍들게 하고 잘라버리는 끔찍한 가장자리가 있는 동굴. 괴롭히는 메아리와 그림자로 가득 찬 동굴. 결국 조앤이 그 동굴을 괴롭힌다. 하지만 조앤은 공포를 느끼면서도 여전히 동굴을 포기하기가 두렵다. 동굴 안에서만 어느 정도 정체성을 유지할 수 있다고 느끼기 때문이다.

거기! 거기엔 동굴이 없어요.

사라졌어요.

하지만 내가 언제 갔죠?

나는 날 찾을 수 없어요.

내가 어디 있죠?

잃어버렸어요.

내가 아는 것은 내가 춥다는 것과

내가 동굴에 있을 때보다 더 추워졌다는 것뿐이에요.

정말 몹시 추워요.

그리고 그 사람들…… 그들은 내가 거기 없는 것처럼,

실수로 그들 가운데 있는 것처럼

나를 짓밟았어요.

나는 그렇게 생각해요. 나는 그러길 바라요.

하지만 바깥에……

나는 어디 있죠?

마침내 그 '자기'가 설리번의 적절하게 끔찍한 용어로 표현하면 가장 '황폐한 파과 증상dilapidated hebephrenic'[5] 상태에서 완전히 상실됐거나 파괴되었다고 말하는 것은 결코 옳지 않다. '나'를 찾을 수 없는 '내'가 여전히 존재한다. '나'는 존재하기를 멈추지 않았지만 실체가 없고, 육체를 떠났으며, 실재성이 없고, 어떤 정체성도 없으며, 그것과

---

5 파과 증상은 지각과 행동이 현실과 괴리가 있을 경우의 증상이다. 이 파과 증상은 망상, 환각, 환청 등의 양성 증상과 다른 양상을 보이는 분열 증상, 비논리적·비체계적 언어와 사고, 체계적이지 못한 행동을 포함한다. ─옮긴이

어울리는 어떤 '나'도 없다. '나'에게 정체성이 없다고 말하는 것은 모순으로 보일 수 있지만 이번에는 그런 듯하다. 조현병 환자는 자신이 누구인지, 또는 무엇인지도 모르고, 자신이 본래 자신이 아닌 무엇 또는 어떤 사람이 되었다는 사실도 모른다. 어쨌든 그 같은 자기의 마지막 조각이나 끈이 없다면 어떤 종류의 '나' 치료도 불가능할 것이다. 말을 할 수 있거나 최소한 어떤 통합된 동작을 수행할 수 있는 모든 환자에게 그 같은 마지막 조각이 없다고 믿을 만한 이유는 충분치 않다.

또한 우리는 조앤의 사례에서 조앤이 필사적으로 지키고자 원했던 것이 그녀의 정체성이었음을 알 수 있다. 하지만 조앤은 체화된 사람인 자신이 될 수 없었고, 되어서도 안 되었으며, 감히 될 수도 없다고 느꼈다. 조앤이 성격적으로 초래하는 죄책감, 비통합 상태unintegration, 거짓-자기 체계의 본질, 불안정하게 확립된 자신과 남을 구별하는 능력은 서로 밀접하게 연관되어 있었다.

모든 사람은 자신의 기억을 되돌아보고 자신을, 아니 자신의 모든 것을, 똥오줌까지도 사랑한 어머니가 존재했음을 기억할 수 있어야만 해요. 그는 자신이 무엇을 할 수 있어서가 아니라 그 자신이라는 이유만으로 어머니가 자신을 사랑했음을 확신해야만 하죠. 그러지 못하면 자신은 존재할 권리가 없다고 느껴요. 자신은 결코 태어나지 말았어야 한다고 느끼는 거죠.

삶에서 이 사람에게 무슨 일이 일어나든, 이 사람이 얼마나 상처를 받든, 이 사람은 언제든지 자신을 사랑하는 어머니가 있었음을 되돌아보고, 자신이 사랑받을 만하다고 느낄 수 있어요. 그는 자신을 사랑할 수 있고, 그는 깨질 수 없어요. 그가 여기에 의지하지 못한다면 그는 깨질 수 있어요.

이미 산산이 부서졌다면 사람은 깨질 수밖에 없죠. 나의 아기-자기baby-self가 결코 사랑받지 못했다면 나는 산산이 부서졌을 거예요. 아기인 나를 사랑함으로써 당신은 나를 온전케 했어요.

이번에도 조앤은 말했다.

내가 선생님께 나를 때려달라고 계속 부탁한 건 선생님이 제 엉덩이를 절대 좋아하지 않으리라 확신했기 때문이에요. 하지만 선생님이 제 엉덩이를 때릴 수 있다면 적어도 선생님은 어떤 방식으로 그걸 받아들이게 될 거예요. 그럼 나는 제 엉덩이를 받아들일 수 있고, 나의 일부로 삼을 수 있어요. 나는 그걸 잘라내려고 싸울 필요가 없을 거예요.

미치게 되면서 조앤은 다음과 같이 완전히 못 받아들일 만한 것은 아닌 특징을 지니게 되었다.

조현병 환자이기를 그만두는 것이 저한테는 정말 힘들었어요. 나는 스미스(조앤의 성)가 되고 싶지 않았다는 걸 알았어요. 그때 나는 늙은 스미스 교수의 손녀에 불과했기 때문이에요. 내가 당신의 아이인 것처럼 느낄 수 있을지 확신하지 못했어요. 나 자신도 믿지 못했고요. 내가 유일하게 확신한 것은 내가 '긴장형, 편집형 조현병 환자'라는 것이었어요. 나는 내 차트에 그렇게 적힌 것을 봤어요. 그건 적어도 실체가 있었고, 내게 정체성과 성격을 주었어요. [무엇이 당신을 변화로 이끌었나요?] 선생님이 나를 선생님의 아이처럼 느끼도록 해주고, 선생님이 나를 사랑스럽게 보살펴주리라 확신했을 때요. 선생님이 진짜 나를 좋아해줄 수 있다면 나도 그럴 수 있어요. 나는 나 자신에게 단지 내가 되도록 허용할 수 있었고, 직함이 필요 없었어요.

나는 최근에 그 병원을 보러 걸어서 돌아왔고, 잠시 동안 과거의 감정에 잠길 수 있었어요. 그곳에서 난 혼자 남겨질 수 있었어요. 세상은 겉모습을 따르고 있었지만 내 안에는 온 세상이 있었어요. 누구도 그곳에 닿을 수 없고, 방해할 수도 없었어요. 잠시 동안 나는 돌아가고 싶다는 매우 간절한 갈망을 느꼈어요. 내 안에 있는 그 세상은 정말 안전하고 고요했어요. 하지만 그때 나는 내가 현실 세계에서 사랑과 즐거움을 경험할 수 있다는 것을 깨닫고 그 정신병원을 미워하기 시작했어요. 사면에 있는 벽과 갇혀 있다는 느낌이 싫었어요. 나는 내 환상들로는 결코 만족할 수 없던 기억이 싫었어요.

조앤은 자신이 가진 자원만으로는 자신이 되고, 자율적 사람이 될 자립적 권리를 유지할 수 없었다. 또 진정한 자율을 유지할 수 없었다. 부모님이 시키는 대로 하는 것이 조앤이 부모님을 **마주 대하고** 할 수 있는 유일한 일이었기 때문이다.

의사들은 단지 나를 '착한 애'로 만들고, 나와 부모를 화해시키려고 했어요. 나를 부모에게 맞추려고 했죠. 그건 절망적이었어요. 의사들은 내가 새로운 부모와 새로운 삶을 갈망한다는 걸 몰랐어요. 그 의사들 가운데 누구도 나를 진지하게 받아들이는 것처럼 보이지 않았어요. 내가 얼마나 아픈지, 얼마나 큰 삶의 변화가 내게 필요한지도 몰랐어요. 가족에게 돌아간다면 내가 엉망이 되고 나 자신을 잃게 되리란 사실을 아는 의사가 없는 듯했어요. 그건 멀리서 찍은 대가족 사진 같을 거예요. 사진 안에 사람들이 있다는 건 알 수 있지만, 누가 누구인지 확신할 수는 없는 거죠. 나는 한 무리 속에서 그냥 없어지고 말 거예요.

하지만 조앤이 자신을 해방시킬 유일한 방법은 빈 초월empty transcendence을 통해서 환영들의 '세계' 안으로 들어가는 것이었다, 조앤이 '자신이 되기' 시작했을 때도, 처음에는 의사의 현실을 완벽하게 반영함으로써 감히 그렇게 할 수 있었다. 의사의 현실(조앤에 대한 의사의 소원)은 여전히 남의 현실이지만, 조앤에게 이질적이지 않았기에, 조앤은 이 일을 할 수 있었다. 그 소원들은 자기 자신이 되고 싶은 조앤의 진정한 욕망과 일치했던 것이다.

나는 단지 선생님이 원했기 때문에 존재했고, 나는 선생님이 보고 싶어하는 것만 될 수 있었어요. 나는 내가 선생님 안에서 일으킨 반응 때문에 현실감을 느꼈을 뿐이에요. 내가 선생님을 긁었는데 선생님이 느끼지 못했다면, 나는 실제로 죽었을 거예요. 선생님이 내 안에서 원하는 것을 보았다면 나는 선해질 수 있어요. 선생님의 눈을 통해서 나를 볼 때만, 나는 선한 것을 볼 수 있었어요. 그렇지 않으면 내게는 나 자신이 모든 사람이 싫어하는 배고프고 성가신 꼬마로만 보였어요. 나는 그렇게 된 것에 대해 나 자신을 미워했어요. 나는 너무 배가 고파서 내 배를 찢고 싶었어요.

이 시점에서 조앤에게는 진정한 자율이 없었다. 여기서 우리는 조현병 환자의 죄책감이 그가 자신이 되는 것을 어떻게 방해하는지를 매우 분명히 알 수 있다. 자율성과 분리성을 달성하는 단순한 행동은 조현병 환자에게 정확히 자신의 것이 아닌 무엇인가를 자신의 것이라고 사칭하는 행동이다. 프로메테우스같이 **교만한** 행동이다. 실제로 우리는 프로메테우스가 받은 처벌이 바위에 쇠사슬로 매인 채 자신의 창자를 독수리에게 먹히는 것("**나는 너무 배가 고파서 내 배를 찢고 싶었어요.**") 이었음을 기억한다.

프로메테우스 신화 전체에 대한 균형 잡힌 해석을 시도하지 않으면 바위와 독수리는 어머니의 두 측면으로 볼 수 있다. 사람은 그 어머니에게 쇠사슬로 매여 있다(바위 : 절망의 화강암 가슴). 또 그 어머니에게 잡아먹힌다(독수리). 잡아먹는 독수리와 다시 먹히기 위해 새로워진 내장은 모두 정상적 먹이 사이클의 악몽 같은 반전이 된다.

조현병 환자에게 누군가를 좋아한다는 건 그 사람처럼 되는 것과 같다. 그 사람과 같이 되는 것은 그 사람과 똑같은 사람이 되는 것이고, 정체성을 잃는 것이다. 따라서 미워하고 미움을 받는 것은 사랑하고 사랑받는 것보다 정체성의 상실을 덜 유발한다고 느낄 수 있다.

우리는 조현성 성격에서 근본적 분열은 다음과 같이 신체에서 자

274

기를 분리하는 틈이었다고 가정했다.

자기 / (신체-세계)

그런 분리는 나-의식이 신체에서 분리되는 방식으로 개인의 존재를 둘로 쪼개고, 신체는 거짓-자기 체계의 중심이 된다. 전체 경험은 개인 안에서 일어나는 일련의 분열에 의해 자기/신체로 분화된다.

이것이 근본적 분열이거나, 그 분열이 자기/신체/세계의 추가적 수직 분할과 나란히 존재할 때 신체는 특별히 모호한 입장을 취한다. 우리는 경험의 근본적 부분 두 개를 다음과 같이 간주할 수 있다.

여기   저기

이것은 정상적 방식으로 다음과 같이 더 분화된다.

내부   외부
(나)   (나 아님)

조현성 분열은 '나'에 대한 의식을 신체에서 이탈시킴으로써 정상적 자기의식을 혼란시킨다. 따라서 그 씨앗은 여기와 저기, 내부와 외부 사이의 공간에서 계속 혼합되고, 병합되고, 뒤섞이기 위해 뿌려진다. 그 신체는 '나 아님 not-me'과 대조되는 나로 확실하게 느껴지지 않기 때문이다.

따라서 개별적인 온전한 사람들 사이의 연결됨, 분리됨과 관련된 모든 문제를 일상적 방식으로 철저하게 다루려면 그 신체를 다른 사람들과 구별할 수 있어야만 한다. 자기는 그렇게 필사적으로 방어적 초월 안에 갇힌 채 있을 필요가 없다. 사람은 어떤 타인이 되지 않고도 그 사람처럼 될 수 있다. 다른 사람의 감정들과 혼동하거나 병합하지 않고도 자신의 감정을 **나눌** 수 있다. 이렇게 감정을 나누는 일은 여기-나here-me와 거기-나 아님there-not-me을 명확하게 구별함으로써만 시작할 수 있다. 이 단계에서 조현병 환자가 내면과 외면 사이에 있는 미묘함과 섬세함을 시험해보고, 진정으로 참-자기에 속한 표현과 드러냄에 포함된 모든 것을 시험해보는 것이 매우 중요하다. 이런 식으로 자기는 진정으로 **체화된** 자기embodied self가 된다.

내가 처음으로 울었을 때, 당신은 제게 끔찍한 실수를 했어요. 당신은 손수건으로 내 눈물을 닦아주었어요. 당신은 내가 그 눈물이 내 얼굴을 타고 흘러내리는 것을 얼마나 느끼길 원하는지 몰랐어요. 적어도 나는 외부에 있던 감정을 느꼈어요. 당신이 혀로 내 눈물을 핥아줄 수만 있었다면 난 정말 행복했을 거예요. 그러면 당신은 내 감정을 공유했을 거예요.

조앤은 죽어가는 것에 대해 여러 차례 언급했고, 죽고자 하는 욕망에 대해 말했다. 조앤은 그 환자가 "실제로 죽기를 원하고, 아무도 자신을 만질 수 없고, 뒤로 끌어낼 수 없는 곳에 숨기 원한다"라고 말한다.

우리는 죽고자 하는 욕망, 비존재에 대한 욕망이 아마도 추구할 수 있는 가장 위험한 욕망이라고 말한 바 있다. 조현병 환자의 내면에서는 두 가지 주요한 동기가 한 가지 힘을 형성하는데 이 힘은 삶 속에 있는 죽음death-in-life의 상태를 촉진하는 방향으로 작동한다. 우선 삶에 대해서는 아무 권리도 없고, 따라서 기껏해야 죽은 삶에 대해서만 권리가 있다는 것에 대한 근본적 죄책감이 존재한다. 둘째, 그것은 사용할 수 있는 가장 극단적 방어 자세일 것이다. 조현병 환자는 실제성과 활기(그 실제성과 활기가 다른 사람 안에서 발생하든지, '내적' 감정과 정서에서 발생하든지)에 으깨지고, 삼켜지며, 압도당하는 것을 더는 두려워하지 않는다. 자신은 이미 죽었기 때문이다. 죽었기 때문에 죽을 수도 없고, 죽일 수도 없다. 조현병 환자가 느끼는 근거 없는 전능감에 따르는 불안은 근거 없는 무능감이라는 조건 안에 살면서 약화된다.

조앤은 아무것도 될 수 없었다. 부모가 원하는 것 외에는 아무것도 될 수 없었고, 부모는 조앤이 사내아이가 되길 원했기 때문이었다.

나는 통제받으며 당신이 내가 무엇이 되길 원하는지 알아야만 했어요. 그러면 나는 당신이 나를 원할 거라고 확신할 수 있어요. 부모님에게 나는 사내아이가 될 수 없었고, 부모님도 내가 사내아이가 되는 것 외에 무엇이 될 수 있는지 결코 분명하게 밝히지 않으셨어요. 그래서 나는 긴장형 조현병을 앓음으로써 죽으려고 했어요.

조앤은 다음 구절에서 모든 문제를 아주 간결하게 표현한다.

내가 긴장형 조현병을 앓을 때 나는 죽어 있고, 창백해지고, 움직이지 않으려 했어요. 그러면 엄마가 좋아할 거라고 생각했어요. 엄마는 나를 인형처럼 가지고 다닐 수 있었어요.

마치 내가 병 속에 있는 것 같았어요. 모든 것은 밖에 있어서 나를 만질 수 없다고 느낄 수 있었어요.

나는 죽지 않으려면 죽어야만 했어요. 미친 소리처럼 들리겠지만 한 번은 어떤 남자가 내 감정을 몹시 상하게 했고, 나는 지하철 앞으로 뛰어들고 싶었어요. 대신 나는 약간 긴장했고, 아무것도 느끼지 않으려고 했어요. (당신은 감정적으로 죽어야 했거나 당신의 감정이 당신을 죽였을 거예요.) 맞아요. 다른 사람을 해치느니 자살하는 게 낫겠어요.

물론 앞서 말한 자료들과 그에 대한 다른 많은 측면을 보는 다양한 방법들이 있다. 나는 의도적으로 자신의 '참-자기'와 '거짓-자기'에 대한 조앤의 경험의 본질에 주로 집중했고, 그것을 보는 이 방식이 환자 자신의 증언을 왜곡하는 것처럼 보이지 않으며, 우리에게 '적합'하지 않은 측면들을 부정할 것을 요구하지 않음을 보여주고 싶었다.

조앤의 사례에서, 우리는 최소한의 재구성을 해야만 한다. 조앤 자신이 우리에게 솔직하고 단순한 말로 자신의 정신증의 현상학에 대해 분명하게 진술하기 때문이다. 하지만 우리가 현재 정신증을 나타내는 환자를 다룰 때 그 자체가 조현병 환자의 언어인 말비빔word-salad으로 말하지 않으려면, 환자의 말을 우리 자신의 말로 바꾸는 위험을 무릅써야만 한다. 이것이 다음 사례에서 우리의 문제가 된다.

11장

잡초밭의 유령: 만성 조현병 환자에 대한 연구

……진실은 모든 동정을 넘어서기 때문이다.
—막심 고리키

내가 줄리를 알았을 당시에 그녀는 열일곱 살 이후, 즉 9년 동안이나 정신병원 병동의 환자였다. 이 기간 동안 줄리는 접근할 수 없는 고립된 만성 조현병 환자가 되었다. 줄리는 환각을 느꼈고, 한 자세를 유지하며, 틀에 박히고, 기괴하며, 이해할 수 없는 행동을 하는 버릇이 있었다. 줄리는 거의 말이 없었고, 말을 할 때도 가장 악화된 '조현병 환자의 언어'로 말했다.

입원할 때 줄리는 파과형 조현병 진단을 받았고, 인슐린을 처방받았지만 증상의 호전이 없었으며, 온전한 회복을 위한 어떤 구체적 시도도 하지 않았다. 외톨이가 되었기에 줄리의 몸은 신속하게 완전히 '황폐해'졌을 게 확실하다. 하지만 줄리의 겉모습은 유지되었는데 간호사들의 수고 외에도 어머니가 거의 매일 관심을 기울였기 때문이다.

당시 줄리는 여러 가지 이상하고 다소 놀라운 것들을 말하거나 행동했기 때문에, 줄리의 부모는 그녀를 데리고 정신과 의사를 만나러 갔다. 그때 줄리의 나이 열일곱 살이었다. 정신과 의사와의 면담에서, 의사는 줄리의 비언어적 행동 자체에는 특별히 특이한 점이 없다고 기록했지만 그녀가 말한 것들은 조현병 진단을 입증하기에 충분했다.

임상 정신의학 용어로 말하자면, 줄리는 이인화, 비현실감, 자폐증, 허무망상, 피해망상과 전능감의 망상에 시달렸다. 줄리는 관계사고 ideas of reference와 세계 종말 환상, 환청, 정서의 피폐 등을 경험했다. 줄리는 자신이 진짜 사람이 아니라는 것이 문제라고 말했다. 줄리는 사람이 되려고 노력하고 있었다. 줄리의 삶에는 행복이 없었고, 행복을 찾으려고 노력했다. 줄리는 비현실적이라고 느꼈고, 그녀와 다른 사람들 사이에는 보이지 않는 장벽이 있었다. 줄리는 공허했고 가치가 없었다. 줄리는 자신이 지나치게 파괴적이지 않을까 걱정했고, 자신이 피해를 초래할 경우에 대비해 아무것도 만지지 않는 것이 최선이라고 생각하기 시작했다.

줄리는 어머니에 대해 할 말이 많았다. 어머니는 줄리를 질식시키고, 줄리가 살게 하지 않았고, 결코 줄리를 원하지 않았다. 어머니는 줄리에게 친구를 더 사귀고, 춤추러 나가고, 예쁜 드레스를 입으라고 재촉했기 때문에 표면상으로는 이러한 비난이 명백하게 터무니없어 보였다.

하지만 줄리가 언급한 근본적인 정신증적 진술은 '한 아이가 살해당했다'는 것이었다. 세부 사항들에 대해서는 상당히 모호했지만 줄리는 이 말을 남동생의 목소리로 들었다고 말했다(줄리에게는 남동생이 없었다). 하지만 줄리는 이 목소리가 자기 목소리로 들릴 수도 있지 않을까 생각했다. 아이는 살해당할 때 줄리의 옷을 입고 있었다. 아이는 줄리 자신일 수 있었다. 그녀 자신 또는 어머니에게 줄리는 살해당했다. 확실히는 몰랐다. 줄리는 그 점을 경찰에 말할 작정이었다.

줄리가 열일곱 살 때 했던 많은 이야기는 앞장에서 이미 살펴보았다. 우리는 줄리의 진술에서 그녀는 사람이 아니며, 실재하지 않는다는 실존적 진실을 볼 수 있다. 그리고 우리는 줄리가 자신은 사람이 되려고 노력한다고 말했을 때 무엇을 의미하는지 이해할 수 있다. 또한 이와 동시에 줄리가 매우 공허하고 매우 강력하게 파괴적이라고 느꼈을 때 어떻게 그런 일이 생길 수 있었는지 알 수 있다. 하지만 이 순간 이후, 줄리는 우화를 말하듯이 의사소통했다.

우리는 어머니에 대한 줄리의 비난이 반드시 그녀가 사람이 되지 못한 것과 관련되어 있어야 한다고 생각하지만 그 비난들은 겉으로는 다소 엉뚱하고 억지로 갖다 붙인 듯이 보인다. 하지만 한 사람의 상식이 미칠 범위보다 더 넓게 뻗어야 할 때는 "한 아이가 살해당했다"라고 줄리가 말할 때다. 그리고 줄리는 아무도 공유하지 않을 세계에 홀로 남겨진다.

이제 나는 정신증의 본질에 대해 조사하고 싶다. 그 정신증은 환자가 대략 열일곱 살 때부터 시작된 것처럼 보인다. 나는 이 정신증에 접근하는 가장 좋은 방법은 먼저 그때까지의 환자의 삶을 검토하는 것이라고 생각한다.

한 조현병 환자의 임상적 전기

한 조현병 환자의 생애 초기에 대한 적절한 설명을 찾는 일은 결코 쉽지 않다. 어떤 조현병 환자 개인의 삶을 개별적으로 조사하는 것은 독자 연구에서 가장 어려운 부분이다. 여러 인터뷰 과정에서 얻은 '일반적' 또는 심지어 이른바 역동적으로 지향된 삶조차도 실존적 분석에 필요할 만한 중요도를 거의 제공하지 못한다는 것은 아무리 강력하게 강조해도 지나치지 않다.

이 특별한 사례에서, 나는 몇 달 동안 일주일에 한 번 환자의 어머니를 보았고, 환자의 아버지, 환자보다 세 살 많은 환자의 유일한 형제인 언니, 환자의 고모(아버지의 누이)를 (각각 여러 번) 면담했다. 하지만 아무리 많은 사실을 수집해도 편견을 반박하는 증거가 될 수 없다.

예를 들어 나는 설스Searles(1958)가 조현병 환자와 그 어머니 사이에 긍정적 감정의 존재를 강조한 것이 절대적으로 옳다고 생각한다. 이것은 이상하게도 다른 관찰자들 대부분이 '놓친' 발견이었다. 나는 현재의 연구가 내가 볼 수 없는 편견에서 면제되었다고는 결코 망상하지 않는다.

환자의 아버지, 어머니, 언니, 고모는 개인이 그 안에서 자라난 효과적인 개인적 세계였다. 모든 정신의학의 임상적 전기의 핵심은 환자의 대인관계적 소우주 안에 있는 환자의 삶이다. 그러므로 이러한 임상적 전기는 자기의식적으로 범위가 제한된다.

환자의 가족이 그 필수 요소인 더 큰 공동체의 사회-경제적 요인은 우리의 관심사인 주제와 **직접적** 관련은 없다. 그런 요인들이 가족과 환자의 성향에 깊이 영향을 끼치지 않는다는 뜻은 아니다. 하지만 세포학자가 세포학자로서 자신의 미세해부학 지식을 세포 현상에 대한 그의 설명에서 괄호 안에 넣은 것처럼, 우리는 이 지식을 소유하는 동시에 더 큰 사회적 문제들은 괄호 안에 넣었다. 이 소녀가 어떻게 정신증 환자가 되었는지에 대한 이해와 직접적 관련이 없기 때문이다. 따라서 나는 내가 제시할 임상적 전기가 취리히 출신 노동자계급 소녀의 것이라거나, 링컨Lincoln[6] 출신 중산층 소녀의 것 또는 텍사스 출신 백만장자의 딸에 대한 것일 수도 있다고 생각한다. 매우 유사한 인간의 가능성은 이와 같이 사회 안에 다르게 자리 잡은 사람들의 대인관계에서 발생한다.

하지만 나는 우리의 20세기 서구 세계에서 일어나는 일을 묘사하고 있다. 다른 어느 곳에서도 이런 일이 똑같은 방식으로 일어나지는 않을 것이다. 나는 이런 가능성이 발생하도록 허용하는 이 세계의 본질적 특징이 무엇인지 모른다. 하지만 우리는 임상의로서 스스로 부여한 지평선 너머에서 일어나는 일이 임상적 대인관계라는 소우주의 경계선 안에서 만들어질 방식에 큰 영향을 미칠 수 있음을 잊지 말아야 한다.

나는 여기서 이것을 간단히 말할 필요가 있다고 느꼈다. 서구의 임상 정신의학이 조현병에 걸린 내 친구가 '사회적 어색함'이라고 부르

---

[6] 영국 링컨셔 주의 주도. ― 옮긴이

는 것에 도움이 된다고 느끼기 때문이다. 반면에 소련의 정신의학은 대인관계라는 영역에서 미숙한 것처럼 보인다. 나는 임상적 전기가 대인관계 영역에 초점을 맞추어야 하지만 이는 편의상 잠시 동안 괄호 안에 둘 수 있는 것의 원칙에서 관련성을 배제하는 닫힌 체계가 되지 않는 방식으로 해야 한다고 믿는다.

면접한 다양한 사람들은 각각 줄리의 삶에 대한 자신만의 관점이 있었지만, 줄리의 삶을 세 가지 기본적 상태 또는 단계로 볼 수 있다는 데는 모두 동의했다. 즉 줄리의 삶에는 다음과 같은 때가 있었다.

1. 환자는 **착하고**, 정상적이며, 건강한 아이였다. 하지만 점차적으로
2. **나쁜** 아이가 됐고, 큰 고통을 초래하는 일을 하거나 말했다. 이런 일들은 대체로 환자가 버릇없거나 불량하기에 일어난 일이라고 생각되었다. 결국,
3. 이것은 모든 한계를 넘어서게 되었고, 사람들은 환자가 완전히 **미쳤다**고만 생각했다.

딸이 미친 것을 '알게' 된 부모는 더 빨리 깨닫지 못한 것을 자책했다. 그녀의 어머니는 다음과 같이 말했다.

우리 애가 나에게 한 끔찍한 말들이 싫었지만 나는 그 애도 어쩔 수 없다는 것을 알았어요. 그 애는 정말 좋은 아이였어요. 그 뒤에 그런 끔찍한 말을 하기 시작했죠……, 우리가 미리 알았더라면 좋았을 텐데. 우리 애

가 자신이 말한 것에 책임이 있다고 생각하는 우리가 잘못된 건가요? 나는 우리 애가 내게 말한 끔찍한 말들이 정말 진심은 아니라는 것을 알았어요. 어떤 면에서, 나는 결국 그것이 질병이었다는 것이 기뻐요. 하지만 내가 우리 애를 의사에게 데려가기까지 그렇게 오래 기다리지 않았더라면 얼마나 좋을까요?

착하다, 나쁘다, 미쳤다는 말이 정확히 무엇을 의미하는지 우리는 아직 모른다. 하지만 이제 많이 알게 되었다. 우선 줄리의 부모가 지금 기억하는 것처럼 줄리는 부모에게 올바른 모든 것을 보이는 방식으로 행동했다. 줄리는 착하고, 건강하고, 정상이었다. 그 후에 줄리의 행동은 변했다. 그녀의 세계 안에 있는 모든 중요한 타인이 그녀가 '나쁘다'라는 데 만장일치로 동의할 정도로 행동했다. 얼마 안 있어서, 줄리는 '미쳤다.'

이것만 보아서는 그 아이가 한 일이 부모 눈에 착하게 보였는지 나쁘게 보였는지, 아니면 미친 것으로 보였는지 전혀 알 수 없다. 하지만 그것은 우리에게 중요한 정보를 제공한다. 즉 그녀의 본래 행동 양식은 그 부모가 선하며 칭찬받을 만하다고 생각하는 것과 완전히 일치했다는 것이다.

그 후에 줄리는 한동안 '나빴다.' 즉 부모가 가장 보고 싶지 않고, 듣고 싶지 않고, 딸의 내면에 존재한다고 믿고 싶어 하지 않는 바로 그것들을 줄리는 '보여주었다.' 현재로서는 왜 그렇게 되었는지 말할 수 없다. 하지만 줄리가 그렇게 말하고 행동할 수 있었다는 것을 부모는 도저히 믿을 수 없었다. 드러난 모든 일이 조금도 예상치 못한 일들이었다. 처음에는 부모도 줄리의 그런 행동과 말을 무시하려고 애썼다. 하지만 줄리의 공격성이 커지자 부모는 그것을 물리치려고 맹렬히 노력했다. 그러므로 줄리의 어머니가 줄리를 살도록 하지 않았을 것이라고 말하는 대신 한 아이를 살해했다고 말했을 때 크게 안심이 되었다. 그렇다면 모든 것을 용서받을 수 있었다.

"불쌍한 줄리는 아팠어요. 그 애 책임이 아니에요. 하지만 어떻게 내가 한순간이라도 그 애가 내게 말한 것이 진심이었다고 믿을 수 있었겠어요? 나는 항상 그 애에게 좋은 엄마가 되려고 최선을 다했어요."

우리에겐 이 마지막 문장을 기억할 기회가 올 것이다.

가족 구성원들 사이에서 정신증에 대한 개념이 진화하는 과정인 이 세 단계는 매우 흔하게 발생한다. 착함-나쁨-미침. 환자의 세계 안에 있는 사람들이 환자의 행동을 생각하는 방식을 발견하는 것은, 환자의 행동 자체에 대한 내력을 아는 것만큼이나 중요하다. 나는 지금부터 이를 결론적으로 입증하려고 하겠지만, 이 시점에서는 소녀의 부모가 내게 말한 그대로 이 소녀의 이야기에 대한 한 가지 중요한 사실을 관찰하고 싶다.

부모들은 사실을 억압하거나 오도하려고 하지 않았다. 양쪽 부모 모두 도움이 되기를 열망했고, 대체로 실제 사실에 대한 정보를 고의적으로 숨기려고 하지 않았다. 중요한 것은 사실을 무시하는 방식, 또는 사실에서 명확하게 가능한 함의들을 무시하거나 거부하는 방식이었다. 우리는 우선 그 부모의 틀 안에 사건들을 함께 묶음으로써 소녀의 삶에 대한 간단한 설명을 가장 잘 제시할 수 있을 것이다. 내 설명은 주로 소녀의 어머니가 한 말에서 나왔다.

1단계 : 정상적이고 착한 아이

줄리는 결코 까다로운 아기가 아니었다. 젖을 뗄 때도 별 어려움이 없었다. 15개월이 되었을 때 줄리는 완전히 기저귀를 벗었고, 그날부터 어머니는 딸에게 전혀 신경 쓰지 않았다. 줄리는 결코 '골칫거리'가 아니었다. 항상 시키는 대로 했다.

이것은 줄리가 항상 '착한' 아이였다는 관점을 뒷받침하는 어머니의 기본적 일반화다.

그렇다면 이것은 어떤 면에서 한 번도 살아 있지 못했던 한 아이에 대한 서술이다. 실제로 살아 있는 아이는 까다롭고, 골칫거리다. 또 결코 항상 하라는 대로만 하지도 않는다. 아기가 부모가 내게 믿게 하고 싶은 것만큼 결코 '완벽'하지 않다는 건 당연한 사실이다. 하지만 매우 중요한 점은 아기 안에 있는 완벽함에 대한 X 부인의 이상이 바로 이 '착함'이라는 것이다. 아마도 아기는 기대한 만큼 '완벽하지' 않았을 것이다. 이 사실을 주장할 때 어머니는 어떤 식으로든 내가 자기를 비난하지 않을까 하는 걱정으로 자극을 받았을 것이다. 내가 볼 때 중요한 점은 이것이다. X 부인은 내가 그 아이 안에 있는 내적 죽음의 표현이라고 생각하는 바로 그것들을 지극히 선함과 건강, 정상성의 표현으로 받아들인다.

그러므로 우리가 단순히 가족에게서 분리된 화자를 생각하지 않고, 줄리가 그 한 부분인 전체 가족의 관계 체계를 생각한다면, 중요한 점은 줄리의 어머니, 아버지, 고모 모두가 실존적으로 죽은 아이를 묘사한다는 것이 아니다. 바로 줄리의 세계 안에 있는 어른들 중 아무도 실존적 삶과 죽음의 차이를 모른다는 것이다. 오히려, 실존적으로 죽으면, 어른들에게 최고의 칭찬을 받는다.

앞서 나온 어머니의 진술을 하나하나 차례로 생각해보자.

① 줄리는 결코 까다로운 아이가 아니었다

줄리는 실제로 젖을 달라고 운 적이 없다. 필사적으로 젖을 빨지도 않았고, 젖병 하나를 다 비운 적도 없다. 줄리는 항상 '투덜대고 까다로웠다.' 체중이 매우 빨리 늘지도 않았다.

"나는 줄리가 아무것도 원하지 않았지만, 결코 만족하지도 않는다고 느꼈어요."

여기서 우리는 입의 갈망과 탐욕을 결코 표현하지 못한 한 아이에 대한 묘사를 본다. 원기왕성하게 흥분해서 울며, 힘을 다해 젖병을 빨고, 젖병을 비운 후 만족스럽게 배가 불러서 잠을 자는 데서 나타나는 본능에 대한 건강하고 원기 왕성한 표현 대신, 줄리는 계속해서 초조해하고, 배가 고픈 것처럼 보였다. 하지만 젖병을 주면 산만하게 젖병을 빨았고, 결코 만족하지 않았다. 유아의 관점에서 이 초기 경험을 재구성하려는 유혹이 생길 수 있지만, 여기서 나는 20년이 지난 후 그 어머니가 기억하는 관찰 가능한 사실로 제한하고, 이것으로부터만 우리의 설명을 구성하고 싶다.

앞서 언급했듯이, 병인학적 요인들을 생각할 때 이는 내가 중요한 점이라고 믿는 것이다. 이 설명에서 가장 중요한 측면 중 하나는, 단순히 우리가 육체는 살아 있지만 실존적으로는 살아나지 못한 한 아이에 대한 묘사를 습득했다는 데 있지 않다. 정말 중요한 것은 어머니가 지금까지 상황을 오해해서, 아기의 행동 중 이미 거의 활동을 그친 측면들을 기억하면서 계속 기뻐한다는 것이다. 어머니는 아기가 '떼를 쓰며' 울지 않거나 젖병을 비우지 않았다는 사실에 놀라지 않는다. 어머니는 줄리가 그렇게 하지 않았다는 것이 기본적인 구강 본능적 욕구의 불길한 실패임을 인식하지 못하고, 단지 아이가 '착하다'는 증거라고 생각했다.

X 부인은 줄리가 '까다로운' 아기가 아니었다고 거듭해서 강조했다. X 부인 자신이 관대한 사람이지 않았다는 뜻은 아니다. 사실 X 부인은 스스로 말했듯이 줄리를 위해 '자기 삶을 희생했다.' 앞으로 보게 되듯이 줄리의 언니는 까다롭고 욕심 많은 아기였다. 줄리의 어머니는 줄리의 언니에게 결코 많은 기대를 걸지 않았다.

"나는 그냥 그 애가 자기 길을 가게 했어요."

줄리의 어머니는 줄리에게 많은 것을 주었다. 하지만 줄리는 처음부터 그렇게 많은 걸 달라고 어머니를 부추기는 것처럼 보일 만한 것을 요구하지 않았다. 이건 틀림없는 사실이었다. 십 대 시절에 줄리는 어머니가 자신에게 한 일과 자신에게 준 모든 것에 감사하는 대신, **자신을 결코 그냥 놔두지 않았다고** 어머니를 비난하기 시작했다. 어머니에겐 끔찍한 일이었다.

따라서 내가 보기에 어떤 유전적 요인 때문에 이 아기가 본능적 욕구와 욕구 충족이 쉽게 이루어지지 않도록 만들어진 유기체를 가지고 태어났다는 건 매우 가능한 일로 보인다. 하지만 가장 일반적 방식으로 말하자면 여기에 덧붙여, 사실은 그 세상의 다른 모든 사람이 바로 이 특징을 착함의 징표로 여기고, 자기-행동을 하지 않도록 승인해준 것이다.

아기가 자기-본능적 만족을 달성하는 데 완전히 실패한 것, 그리고 어머니가 이를 깨닫는 데 완전히 실패한 것, 이 모두는 조현병 자녀와 어머니의 관계 초기에 반복되는 주제들 가운데 하나로 기록될 수 있다. 이 두 실패의 조합이 얼마나 구체적인지 확증하려면 더 많은 연구가 필요하다.

② 젖을 뗄 때도 별 어려움이 없었다

아기가 처음으로 다른 사람들과 함께하며 활발하게 생기가 넘치는 때는 젖을 먹으면서다. 젖을 뗄 때쯤이면 보통의 유아에게는 자신이 자신만의 권리를 가진 존재라는 의식이 나타난다. 즉 유아에게는 '자신만의 방식'이 있다. 또한 원형적 타인으로서 어머니가 영속하리라는 의식이 나타난다. 이러한 성취를 토대로 아이는 큰 어려움 없이 젖을 뗀다.

이 단계에 있는 아기는 '떼기 놀이'를 하는 데 열중한다. 이 놀이에서 아이는 딸랑이를 떨어뜨리고 그것을 돌려받는다. 다시 딸랑이를 떨어뜨리고 돌려받는다. 다시 떨어뜨리고 놀이는 그칠 줄 모르고 계속된다. 여기서 아기는 떠났다가 돌아오고, 떠났다가 돌아오는 물건 놀이를 한다. 떠났다가 돌아오는 것은 사실 떼기 놀이의 핵심 문제다. 게다가 그 놀이는 항상 아기의 방식대로 되어야만 한다. 그래야 우리는 아기가 자신이 통제하고 있다는 생각을 유지하면서 자신과 결탁하는 것이 '자연스럽다'는 것을 알게 된다.

프로이트의 사례에 나오는 어린 소년은 자신의 실패를 내던질 때 그 실패를 몸에 붙이고 있었다. 이는 소년이 어머니의 '앞치마 끈'에 대한 애착에 의해 어머니를 그렇게 통제할 수 없었다는 사실과 대조적이다.

이제 우리가 추측했듯이, 소녀가 생애 초기 몇 달 동안 자신만의 길을 가고, 자신만의 생각을 갖기 위한 능력의 전제조건인 자율성을 달성하지 못하고 있었다면, 그녀가 쉽게 젖을 떼는 것처럼 보였던 것도 놀라운 일이 아니다. 물론 아기가 한 번도 가져보지 못한 것을 포기할 때 이를 두고 젖떼기라고 말하기는 어렵다. 사실, 줄리의 사례에서 젖떼기가 일어났다고 말하기는 어렵다. 이 시기에는 일들이 순조롭게 진행되었기에 어머니는 실제 사건들을 거의 기억하지 못했다. 하지만 어머니는 환자인 딸과 '내던지기' 놀이를 했던 것을 기억했다. 줄리의 언니는 이 일반적 형태의 놀이를 했고, 그 일로 X 부인을 크게 화나게 했다.

"나는 **그 애**(줄리)가 나와 그 게임을 하지 않으리라 확신했어요. 나는 물건들을 내던졌고 그 애는 기어 다닐 수 있게 되자마자 **나한테** 그

것을 가져다줬어요."

줄리가 자신만의 실제적 방법을 개발하는 데 실패한 것에 대한 이러한 역할 역전이 어떠한 함의를 가지는지에 대해서는 언급할 필요도 없다. 줄리는 또래보다 일찍(1년이 넘자마자) 걸음마를 했다고 한다. 방을 가로질러 빨리 엄마에게 못 가면 소리를 질렀다. 줄리는 '자신과 엄마 사이를 갈라놓는 의자를 무서워했기' 때문에 가구를 다시 배치해야만 했다. 어머니는 이것을 딸이 항상 엄마인 자신을 얼마나 사랑했는지를 보여주는 징표로 해석했다.

서너 살이 되기 전까지 줄리는 잠깐이라도 엄마가 눈에 띄지 않으면 거의 '미쳤다.' 이것은 줄리가 실제로는 젖을 뗀 적이 없다는 의견을 확증한다. 신체적 의미 이상으로 젖떼기가 일어날 수 있는 단계에 도달한 적이 없기 때문이다. 줄리는 결코 자율적 자기-존재를 확립한 적이 없었기 때문에 홀로 있는 능력을 얻기 위해 존재와 부재의 문제를 철저하게 다루는 일을 시작할 수 없었고, 반드시 다른 사람이 물리적으로 곁에 있어주어야 자신이 존재하는 것은 아님을 발견할 수도 없었다.

줄리의 많은 요구와 욕망이 좌절되었을 수도 있다. 한 개인이 자신이 되기 위해서 다른 사람을 필요로 한다면, 그것은 자율성을 완전히 달성하지 못했다는 것을 전제로 한다. 즉 그는 기본적으로 불안전한 존재론적 위치에서 삶에 참여한다. 줄리는 어머니가 앞에 있어도, 어머니가 없어도 자신이 될 수 없었다. 어머니가 기억하는 한, 줄리는 거의 세 살이 될 때까지 물리적으로 줄리의 소리가 들리지 않는 곳에 있어본 적이 없다.

③ 줄리는 생후 15개월 만에 기저귀를 벗었는데 그때부터 깔끔했다

신체 통제력의 조숙한 발달을 조현병 환자들에게서 발견하는 것은 드문 일이 아니다. 하지만 이런 점에서 조현병 환자들과 다른 사람들을 어떻게 비교하는지는 알려져 있지 않다. 자녀들이 나이에 비해 빨리 기고, 걷고, 내장과 방광 기능이 발달하고, 말하고, 울기를 멈추어서 정말 자랑스러웠다는 말은 조현병 환자의 부모들이 정말 자주 하는 이야기다. 하지만 우리는 부모가 자랑스럽게 말하는 것과 그 아이가 성취한 것 사이의 연관성을 고려하면서, 아기의 행동 중 얼마나 많은 부분이 아기 자신의 의지를 표현한 것인지를 물어야 한다. 문제는 아기가 얼마나 착한가 혹은 얼마나 장난꾸러기인가 등이 아니다. 아기가 자신이 자신의 행동 근원이며, 행동이 일어나는 원천이라는 의식을 발현시킬지 혹은 자신의 행동 주체로 보이게 하면서도(자율적인 척하라는 명령을 받는 최면 상태의 사람 참조), 자신의 행동은 자신 안에서 일어나는 것이 아니라 엄마 안에서 일어난다고 느낄지 여부다. 아기의 신체가 기술을 숙달해서 기대되는 모든 것을 하는 일이 생길 수 있다. 진정한 자기-행동은 아직 어느 정도 확립되지 않은 듯하지만 대신 항상 외부 지시에 거의 완벽하게 순응하고, 복종하고, 행동한다.

줄리의 사례에서, 줄리의 행동은 어머니에 의해 훈련된 것처럼 보이지만 '줄리'는 그 행동 '안'에 없었다. 이것이 줄리가 자신은 결코 사람이 된 적이 없고, 만성 조현병 환자같이 자신은 '울린 종tolled bell' 또는 '말한 미녀 told belle'라고 끊임없이 반복해서 말할 때의 의미임이 분명하다. 달리 말해 줄리는 그녀가 하라고 지시받은 것에 불과했다.

④ 그녀는 항상 시키는 대로 했다

앞서 진실을 말하고 거짓말하는 것에 대해 언급했듯이, 순종적인데는 충분한 이유들이 있지만 반항적일 수 없다는 사실이 가장 좋은이유가 될 수는 없다. 지금까지 X 부인의 설명에 따르면 줄리 안에는그녀 자신이 '그 말한 미녀'라고 부른 것이 되는 것 말고 다른 가능성이 있음을 어머니도 인식했다고 볼 수는 없다. 어머니는 그 울린 종에'평생을 바쳤지만' 이 착하고, 순종적이며, 깔끔한 어린 소녀는 의자로그녀를 떼어놓기만 하면 거의 미칠 정도로 어머니인 자신을 사랑했다는 가능성을 완전히 부인했고, 25년 후에도 여전히 부인했다.

⑤ 줄리는 결코 '골칫거리'가 아니었다

태어난 지 몇 달이 지났을 때부터 이 환자에게는 자율성이 없었다는 것이 이제 분명해졌다. 어머니가 기억으로 판단하는 한, 줄리는 결코 자신만의 방식을 발달시키지 못했다. 신체 활동에서는 본능적 욕구와 만족이 전혀 표현되지 않았다.

진짜 젖가슴에 대한 진짜 욕구에서 비롯되는 진정한 만족은 첫 번째 사례에서 일어나지 않았다. 어머니는 그 첫 번째 징후에 대해서 그랬던 것처럼 이러한 결과 또한 동일한 승인으로 여겼다.

"그 애는 케이크를 너무 많이 먹지는 않았을 거예요. 그냥 '이제 그만. 줄리'라고만 말하면 되죠. 그럼 아무 이의도 제기하지 않았을 거예요."

앞서 우리는 거짓-자기 체계의 순응 안에서 그리고 그것을 통해서만 증오가 표현되는 일이 어떻게 일어나는지를 언급했다. 줄리의 어머니는 줄리의 순종을 칭찬했지만, 줄리는 '불가능'해질 정도로 복종하기 시작했다. 줄리가 열 살쯤 되었을 때에는 그날 일어날 모든 일과 해야 할 일을 들어야만 하는 기간이 있었다. 매일 그런 목록으로 하루를 시작했다. 엄마가 이 의식을 따르기를 거부하면, 줄리는 흐느껴 울기 시작했다. 줄리의 엄마 말로는 호되게 때리는 것 외에는 이 울음을 멈추게 할 방법이 없었다.

나이가 들면서, 줄리는 자신이 받은 돈을 쓰지 않았다. 원하는 것을 말해보라고 해도, 드레스를 사라고 해도, 다른 여자애들처럼 친구를 사귀라고 권해도, 줄리는 자신이 바라는 것을 말하지 않았다. 줄리는 엄마가 자기 옷을 사도록 했고, 친구를 사귀는 데도 전혀 주도적이지 않았다. 결코 어떤 종류의 결정도 내리지 않으려 했다.

앞서 언급한 흐느껴 우는 것 말고도, 아동기에 줄리가 엄마를 화나게 했던 경우들이 몇 가지 더 있었다. 다섯 살에서 일곱 살 사이, 줄리가 손톱을 깨물고 물어뜯는 기간이 있었다. 처음 말을 하면서부터 줄리는 단어들의 앞뒤를 바꾸어서 말했다. 여덟 살이 되자 줄리는 갑자기 과식하기 시작했고, 몇 달 동안 이러기를 계속하다가 깨작깨작 먹는 평소 방식으로 돌아갔다.

줄리의 어머니는 딸의 그러한 행동들을 과도기적 단계들이라고 무시했다. 하지만 사람들은 줄리의 행동에서 폭력적 파괴의 내면세계와 함께 명백한 탐욕이 일시적이고 필사적으로 접근하는 것을 갑작스레 엿볼 수 있다. 하지만 이 탐욕은 곧 다시 억제되고 가라앉았다.

2단계 : '나쁜' 단계

열다섯 살쯤부터, 줄리의 행동은 변했다. 그렇게 '착한' 아이였던 줄리는 '나쁜' 아이가 되었다. 이때도 줄리에 대한 어머니의 태도는 달라지기 시작했다. 전에는 줄리가 가능한 많이 자신과 함께 있는 것이 옳고 적절하다고 생각했지만, 이제는 줄리에게 밖으로 더 많이 나가서 친구들을 사귀고, 영화를 보러 가고, 춤도 추러 가고, 남자 친구들도 사귀라고 몰아대기 시작했다. 환자는 이 모든 일을 '완고하게' 거부했다. 대신에 줄리는 앉아서 아무 일도 하지 않거나, 어머니에게는 언제 돌아오겠다는 말도 하지 않은 채 거리를 어슬렁거렸다. 줄리의 방은 항상 지나치게 지저분했다. 줄리는 인형 하나를 소중히 여겼는데, 어머니는 이제 줄리가 그 인형으로부터 '벗어나야 한다'고 느꼈다. 이 인형에 대해서는 나중에 다시 이야기할 기회가 있을 것이다.

어머니에 대한 줄리의 비판은 끝이 없었고, 항상 같은 주제였다. 줄리는 어머니가 자신을 원하지 않았고, 사람이 되도록 하지 않았으며, 숨도 못 쉬게 하고, 질식시켰다고 비난했다. 줄리는 어머니에게 욕을 퍼부었다. 하지만 자신이 원하면, 다른 사람들에게는 매력적일 수 있었다.

지금까지 우리는 줄리와 그녀 어머니의 관계만을 고려했다. 하지만 이제 더 나아가기 전에 전체 가족 구도family constellation에 대해 한마디만 해야겠다.

최근 몇 년간 '조현병을 유발하는schizophrenogenic' 어머니라는 개념이 도입되었다. 다행히도 이 개념에 대한 초기의 '마녀사냥'적 특성이 사라지기 시작했다. 이 개념은 아주 다양한 방법으로 만들어질 수 있지만 다음과 같은 용어로 표현될 수 있다. 유전적으로 결정된 선천적 경향은 그 어린이 안에 있으면서 존재론적 안전이 나아가는 주요 발달 단계를 달성하게 한다. 그런데 이 모든 선천적 경향을 촉진하거나 '강화하기'보다는 방해하는 엄마가 되는 방법이 있을 수 있다. 엄마뿐만 아니라 전체 가족 상황도 진정으로 타인과 함께하는 자기로서 공유된 세상에 참여하는 아이의 능력을 촉진하기보다는 방해할 수 있다.

조현병은 다른 사람과 함께 온전한 사람이 되는 데 일반적인 경우보다 더 어려움이 있고, 세계 안에서 자신을 경험하는 상식(즉 공동체 의식)적 방법을 공유하지 않을 때 가능한 결과라는 것이 이 연구의 가설이다. 아이의 세계는 성인의 세계와 마찬가지로 '주어진 것과 구성된 것의 **통합**'(헤겔)이다. 즉 부모, 무엇보다 어머니가 전한 것과 이를 가지고 아이가 만든 것의, 아이를 위한 통합이다. 어머니와 아버지는 어린 자녀를 위해 세계를 크게 단순화하지만, 자녀의 능력이 커져서 이해하고, 패턴으로 혼돈을 알리며, 더 크고 더 복잡한 특징과 개념을 파악하게 됨에 따라 부버M. Buber가 말했듯이 자녀는 '실현 가능한 세계'로 인도된다.

하지만 엄마나 가족이 가진 사물의 도식이 그 자녀가 살거나 숨쉴 수 있는 것과 일치하지 않는다면 어떻게 될까? 그렇다면 아이는 자신만의 날카로운 비전을 개발하고 그에 따라 살 수 있어야 한다. 윌리엄 블레이크는 그렇게 하는 데 성공했고, 랭보A. Rimbaud는 말하는 데는 성공했지만 그렇게 살지 못했다. 그렇지 않으면 아이는 화를 내야 한다.

유아가 대자존재being for itself의 시작을 나타내는 것은 생애 초기에 어머니와 맺은 사랑의 유대를 벗어나는 것이다. 맨 처음에 엄마는 이 유대 안에서 그리고 이 유대를 통해 유아에게 세계를 '전한다'. 유아에게 주어진 세상은 그가 어떻게든 그 안에 있을 수 있는 세상일지도 모른다. 반대로, 유아에게 주어진 세상이 그 당시에 유아에게는 실현 가능하지 않을 수도 있다. 하지만 생애 첫 1년이 아무리 중요하다고 해도 유아기, 아동기, 청소년기 내내 아이가 존재해야 하는 환경의 특성은 어떤 식으로든 여전히 큰 영향을 미칠 수 있다. 아버지나 다른 중요한 성인이 아이와의 직접적 관계에서든, 간접적으로든 어머니에 대한 영향을 통해 아이 삶에서 결정적 역할을 할 수 있는 것은 이 후속 단계들에서다.

이러한 고려 사항들은 너무 배타적으로 조현병을 유발하는 엄마를 생각하기보다 조현병을 유발하는 가족들을 생각하는 편이 낫다는 사실을 암시한다. 적어도 그렇게 함으로써 전체 가족의 역동에 대한 충분한 언급 없이 엄마, 아빠, 형제를 연구하는 대신, 전체 가족 구도에 대해 더 많이 보고하도록 장려할 수 있다.[7]

---

7 특히 랭과 에스터슨 Laing and Esterson(1964)의 책을 보라.

줄리보다 세 살 더 많은 줄리의 언니는 다소 솔직하고 자기주장이 강한 기혼 여성이었다. 하지만 여성다움과 매력이 없는 것은 아니었다. 줄리 어머니에 따르면, 줄리는 태어날 때부터 '다루기 힘들었다'. 까다롭고 항상 '골칫거리'였다. 간단히 말해서, 줄리는 어머니가 결코 별로 좋게 말하지 않는 비교적 '정상적' 아이였던 것으로 보인다. 하지만 이들 모녀는 함께 충분히 잘 지내는 것처럼 보였다. 줄리의 언니는, 누군가 맞서지 않는다면 어머니가 상당히 지배적 사람이라고 생각했다. 하지만 '어머니는 줄리를 위해서라면 무슨 일이라도 했고, 줄리는 항상 어머니가 가장 좋아하는 사람이었다.'

이 자매가 일찍이 완전한 자율적 지위를 획득했다는 사실은 매우 분명했다. 누군가 줄리 언니의 성격을 자세히 살펴본다면 많은 신경증적 요소들을 그녀에게서 발견하겠지만 적어도 줄리가 결코 도달하지 못한 일차적인 존재론적 지위를 달성했다는 데는 의심의 여지가 없었다. 줄리의 언니는 어렸을 적에 자기 또래 친구들이 있었다. 줄리에게는 너무 나이가 많은 친구들이었다. 줄리는 언니에게 가까이 오지 않는 것처럼 보였다. 하지만 줄리는 자신의 '세계'에서 몇 안 되는 탁월하게 좋은 인물들 가운데 하나였던 언니 한 명을 자신의 환상 도식의 일부로 만들었다. '자비의 언니'였다.

아버지에게는 더 분명하게 중요한 역할이 있었다. 어머니 눈에 아버지는 '성적인 짐승'이었다. 아버지 눈에 어머니는 냉정하고 동정심 없는 여자였다. 두 사람은 꼭 필요한 말만 했다. 줄리의 아버지는 다른 곳에서 성적 만족감을 느꼈다. 두 사람은 상대방을 많이 비난했지만 어느 쪽도 이 비난 안에 딸을 학대한 혐의를 포함시키진 않았다. 줄리의 아버지는 자신이 말했듯이 내게 할 말이 별로 없었다. 줄리가 태어나기 전부터 아버지는 그 가족한테서 '감정적 면에서 몸을 뺐기' 때문이다.

환자의 언니는 내게 두 가지 사건을 이야기했는데 두 사건 모두 줄리에게 매우 중요했음에 분명하다. 첫 번째 사건은 아마 어머니가 몰랐을 것이다. 두 번째 사건은 그녀가 차마 말하지 못했다. 이 두 번째 사건에 대해서는 후에 다시 살펴볼 것이다.

첫 번째 사건은 줄리가 열네 살에서 열다섯 살 무렵 일어났다. 아빠가 거리를 두고 있고 상대적으로 접근할 수도 없었지만 줄리는 아빠를 좋아하는 것처럼 보였다. 아빠는 때때로 줄리를 데리고 산책하러 나갔다. 한 번은 줄리가 그렇게 산책을 하다가 울면서 집으로 돌아왔다. 줄리는 무슨 일이 있었는지 엄마에게 절대로 말하지 않았다. 줄리의 어머니는 줄리와 자신의 남편 사이에 무언가 끔찍한 일이 일어난 것이 확실하다고 말하려고 내게 이 말을 했지만, 그 일이 무엇인지는 발견하지 못했다. 이 일이 있은 후 줄리는 아버지와 담을 쌓고 살았을 것이다. 하지만 줄리는 아버지가 자신을 공중전화 박스로 데려갔고, 거기서 아버지와 아버지 정부 사이의 '끔찍한' 대화를 엿들었다고 언니에게 털어놓았다.

X 부인은 딸들 앞에서 남편을 욕하는 것을 서슴지 않았고, 남편의 수많은 부정행위 사례들을 모으면서 딸들을 자기편으로 끌어들이려고 애썼다. 하지만 언니는 중도를 택했고, 줄리는 결코 공개적

으로 어머니와 한통속이 되어 아빠에게 대항하지 않았다. 공중전화 박스 사건이 있은 후, 줄리는 아버지에게서 떨어져 나왔을 뿐 결코 어머니의 방앗간에서 빻을 곡물이 될 만한 정보를 제공하려 하진 않았다.

하지만 아버지는, 스스로 말했듯이, 가족에게서 물러났다. 아버지는 딸들 앞에서 아내를 비난하지 않았다. 아내에 대항하느라 딸들의 지지를 필요로 하진 않았기 때문이다. 줄리의 아버지는 어머니를 쓸모없는 아내로 여겼지만 "어머니에게 공정하게 말하자면" 그의 말대로 "아내는 좋은 엄마였어요. 나는 그 점을 아내에게 인정해야만 해요"라고 말해야 할 것이다.

줄리의 언니는 양쪽 부모에게서 결점을 보았지만 되도록이면 합리적이고 균형 잡힌 태도를 취하고, 다른 쪽보다 한쪽을 더 편들지 않도록 노력했다. 하지만 꼭 그래야만 한다면 언니는 엄마 편을 들어 아빠에게, 엄마 편을 들어 동생 줄리에게 맞섰다.

후자의 관점에서, 언니가 그렇게 해야만 하는 것이 터무니없지 않았다. 어머니에 대한 줄리의 비난은 사실상 상식적 관점에서 볼 때 처음부터 거칠고 엉뚱했다. 처음부터 다소 미친 이야기로 들렸을 것이다. 숨 막히고, 살 수 없으며, 사람이 될 수 없다는 것에 대해 '화를 내며 거칠게 외치는 것'은 이 평범하고 상식적인 가족에게 전혀 의미가 없는 것처럼 보였다. 줄리는 어머니가 자신을 결코 원하지 않았다고 말했지만, 어머니가 가장 좋아하는 사람이 줄리였다. 어머니는 줄리를 위해 어떤 일이라도 했고, 모든 것을 다 주었다. 줄리는 어머니가 자신을 질식시킨다고 말했지만, 어머니는 줄리에게 철들라고 간청한 것이다. 줄리는 어머니가 자신이 사람이 되는 것을 원하지 않는다고 말했지만, 어머니는 줄리에게 친구를 사귀고, 댄스파티에 가라고 권했다.

남편과 아내의 관계가 급격하게 붕괴되었는데도 적어도 한 가지 측면에서 두 사람이 결탁을 유지했다는 것은 주목할 만하다. 두 사람 모두 환자의 거짓-자기를 선한 것으로 받아들였고, 그녀의 다른 모든 측면을 나쁜 것으로 여기고 거부했다. 하지만 '나쁜' 단계에서, 이에 대한 결과는 아마도 더 중요했을 것이다. 그들은 실제 사람에 관해 자신들 눈에 비친 순응적이고 생기 없는 그림자를 제외한 줄리의 모든 것을 나쁘다고 거부했을 뿐만 아니라, 줄리가 자신들에게 했던 그 어떤 비난도 진지하게 생각하는 것을 완전히 거부했다.

그 당시 줄리와 어머니 두 사람 모두 자포자기 상태였다. 정신증 상태에서 줄리는 자신을 테일러 부인이라고 불렀다. 이 이름이 무엇을 의미할까? '나는 맞춤 제작 되었어요I'm tailor-made', '나는 맞춤형 하녀예요I'm a tailored maid, 나는 만들어지고, 먹여지고, 옷 입혀지고, 맞춤 제작 되었어요'라는 뜻이다. 그러한 진술은 정신병적이다. 그 진술이 '사실'이 아닐 수 있어서가 아니라, 수수께끼 같기 때문이다. 그 진술들은 말한 환자가 그 뜻을 해독해주지 않는 한 알아내기가 매우 불가능하기 때문이다.

하지만 정신병적인 진술이라고 해도 이것은 매우 설득력 있는 관점으로 보이고, 줄리가 열다섯, 열여섯 살 무렵 자신의 어머니에게 했던 비난의 요점을 단 한마디로 말해준다. 이 '고함치기와 헛소리'는 줄리의 '불량함'이었다. 내가 이 시기에 가장 조현병을 유발하는 요소라고 느낀 것은 줄리의 어머니에 대한 공격이나, 어머니의 반격이 아니었다. 그것이 옳든 그르든, 줄리의 관점이 지닌 의미를 알 수 있거나 알고자 하는 사람이 줄리의 세계 안에 전혀 아무도 없었다는 것이었다. 여러 가지 이유로, 줄리의 아버지와 언니도 그 논쟁에서 줄리 쪽에 타당성이 있음을 알지 못했다.

앞서 나온 우리의 집단치료 환자처럼(3장) 줄리는 논쟁에서 이기기 위해서가 아니라, 자신의 존재를 보존하기 위해서 싸우고 있었다. 어떤 면에서 줄리는 단순히 존재를 보존하려고 노력한 것이 아니라, 존재를 성취하기 위해 노력한 것이다. 내 생각에 우리는 줄리가 열다섯, 열여섯 살쯤 됐을 때, '상식의 능력'이라고 부를 수 있는 것을 거의 발전시키지 못했음을 알 수 있다. 일반적인 가족 의식으론 '그녀는' 존재하지 않았다. 그녀의 어머니가 옳아야, 완전히 옳아야 했다. 줄리는 어머니가 자신을 나쁘다고 말할 때 이게 살인이라고 느꼈다. 그것은 줄리의 모든 자율적 관점에 대한 부정이었다. 줄리의 어머니는 순응적 거짓-자기를 받아들이고, 이 그림자를 사랑하며, 그 그림자에게 무엇이든 줄 준비가 되어 있었다. 어머니는 이 그림자에게 그것이 마치 사람인 것처럼 행동하도록 명령하기까지 했다.

하지만 어머니는 자신만의 가능성을 가진 딸이 정말 불안하게 세상에 존재한다는 것을 결코 인식하지 못했다. 줄리의 망상 속에 존재하는 실존적 진실은 줄리 자신의 진정한 가능성이 질식되고, 목이 졸리며, 살해되고 있다는 것이었다. 자신이 존재하고 숨을 쉴 수 있으려면 어머니가 스스로 몇 가지 일에 대해 틀렸을 수 있고, 실수했을 수 있으며, 딸이 말한 것이 옳을 수 있고, 설득력이 있을 수 있음을 인정해야만 한다고 줄리는 느꼈다. 그렇게 생각하면 줄리가 자신의 나쁜 자기를 어머니에게 투사하고 항상 받기만 하는 것이 아니라 어머니에게 좋은 점을 끌어내도록 허용할 필요가 있었다고 말할 수 있다.

하지만 줄리는 온 가족에게 흰색이 검정색임을 증명하려고 했다. 현실은 굴복하지 않았다. 줄리는 실존적 진리를 물리적 사실로 바꾸기 시작했다. 줄리는 망상에 빠졌다. 줄리는 실존적 의미에서 어머니가 자신이 살도록 허락하지 않았다고 어머니를 비난하는 것으로 시작했다면, 법적 의미에서는 어머니가 실제로 실제 자녀를 살해한 것처럼 절반 이상을 말하고 행동하는 것으로 끝을 맺었다.

가족들이 줄리를 동정할 수 있고, 줄리를 비난함으로써 더는 자신들을 변호할 필요가 없게 되자, 그것이 가족들에게는 아주 분명하게 위안이 되었다. 줄리의 아버지만이 이상한 방법으로 줄리를 책임 있는 사람으로 대했다. 아버지는 줄리가 미쳤다는 것을 인정하지 않았다. 아버지가 보기에 줄리는 사악했다.

아버지는 줄리의 계략에 '속지' 않았다. 그것은 모두 원한과 배은망덕함의 표현이었다. 아버지는 우리가 그녀의 긴장성 거부증이라고 부른 것을 '심술궂음 thrawn-ness'이라고 여겼다. 줄리가 보인 파과 증상hebephrenic symptoms [8]을 악의적 바보짓이라고 생각한 것이다. 아버지는 가족 중에 줄리를 동정하지 않는 유일한 사람이었다. 가끔씩 방문할 때 아버지는 줄리를 흔들고, 꼬집고, 팔을 비틀어서 '그런 행동을 그만두게' 한 것으로 알려졌다.

3단계 : 미침

줄리의 기본적 비난은 어머니가 자신을 죽이려고 한다는 것이었다. 줄리가 열일곱 살 때, 아마도 나쁨 상태에서 미침 상태로 바뀌는 데 효율적 원인이 되었을 법한 사건이 하나 일어났다.

이것은 줄리의 언니가 내게 말한 두 번째 상황이다. 열일곱 살 때까지 줄리에게는 인형이 하나 있었다. 아기 때부터 가진 인형이었다. 줄리는 인형에 옷을 입혀 방 안에서 가지고 놀았지만 어떻게 노는지는 아무도 몰랐다. 인형은 줄리의 인생에서 은밀한 고립지였다. 줄리는 그 인형을 인형 줄리라고 불렀다. 어머니는 줄리가 이 인형을 버려야 한다고 점점 고집을 부렸다. 줄리는 이제 다 큰 소녀였기 때문이다. 어느 날 인형이 사라졌다. 줄리가 버렸는지, 어머니가 치웠는지는 알려져 있지 않다. 줄리는 어머니를 비난했다. 어머니는 자신이 그 인형에 어떤 일을 했다는 사실을 부인하면서 줄리가 인형을 잃어버렸음이 틀림없다고 말했다. 이 일이 있은 직후, 줄리는 자신의 옷을 입은 한 아이가 줄리의 어머니에게 늘씬하게 두들겨 맞았다는 목소리를 들었고,

---

8 지각과 행동에서 현실과 심각한 괴리가 있는 경우와 관련되는 증상. —옮긴이

경찰서에 가서 이 범죄 사건을 신고하자고 제안했다.

나는 줄리나 어머니가 인형을 처리했다고 말했다. 이 단계에서 줄리에게는 자신의 '어머니'가 밖에 있는 진짜 어머니라기보다는 원형적 파괴자였을 가능성이 매우 높기 때문이다. 자신의 '어머니'가 인형을 죽였다고 말했을 때, '그녀'가 그렇게 했을 가능성, 즉 '내면의' 어머니가 그렇게 했을 가능성이 꽤 높다.

어쨌든 그 일은 일어났고, 사실 그 행동은 재앙과도 같았다. 줄리는 분명히 그 인형과 자신을 밀접하게 동일시했기 때문이다. 줄리가 인형을 가지고 놀 때 인형은 줄리 자신이었고, 줄리는 인형의 어머니였다. 이제 줄리의 놀이에서 줄리는 점점 인형을 죽인 나쁜 어머니가 되어갔을 가능성이 있다.

우리는 나중에 줄리의 정신증에서, 줄리를 통해 '나쁜' 엄마가 많이 행동하고 말했음을 보게 될 것이다. 줄리의 어머니는 자신이 인형을 파괴했다는 사실을 인정했다. 줄리의 실제 어머니가 그 인형을 파괴했다면 사건은 덜 비극적이었을 수도 있다. 이 단계에서 줄리의 온전한 정신의 조각들은 실제 어머니에게 나쁜 감정을 품을 가능성이 있는가에 달려 있었다. 건전한 방식으로 이러한 일을 못하는 것은 조현병적 정신증의 원인이 되는 요소들 중 하나였다.

잡초밭의 유령

> 어떤 단계에서 이전에 전면에 걸친 방식으로 조립된 기계는 그 연결부를 더 높거나
> 낮은 독립성을 지닌 부분적 조립 부품으로 분해할 수 있다.
>
> 노버트 위너Nobert Wiener, 《인간 존재의 인간적 활용Human Use of Human Beings》

이어지는 언급은 줄리와 다른 파과형-긴장형 만성 조현병 환자들에게 적용된다. 그 언급들은 이런저런 형태로 분열되는 것이 매우 명백한 모든 형태의 만성 정신증 상태를 포함하지는 않는다. 특히 이러한 언급들은 편집형 정신증에는 거의 적용되지 않는다. 편집형 정신증 환자의 경우, 줄리나 그녀 같은 사람들에게서 발견되는 것보다 훨씬 더 큰 성격의 통합이 존재한다.

줄리의 자기-존재는 너무 분열되어 **혼란스러운 비존재**nonentity**에 접근하는 상태에서 삶 속의 죽음**death-in-life**인 삶**을 산다고 말하는 것이 최상의 표현일 것이다.

줄리의 경우 완전히 혼란스럽고 자신이 되지 못한 것은 아니다. 하지만 줄리와 함께 있으면 독일 임상가들이 묘사한 이상한 '조발성 치매[9]

---

9 '조발성 치매dementia praecox'라는 용어는 이전에 현재 우리가 일반적으로 젊은이들에게서 발생하는 조현병의 한 형태라고 부르는 것을 나타내기 위해 사용한 것이다. 사람들은 조발성 치매가 만성 정신증이라는 결론으로 넘어간다고 생각했다. 나는 이 '조발성 감정'은 오필리아Ophelia가 미쳤을 때 관객들의 반응이 되어야 한다고 믿는다. 임상적으로 말해서 줄리는 요즘 의심의 여지 없이 조현병 환자다. 줄리의 광기 속에는 아무도 없다. 줄리는 사람이 아니다. 줄리의 행동과 말에는 완전한 자기 됨selfhood이 표현되지 않는다. 아무것도 아닌 것이 이해할 수 없는 말을 한다. 줄리는 이미 죽었다. 전에 한

의 감정 praecox feeling '[10]을 오랫동안 느꼈다. 즉 다른 사람과 함께 있으면서도 그곳에 아무도 없다고 느끼는 것이다. 말한 내용이 누군가의 표현이라고 느낄 때조차 그 말과 행동 뒤에 있는 자기의 파편들은 줄리가 아니었다. 우리에게 말하는 누군가가 있을 수 있지만 조현병 환자의 이야기를 들을 때에는 이야기하는 사람이 '누구'인지를 알기가 매우 어렵다. 마찬가지로 '누구'에게 이야기하는지를 아는 것도 어렵다.

줄리의 이야기를 들어보면 환자 한 명과 집단 심리 치료를 하는 것 같았다. 따라서 나는 상당히 다른 태도, 감정, 충동의 표현들로 된 분명하지 않은 말 그리고 뒤죽박죽된 말을 직면했다. 환자의 억양, 몸짓, 버릇의 특성은 시시각각 바뀌었다. 사람들은 서로 다른 시기에 나타나는 말의 파편들, 행동의 조각들을 인식하기 시작할 수 있다. 이 파편과 조각들은 억양과 어휘, 구문, 발화 속 고정관념이 유사해서 서로 잘 어울리는 것처럼 보인다. 혹은 어떤 틀에 박힌 몸짓이나 버릇 때문에 행동으로 응집되는 듯하다. 그러므로 한 사람이 동시에 작동하는 다른 '성격들'의 다양한 조각들이나 불완전한 요소들 앞에 있는 것처럼 보였다. 줄리의 '말비빔'은 다수의 준자율적 부분 체계들이 동시에 같은 입으로 자신들을 표현하려고 애쓴 결과로 보였다.

이러한 진단이 덜 혼란스럽게 하지는 못했다. 하지만 줄리가 1인칭,

사람이 있던 자리에는 이제 공백이 있을 뿐이다.

10 임상가가 조현병 환자에게 감정적 거리감을 느껴 정서적 공감을 형성할 수 없다는 느낌. 조현병은 초기에 조발성 치매라고 불렸다. —옮긴이

2인칭, 3인칭으로 자신에 대해 말하는 것처럼 보였다는 사실로 인해 이러한 진단은 더 지지를 받는다. 이러한 진단의 의미에 관해 말하려면 먼저 개인 환자에 대한 상세한 지식이 필요하다(조현병적 활동의 다른 모든 측면에서도 그러하다)

피에르 자네Pierre Janet는 해리dissociation 또는 분리spitting를 질량 분열molar splits과 분자 분열molecular splits로 구별했다. 히스테리적 분열 성격은 질량 분열이다. 조현병은 분자 분열이다. 줄리의 경우엔 둘 다 있는 것 같았다. 줄리의 존재의 전반적 통합은 몇 개의 '부분적인 조립체들'과 '부분 체계'(준자율적 '콤플렉스들', '내적 대상')로 나뉘었는데, 각각은 자신만의 작은 틀에 박힌 '성격'(질량 분열)을 가지고 있었다. 또한 실제 행동 순서는 훨씬 더 미세한 방식으로 세분화되었다(분자 분열). 예를 들어 언어의 온전성도 붕괴되었을 것이다.

그러므로 우리가 이 같은 사례에서 '접근 불가능성'과 '조발성 감정'을 이야기하는 것은 놀라운 일이 아니다. 줄리와 함께 말을 주고받는 것은 어려운 일이 아니었지만 줄리는 전반적으로 통합된 것처럼 보이지 않고, 준자율적인 부분 체계의 집합체로만 보였기 때문에 '그녀에게' 말하기가 어려웠다. 하지만 주로 기계적 비유의 관점에서 생각해서는 안 된다. 거의 혼란스러운 비존재의 이러한 상태조차 결코 돌이킬 수 없는 것이 아니고, 분열된 상태에 고정되어 있지 않기 때문이다. 때때로 줄리는 놀라울 정도로 통합되어 자신의 곤경을 가장 비통하게 깨닫는 모습을 보였다. 하지만 줄리는 다양한 이유로 이러한 통합의 순간을 두려워했다. 다른 이유도 있겠지만 이런 통합의 순간에 강렬한 불안을 견뎌야 했기 때문이었고, 비통함과 허구성, 무감각으로 피해야 할 만큼 분열 과정이 너무 끔찍한 경험으로 기억되고 두려웠기 때문이다.

따라서 만성 조현병 환자로서 줄리의 존재는 통합의 결여와 부분적 '조립체들', 콤플렉스, 부분 체계, 또는 '내적 대상' 등 다양하게 불리는 것들로 분열되는 것으로 특징지어졌다. 이 부분 체계들은 각각 인지할 수 있는 특징과 그 체계만의 독특한 방식이 있다. 이 가정들을 철저하게 따름으로써 줄리의 행동에 대한 많은 특징들을 설명할 수 있다.

줄리의 자기-존재가 모든 방식에서 결집된 것이 아니라 다양한 부분적 조립체나 체계들로 분리된다는 사실에서 우리는 개인적 통합의 성취나, 아니면 적어도 높은 수준의 개인적 통합을 전제로 하는 다양한 기능들이 줄리 안에는 존재할 수 없었음을 이해할 수 있다. 실제로 그 기능들은 존재하지 않았다.

개인적 통합은 상대적으로 남을 의식하지 않고 행동하는 한 사람 자신의 자기를 인식하는 능력인 성찰적 의식 또는 단순한 기본적인 비성찰적 의식의 전제조건이다. 줄리 안에서 각 부분적 체계는 대상을 인식할 수 있었지만, 한 체계는 그것에서 분리된 다른 체계에서 진행되는 과정들을 인식하지 못할 수 있다. 예를 들어 내게 말할 때 한 체계가 '말하고' 있다면, 통합된 사람으로서 '그녀'가 이 체계가 말하거나 행동하는 것이 무엇인지 인식할 수 있는 전반적 통합이 그녀 안에 없는 것처럼 보였다.

성찰적 인식이 없는 한 성찰적 인식이 전제조건인 것처럼 보이는 '기억'은 매우 불완전했다. 줄리의 모든 삶이 동시대의 것 같았다. 그녀의 온 존재를 총체적으로 경험하지 못했다는 것은 자신의 존재의 '경계'에 대한 명확한 개념에서 기초가 될 통일된 경험이 부족했음을 의미했다.

하지만 그러한 **전반적인** '경계'가 완전히 없는 것은 아니었다. 게다가 **자아** 경계ego boundary라는 페데른의 용어는 만족스럽지 않다. 자아가 한 부분인 전체를 표현할 다른 용어가 필요하다. 오히려 **각각의 체계에는 그것들만의 경계가 있는 듯 보였다.** 즉 한 체계를 특징짓는 의식에 대해 다른 체계가 그 자체로 외부에 나타나기 쉬웠다.

전반적 통합 안에서 줄리의 존재의 한 다른 측면이 나머지 측면들과 충분히 '이질적'이라면, 고통스러운 갈등을 야기할 것이다. 하지만 줄리의 내면에서는 이런 종류의 갈등이 일어날 수 없었다. 줄리의 서로 다른 상충되는 체계들이 동시에 작동한다는 것은 '외부에서만' 볼 수 있었다. 각 부분 체계는 그 안에 그것만의 초점이나 인식의 중심이 있는 듯했다. 그 부분 체계만의 매우 제한된 기억 도식, 지각을 구성하는 제한된 방식, 준자율적 욕동과 구성 욕동, 그 부분 체계만의 자율성을 유지하려는 경향, 자율성을 위협하는 특별한 위험들이 있었다.

줄리는 이 다양한 측면들을 '그' 또는 '그녀'라고 부르거나, '너'라고 언급하기도 했다. 즉 자신의 그러한 측면들을 성찰적으로 인식하는 대신에, '그녀'는 부분 체계의 작동을 '자신'이 아니라, 외부에 속한 것처럼 **인식했다.** 줄리는 환각에 빠지곤 했다.

줄리는 자신의 존재의 측면들을 자신이 아니라고 인식했을 뿐만 아니라 '객관적으로' 자신이 아닌 것과 자신인 것을 구별하지 못했다. 이것은 전반적인 존재론적 경계가 없다는 것의 다른 측면이다. 예를 들어 줄리는 자기 뺨 위의 빗물을 눈물이라고 느꼈을 것이다.

윌리엄 블레이크는 《예언서들》에서 존재의 분열 상태를 설명하면서 자신이 인식하는 대상이 되려는 경향에 대해 묘사한다. 줄리 안에서 모든 인식은 그 대상과 혼동될 우려가 있는 것 같았다. 줄리는 오랫동안 이 문제로 괴로워했다.

"저것은 비예요. 내가 비일 수 있어요."

"저 의자…… 저 벽. 나는 그 벽일 수 있어요. 소녀가 벽이 된다는 건 끔찍한 일이에요."

모든 인식이 융합될 것처럼 보였고, 다른 사람에게서 감지되는 모든 감각은 비슷하게 줄리를 위협했다. 이는 줄리가 끊임없는 박해의 세계에 살며, 자신에게 일어나는 일처럼 두려워한 일을 자신이 다른 사람들에게 한다고 느꼈음을 의미한다. 거의 모든 지각 행위가 자기와 자기가 아닌 것의 혼동을 수반하는 것처럼 보였다. 줄리의 인격의 큰 측면이 부분적으로 줄리의 '자기' 외부에 있어서, 그녀 존재의 분리된 측면들을 다른 사람들과 혼동하는 것이 쉬웠다는 사실에 의해 이 혼동을 위한 근거가 마련되었다. 예를 들면 줄리는 자신의 '양심'과 자신의 어머니, 자신의 어머니와 자신의 '양심'을 혼동했다.

그러므로 사랑하는 것은 매우 위험했다. 무엇인가를 좋아하기=무엇처럼 되기=무엇과 똑같이 되기. 그녀가 나를 좋아한다면 그녀는 나와 같고, 그녀는 나다. 따라서 그녀는 자신이 내 여동생이고, 내 아내며, 맥브라이드McBride라고 말하기 시작했다.

그녀는 **a**, **b**, **c**라는 생각을 생각한다.
나는 매우 비슷한 **a**^{1}, **b**^{1}, **c**^{1}라는 생각을 표현한다.
그러므로 나는 그녀의 생각을 훔친 것이다.

이에 대한 완전히 정신증적 표현은 내 머릿속에 그녀의 뇌를 가지고 있다고 나를 비난한 것이었다.

반대로 그녀가 나를 흉내 내거나 따라 할 때, 자신이 훔쳤다고 느끼는 나의 한 조각과 함께 '나온 것'에 대해 내가 보복할 것을 기대하기 쉽다. 물론 융합의 정도는 시시각각 변했다. 예를 들어 훔치기는 자기와 자기가 아닌 것 사이에 어느 정도 경계를 전제로 한다.

이제 우리는 예시를 통해 앞의 사항들을 예증하고 설명할 것이다.

줄리가 명령을 내리고 그것을 따르기 시작한 것에서 줄리의 존재가 두 개의 부분적인 '조립체'로 분열되는 작용의 가장 단순한 사례를 볼 수 있다. 줄리는 작은 소리로, 큰 소리로 또는 환각에 의해 계속 이 일을 하고 있었다. 따라서 '그녀'는 "앉아, 일어서"라고 말하고, '그녀'는 앉고 일어설 것이다. 또는 한 부분 체계의 목소리인 환각 속 목소리가 명령을 내리고, 다른 부분적 체계의 행동인 '그녀'는 그 명령에 따를 것이다.

또 다른 일반적이고 단순한 예는 '그녀'가 조롱하는 웃음으로 인사할 무언가를 말할 때였다(사고와 정서의 부조화). 그 진술이 A 체계에서 나오고, 웃음은 B 체계에서 나온다고 가정해보자. 그러고 나서 A는 나에게 "그녀는 여왕이다"라고 말하고, B는 조롱하며 웃는다.

'전파방해'와 비슷하게 보이는 많은 것들이 계속되었다. A가 비교적 일관성 있게 무엇인가를 말하고 나면 뒤범벅이 되고, B가 말하기 시작했다. A가 "그녀(B)가 내 혀를 훔쳤다"라고 말하기 위해 끼어든다.

줄리를 알게 된 후에는 이런 다양한 부분 체계들을 적어도 어느 정도 식별할 수 있었다. 그 체계들이 구성한 개인 내면의 '집단'이라고 부를 수 있는 것 안에서 각 체계가 담당한 역할이 일관되었기 때문이다.

예를 들어 항상 줄리에게 명령을 내리는 독단적 불량배가 있었다. 그 독단적 목소리가 '이 아이'에 대해 내게 끊임없이 불만을 제기했다.

"이 아이는 못된 아이야. 이 아이는 시간 낭비야. 이 아이는 그저 싸구려 타르트일 뿐이야. 당신은 이 아이에게 아무 일도 하지 않을 거야……."

여기서 '당신'이 나나 그녀의 체계들 중 하나를 직접 언급했을 수도 있고, 내가 이 체계를 구현하는 것일 수도 있었다. 줄리 안에 있는 이 괴롭히는 인물이 오랜 시간 동안 '두목'이었다는 사실은 분명하다. '그녀'는 줄리를 별로 생각하지 않았다. '그녀'는 줄리가 회복되리라 생각하지 않았고, 더 나아질 만한 가치가 있다고도 생각하지 않았다. 그녀는 줄리 편도, 내 편도 아니었다. 이 준자율적인 부분 체계를 '나쁜 내면의 어머니'라고 부르면 적절할 것이다. 나쁜 내면의 어머니는 기본적으로 줄리가 어머니에게 귀속시킨 모든 나쁜 것을 농축된 형태로 갖고 있는 내면의 여성 박해자였다.

다른 두 개의 부분 체계는 쉽게 식별할 수 있다. 한 부분 체계는 줄리를 대신해서 내게 변호사 역할과 박해에 대항하는 보호자와 완충자 역할을 수행했다. '그녀'는 자주 줄리를 그녀의 여동생이라고 불렀다. 따라서 현상학적으로 우리는 이 체계를 '줄리의 좋은 언니'라고 부를 수 있다.

내가 소개할 세 번째 부분 체계는 전적으로 착하고, 순응적이며, 비위를 맞추는 어린 소녀였다. 이는 내가 조현성 성격장애의 사례들에서 설명한 거짓 체계와 매우 비슷한 체계였던 것에서 몇 년 전에 파생된 부분 체계로 보였다. 이 체계가 말할 때, 줄리는 "나는 착한 소녀예요. 나는 규칙적으로 화장실에 가요"라고 말했다.

'내적' 자기였던 것처럼 보이는 것에서 파생된 것도 있었다. 이것은 거의 완벽하게 순수한 가능성으로 휘발되어버렸다. 마지막으로 앞서 내가 말했듯이, 그녀가 가여울 정도로 겁먹고, 거의 들리지 않는 소리로 말했지만 다른 어느 때보다도 더 '본인이 직접' 말하는 것처럼 보이는 시기가 있었다.

이제 이 다양한 체계들이 함께 작동하는 것을 고려해보자. 내가 제시하는 예들은 줄리의 더욱 일관성 있는 언급들이다.

난 검은 태양 아래 태어났어요. 나는 태어나지 않았고, 짜내졌어요. 그건 당신이 그렇게 극복할 일은 아니에요. 나는 낳아진 게 아니라 질식됐어요. 그 여자는 엄마가 아니었어요. 누구를 엄마로 삼을지에 대해선 나는 까다로워요. 그만해요. 그만해요. 그 여자가 날 죽이고 있어요. 내 혀를 잘라내고 있어요. 나는 형편없고 천해요. 나는 사악해요. 나는 시간 낭비예요…….

이제 앞서 언급한 논의를 고려하면서 무슨 일이 일어나고 있는지에 대해 나는 다음과 같은 해석을 제시할 것이다.

줄리는 몇 년 동안 지속해온 것과 똑같은 비난을 어머니에게 돌리기 위해 본인이 몸소 내게 말하기 시작했다. 하지만 말하는 방식은 명료하고 명쾌했다. '검은 태양sol niger'은 자신의 파괴적 어머니에 대한 상징으로 보인다. 그것은 자주 반복되는 심상이었다. 줄리는 처음 여섯 문장을 제정신으로 말했다. 갑작스럽게도 아마 이 나쁜 어머니에게 줄리가 끔찍한 공격을 받은 것처럼 보인다. 줄리는 개인 내면의 위기에서 떨어진다.

"그만해요. 그만해요."

줄리는 다시 간략하게 내게 말하면서 "그 여자가 나를 죽이고 있어요"라고 외친다. 그런 다음 그녀의 나쁜 어머니가 그녀를 비난한 것과 똑같은 용어로 표현된 자신에 대한 방어적 모욕을 이어갔다.

"난 형편없고, 천해요. 난 사악해요. 난 시간을 낭비해요……."

어머니에 대한 줄리의 비난은 항상 그 같은 재앙적 반응을 촉발시키기 쉬웠다. 나중에 줄리는 어머니에 대해 늘 하던 비난을 했고, 나쁜 어머니는 '그 아이'에 대한 자신의 습관적 비난으로 줄리의 말을 끊었다.

"그 아이는 나빠요. 그 아이는 사악하고. 그 아이는 시간 낭비예요."

나는 이 말을 끊고 말했다.

"줄리는 이런 말을 해서 자살할까 봐 두려워해요."

그 통렬한 비난은 계속되지 않았지만 '그녀'는 매우 조용하게 말했다.

"맞아요. 나를 죽이는 것은 내 양심이에요. 나는 평생 엄마를 무서워했는데 항상 그럴 거예요. 내가 살 수 있을 거라고 생각하세요?"

이 상대적으로 통합된 진술에서 줄리가 자신의 '양심'과 자신의 진짜 어머니를 **혼동**하고 있음이 분명해진다. 줄리의 나쁜 양심은 줄리를 괴롭히는 나쁜 어머니였다. 앞서 언급했듯이 괴롭히는 나쁜 어머니는 줄리의 인생에서 조현병을 유발하는 한 가지 요소였을 수도 있다. 줄리는 진정으로 어머니를 받아들일 수 없었다. 자신의 나쁜 양심 일부를 어머니에게 투사할 필요성을 받아들이기 위해서였다. 즉 줄리의 어머니는 줄리의 비난에 대해 실제로 어느 정도 타당성을 인정함으로써 줄리가 어머니의 결점을 보도록 허용하고, 그렇게 해서 줄리의 '양심'에서 내적 박해 일부를 완화시키는 것이다.

이 아이는 여기 오고 싶어 하지 않아요. 그거 알아요? 그 애는 내 여동생이에요. 이 아이는 자신이 알아서는 안 될 것에 대해서는 몰라요.

여기 줄리의 '언니'가 말하고 있다. '언니'는 줄리가 결백하며 아무것도 모르므로 아무 죄도 없고 책망할 수도 없음을 분명히 한다. 순진하고 무지한 '여동생' 체계와 대조적으로 '언니' 체계의 언니는, 친절하고 보호적이긴 해도 상당히 거만하지만 매우 영리하고 책임감 있는 '사람'이었다. 하지만 '그녀'는 성장하고 있는 여동생 줄리 편이 아니었으며, 항상 여동생을 '대신해서' 말한다. 언니는 **현상**status quo 유지를 원한다.

> 이 아이는 마음이 깨졌어요. 아이 마음은 닫혀 있어요. 당신은 이 아이 마음을 열려고 해요. 나는 당신이 아이 마음을 열려고 하는 것을 절대 용서하지 않을 거예요. 아이는 죽었고, 죽지 않았어요.

이 마지막 문장의 의미는 다음과 같다. 어떤 의미에서 죽은 채로 있음으로써, 줄리는 어떤 의미에서는 죽지 않을 수 있다. 하지만 만약 '정말로' 살아 있다는 것에 대해 책임을 진다면 줄리는 '정말로' 죽임당할 수 있다.

그러나 이 '언니'는 이런 식으로 말할 수도 있었다.

> 당신은 이 애를 원해야 해요. 당신은 이 애가 환영하게 만들어야 해요…….
> 당신이 이 애를 돌봐야 해요. 나는 좋은 아이예요. 그 애는 내 여동생이에요.
> 그 애는 이런 것들에 대해 몰라요. 도저히 견딜 수 없는 애는 아니에요.

여동생의 순수, 무지, 무책임, 변덕과 대조적으로 언니에게는 경험, 지식, 책임감, 합리성이 있었다. 여기서 우리는 줄리의 조현병이 단순히 그녀 안에 '온전한 정신'을 위한 자리가 없는 것이 아니라 전반적으로 통합이 결여된 **상태**임을 알 수 있다. 줄리의 존재에서 이 '언니' 요소는 합리적이고 건전하며 균형 잡힌 방식으로 말할 수 있지만 말하는 사람은 **줄리**가 아니었다.

줄리의 온전한 정신은, 이런 표현이 괜찮다면, 분열되어 캡슐에 싸여 있었다. 줄리의 진짜 온전한 정신은 '언니'의 형태로 분별력 있게 말할 수 있다는 데 달린 게 아니라 자신의 전 존재를 전반적으로 통합시키는 데 달려 있다. 줄리의 조현병은 줄리가 자신을 제3자로 언급했을 때, 언니가 말하고 있을 때, 그리고 이 여동생이 갑자기 침입했을 때("나는 좋은 아이예요.") 드러났다.

줄리가 내게 자신의 말과 행동을 했을 때 그렇게 제시된 '자기'는 완전히 정신병적 자기였다. 정말로 수수께끼같이 요약된 진술은 대부분 줄리의 자기 체계에서 남은 부분에 속한 것 같았다. 그 진술들을 해독해보면 이 자기 체계가 제정신인 조현성 성격장애 상태에서 설명한, 환상에 몰두하는 내적 자기의 파생물이었음을 보여준다.

우리는 이미 이 자기의 경험이 어떻게 그런 극단적이고 공상적인 전능함/무능함의 역설을 동시에 포함하는 일이 생기는지 설명하려고 시도했다. 이 자기의 경험이 지닌 현상학적 특성들은 줄리 안에서 원칙적으로 비슷해 보인다. 하지만 이 '자기' 경험의 현상학적 구성을 시도하기 전에 줄리의 조현병을 건전한 언어로 바꾸어 말할 준비를 해야 한다. 내가 이 문맥에서 '자기'라는 용어를 사용할 때 이는 줄리의 '참-자기'임을 의미하려는 게 아님을 다시 한 번 분명히 한다.

그런데 이 체계는 통합이 발생할 수 있는 재집결지를 구성하는 것으로 보인다. 분열이 일어났을 때 이것은 유지할 수 없는 '중심'으로 보였다. 구심적 또는 원심적 경향을 위한 중심적 기준처럼 보였다. 그것은 그녀 존재의 정말로 미친 핵심처럼 보였다. 줄리의 중심적 측면은 그녀가 죽임당하지 않도록 혼란스럽고 죽은 상태로 유지되어야만 했다.

우리는 이 '자기'가 직접 한 진술에 의해서뿐만 아니라 다른 체계에서 유래된 것으로 보이는 진술에 의해서도 이 '자기'의 특성을 규정하려고 시도할 것이다. 이러한 진술들, 적어도 '자기'가 직접 하는 진술은 그리 많지 않다. 줄리가 몇 년간 입원해 있는 동안 많은 진술이 섞여서 결과적으로 끊임없이 반복되는 짧고 간결하며 많은 의미를 담고 있는 진술이 되었을 것이다.

앞서 보았듯이 줄리는 자신 안에 생명나무가 있다고 말했다. 이 나무의 사과는 그녀의 가슴이었다. 줄리의 젖꼭지(손가락)는 열 개였다. 줄리에게는 '하이랜드 경보병 여단의 모든 뼈들'이 있었다. 줄리는 생각할 수 있는 모든 것을 가졌다. 원하는 모든 것을 즉시 가졌고 동시에 갖지 못했다. 현실은 어떤 소원이나 두려움에도 그림자나 빛을 던지지 않았다. 모든 소원은 환상 속에서 즉각 성취되었고, 모든 두려움도 마찬가지로 환상적 방식으로 지나갔다. 그래서 줄리는 누구도 될 수 있었고 어느 곳, 어느 시간에도 있을 수 있었다.

"나는 리타 헤이워드Rita Hayworth[11]예요. 나는 조앤 블론델Joan Blondell[12]이에요. 나는 영국 여왕이에요. 내 왕실 이름은 줄리앤이에요."

"그녀는 자급자족해요."

줄리는 내게 말했다.

"그녀는 침착한 사람이에요."

하지만 이 침착함은 양면적이었다. 어두운 면도 있었다. 줄리는 자신의 존재의 환영에 사로잡힌 소녀였다. 줄리의 자기는 현실 세계에서 아무런 자유도, 자율성도, 권력도 없었다. 줄리는 자신이 언급하고 싶어 하는 모든 사람이었기에, 줄리는 그 누구도 아니었다.

"나는 몇천 명이야. 나는 너희 모두 속에 나뉘어 있어. 나는 아무도no un(즉 수녀nun : 명사 a noun : 단 한 사람도 no one single person) 아니야."

수녀가 된다는 것은 많은 의미를 지닌다. 그중 하나는 신부가 되는 것과 대조를 이루었다. 줄리는 보통 나를 자신의 오빠로 여기고, 자신을 나의 신부 또는 "정말로 사랑스럽고 활기 넘치는 삶"의 신부라고 불렀다. 물론 그녀에게 삶과 나는 때때로 동일한 것이었기에 그녀는 삶 또는 나를 무서워했다. 삶(나)은 늘씬하게 때려주고, 시뻘겋게 단 쇠로 심장을 지지고, 다리, 손, 혀, 가슴을 잘라내곤 했다. 삶은 상상할 수 있는 한 가장 폭력적이고 필사적으로 파괴적 용어로

---

11 미국의 위대한 '사랑의 여신'으로 불렸던 영화배우. ―옮긴이

12 미국의 영화배우. ―옮긴이

표현되었다. 삶은 나에 대한 어떤 특성도 아니었고, 내가 가진 무엇인가도 아니었다(예를 들면 음경=시뻘겋게 단 쇠). 그것은 있는 그대로의 나였다. 내가 삶이었다. 그녀 안에 생명의 나무가 있음에도 그녀는 일반적으로 자신이 생명의 파괴자라고 느꼈다. 그러므로 그녀가 삶이 자신을 파괴하리란 두려움에 빠져 있는 것을 이해할 수 있었다. 인생은 보통 남자나 남근의 상징으로 묘사되었지만 그녀가 바라는 건 단순히 남자가 되는 것이 아니라 남녀 양쪽의 성적 장치의 모든 설비, 즉 하이랜드 경보병 여단의 모든 뼈와 열 개의 젖꼭지를 갖추는 것이었다.

그녀는 검은 태양 아래 태어났다.
그녀는 서쪽의 태양이다.

어떤 책에서도 보지 못한 검은 태양에 대한 오래된 매우 불길한 심상이 나타났다. 줄리는 열네 살에 학교를 그만두었고, 책을 거의 읽지 않았으며, 특별히 영리하지도 않았다. 줄리가 그것에 대한 언급을 우연히 발견했을 가능성은 매우 낮았다. 하지만 우리는 그 상징의 기원에 대한 논의를 그만두고, 줄리의 말을 그녀가 세계-내-존재를 경험한 방식의 한 표현으로 보는 것으로 제한할 것이다.

그녀는 항상 어머니가 자신을 낳기를 원하지 않았으며, 낳을 때에도 정상적으로 낳지 않고 약간 기괴한 방식으로 짜냈다고 주장했다. 그녀의 어머니는 아들을 '원했지만 원하지 않았다.' 그녀는 '서쪽에 뜬 태양an occidental sun'이었다. 즉 생각지 않게 낳은 아들an accidental son[13]이었다. 어머니는 그녀를 미워해서 여자로 바꾼 것이다. 검은 태양 아래 그녀는 죽은 사람이었다. 따라서,

나는 초원이에요.
엄마는 폐허가 된 도시고요.

초원에 사는 유일한 생명체는 들짐승이었다. 폐허가 된 도시엔 들쥐가 출몰했다. 어머니의 존재는 완전히 메마르고 건조한 황무지라는 이미지로 그려졌다. 실존의 죽음, 이 삶 속의 죽음은 어머니의 세계-내-존재가 가장 흔히 보이는 방식이었다.

엄마는 잡초밭의 유령이에요.

이 죽음에는 아무런 희망도, 아무런 미래도, 아무런 가능성도 없었다. 모든 일이 일어났다. 기쁨도 없고, 있음 직한 만족이나 희열의 원천도 없었다. 세상은 텅 비었고 죽었기 때문이었다. 꼭 그녀 같았다.

주전자는 깨졌고, 우물은 말랐어요.

---

13 앞에서 말한 서쪽에 뜬 태양an occidental sun과 비슷한 발음으로 전혀 기대하지 못한 딸이었음을 반어적으로 표현한 것. —옮긴이

엄마는 완전히 무디고 쓸모없었어요. 엄마는 어디서든 사랑의 가능성을 믿지 못했어요.

엄마는 세상에 사는 그 소녀들 중 하나일 뿐이에요. 모두 엄마를 원하는 척하지만 실제로는 원하지 않죠. 나는 이제 싸구려 매춘부로 살 뿐이에요.

하지만 앞의 진술에서 보듯이 그녀는 환영 같은 방식으로만 자신을 평가했다. 자신의 내면 깊은 곳에 무엇인가가 있다고 믿었다. 잃어버린 것일 수도, 묻혀 있는 것일 수도 있었다. 하지만 엄청난 가치가 있고, 자신도 남도 아직 발견하지 못한 그 무엇인가가 있다고 믿었다(분명 이것은 정신증 환자의 믿음이었다. 하지만 그녀는 자신 안에 있는 위대한 것을 믿은 것이다). 사람이 캄캄한 땅속 깊은 곳에 들어갈 수 있다면 '반짝이는 금'을 발견할 수 있을 것이다. 깊은 곳으로 내려갈 수 있다면 '해저에 있는 진주'를 발견할 수 있을 것이다.

참고도서

본문에서 인용한 책 외에도, 읽어야 할 책을 몇 권 더 추가한다.

- Arieti, S. (1955). *Interpretation of Schizophrenia*. New York : Brunner.
- Bateson, G., Jackson, D. D., Haley, J., and Weakland, J. (1956). 'Toward a theory of schizophrenia'. *Behav. Sci.* 1, 251.
- Bateson, G. (ed.) (1961). *Percival's Narrative*. Standford University Press.
- Beckett, S. (1956). *Waiting for Godot*. London : Faber&Faber.
- Binswanger, L. (1963). *Being-in-the-World*. New York : Basic Books, Inc.
- Boss, M. (1949). *Meaning and Content of Sexual Perversions*. New York : Grune&Stratton.
- Boss, M. (1957). *Analysis of Dreams*. London : Rider.
- Brierley, Majorie (1951). *Trends in Psycho-Analysis*. London : Hogarth.
- Bultmann, R. (1955). *Essays Philosophical and Theological*. London : SCM Press.
- Bultmann, R. (1956). *Primitive Christianity in its Contemporary Setting*. London : Thames&Hudson.

- Bullard, D. M. (ed.) (1959). *Psychoanalysis and Psychotherapy. Selected Papers of Frieda Fromm-Reichmann.* Chicago : University of Chicago Press.

- Bychowski, G. (1952). *Psychotherapy of Psychosis.* New York : Grune&Stratton.

- Deutsch, H. (1942). 'Some forms of emotional disturbances and their relationship to schizophrenia'. *Psychoanal. Quart.* II, 301.

- Dooley, L. (1941). 'The concept of time in defense of ego integrity'. *Psychiatry* 4, 13.

- Fairbairn, W. R. D. (1952). *Psychoanalytic Studies of the Personality,* London : Tavistock.

- Fairbairn, W. R. D. (1954). 'Observations on the nature of hysterical states'. *Brit. J. Med. Psychol.* 27, 105.

- Farber, L. H. (1958). 'The therapeutic despair'. *Psychiatry* 21, 7.

- Federn, P. (1955). *Ego Psychology and the Psychoses.* London : Imago.

- Freud, S. (1920). *Beyond the Pleasure Principle.* London : Hogarth, 1950, pp. 12~14.

- Fromm-Reichmann, Frieda (1952). 'Some aspects of psycho-analysis and schizophrenics'. In Redlich, F. C. and Brody, E. R. (eds.), *Psychotherapy with Schizophrenics.* New York : International Universities Press.

- Goffman, E. (1961). *Asylums.* New York : Anchor Books.

- Guntrip, H. (1952). 'A study of Fairbairn's theory of schizoid relations'. *Brit. J. Med. Psychol.* 25, 86.

- Hayward, M. L. and Tayor, J. E. (1956). 'A schizophrenic patient describes the action of intensive psychotherapy'. *Psychiat. Quart.* 30, 211.

• Hegel, G. W. F. (1949). *The Phenomenology of Mind.* Trans. Baillie, J. B. London : Allen&Unwin. 2nd ed. rev.

• Heidegger, M. (1949). *Existence and Being.* London : Vision Press.

• Heidegger, M. (1962). *Being and Time.* London : SCM Press.

• Hesse, H. (1964). *Steppenwolf.* London&New York : Holt, Reinhart,& Winston Edition 122 (J. Mileck&H. Frenz, (eds.) Rev. of trans. by B. Creighton).

• Hill, L. B. (1955). *Psychotherapeutic Intervention in Schizophrenia.* Chicago : University of Chicago Press.

• Jackson, D. D. (1957). 'The question of family homeostasis'. *Psychiat. Quart.* (suppt.) 31, 79.

• Jackson, D. D. (1957). 'A note on the importance of trauma in the genesis of schizophrenia'. *Psychiatry* 20, 181.

• Kaplan, B. (ed.) (1964). *The Inner World of Mental Illness.* New York : Harper&Row.

• Kierkegaard, S. (1954). *The Sickness unto Death.* Trans. Lowrie, W. New York : Doubleday.

• Klein, M. (1946). 'Notes on some schizoid mechanisms'. *Int. J. Psycho-Anal.* 27, 99.

• Knight, R. P. (1953). 'Borderline states'. *Bull. Menninger Clinic* 17, 1.

• Kraepelin, E. (1905). *Lectures on Clinical Psychiatry.* 2nd. rev. ed. London :

Baillière, Tindall&Cox.

- Kuhn, R. (1957). *La Phénoménologie de masque*. Trans. Verdeaux, J. Paris : Desclée de Brouwer.

- Laing, R. D. (1961). *The Self and Others*. London : Tavistock.

- Laing, R. D. and Esterson, A. (1964). *Sanity, Madness and the Family. Vol. I. Families of Schizophrenics*. London : Tavistock.

- Laing, R. D. and Cooper, D. G. (1964). *Reason and Violence : A Decade of Sartre's Philosophy*, 1950~1960. London : Tavistock.

- Lidz, T. (1958). 'Schizophrenia and the family'. *Psychiatry* 21, 20.

- Lidz, T., Cornelison, A., Terry, D., and Fleck, S. (1958). 'The intra-familial environment of the schizophrenic patient : VI The transmission of irrationality'. *A.M.A. Arch. Neur.&Psychiat.* 79, 305.

- Macmurray, J. (1957). *The Self as Agent*. London : Faber&Faber.

- May, R., Angel, E., and Ellenberger, H. F. (eds.) (1958). *Existence – A New Dimension in Psychiatry and Psychology*. New York : Basic Books.

- Merleau-Ponty, M. (1962). *The Phenomenology of Perception*. London : Routledge&Kegan Paul.

- Merleau-Ponty, M. (1963). *The Structure of Behaviour*. Boston : Beacon Press.

- Minkowski, E. (1927). *La Schizophrénic* Paris : Descleé de Brouwer, 1953.

- Minkowski, E. (1933). *Le Temps vécu*. Paris : Artrey, Coll. de l'évolution psychiatrique.

- Minkowski, E. (1948). 'Phénoménologie et analyse existentielle en psychiatrie'. *Evol. Psychiat.* 4, 137.

- Perry, J. W. (1953). *The Self in Psychotic Process — its Symbolization in Schizophrenia.* University of California Press.

- Redlich, F. C., and Brody, E. R. (eds.) (1952). *Psychotherapy with Schizophrenics.* New York : International Universities Press.

- Rumke, H. C. (1950). 'Signification de la phénoménologie dans l'étude clinique des délirants'. In Congrès Internat. de Psychiatrie, *Psychopathologie des délires.* Paris : Hermann. (French, p. 125; English, p. 174.)

- Sartre, J.-P. (1950). *Psychology of Imagination.* London : Rider.

- Sartre, J.-P. (1956). *Being and Nothingness.* Trans. Barnes, H. London : Methuen.

- Schreber, D. P. (1955). *Memoirs of my Nervous Illness.* Trans. Macalpine, I., and Hunter, R. A. London : Dawson.

- Scott, C. (1949). 'The "body-scheme" in psychotherapy'. *Brit. J. Med. Psychol.* 22, 139.

- Searles, H. F. (1958). 'Positive feelings in the relationships between the schizophrenic and his mother'. *Int. J. Psycho-Anal.* 39, 569.

- Séchehaye, M. A. (1950). *Autobiography of a Schizophrenic Girl.* Trans. Rubin-Rabson, G. New York : Grune&Stratton, 1951.

- Séchehaye, M. A. (1951). *Symbolic Realization – a New Method of Psychotherapy Applied to a Case of Schizophrenia.* New York : International

Universities Press.

• Séchehaye, M. A. (1956). *A New Psychotherapy in Schizophrenia,* New York : Grune&Stratton.

• Segal, H. (1954). 'Schizoid mechanisms underlying phobia formation'. *Int. J. Psycho-Anal.* 35, 238.

• *Sonneman, U. (1954). Existence and Therapy – an Introduction to Phenomenological Psychology and Existential Analysis.* New York : Grune&Stratton.

• Sullivan, H. S. (1962). *Schizophrenia as a Human Process.* New York : W. W. Norton&Co.

• Tillich, P. (1944). 'Existential philosophy'. *J. Hist. Ideas* 5, 44.

• Tillich, P. (1952). *The Courage to Be.* London : Nisbet.

• Trilling, L. (1955). *The Opposing Self.* London : Secker&Warburg.

• Weigert, E. (1949). 'Existentialism and its relations to psychotherapy'. *Psychiatry* 12, 399.

• Wellek, A. (1956). 'The phenomenological and experimental approaches to psychology and characterology'. In David, H. P., and von Bracken, H. (eds.), *Perspectives in Personality Theory.* New York : Basic Books.

• Winnicott, D. W. (1958). *Collected Papers.* London : Tavistock.

• Wynne, L. C., Ryckoff, I. M., Day, J., and Hirsch, S. (1958). 'Pseudo mutuality in the family relations of schizophrenics'. *Psychiatry* 21, 204.

옮긴이의 말

　로널드 랭은 심리학 분야에서 널리 알려지고 자주 인용되는 저자다. 이런 저자의 책이 지금까지 단 한 권도 우리말로 번역되지 않았다는 것은 참 이해할 수 없는 일이다. 그렇기 때문에 랭의 저서를 최초로 우리말로 소개하는 번역자가 되었다는 사실에 큰 보람을 느낀다.

　한 사람의 책을 다른 언어로 번역한다는 것은 일정 시간을 매일같이 그 저자와 대화하고, 저자의 눈으로 세상을 보며, 저자처럼 생각하며 산다는 것을 의미한다. 높은 산을 오르는 과정은 때로 험난하고 고통스럽기도 하지만 한 사람의 인생에서 잊지 못할 경험이 되듯이, 랭과 함께 그의 대표적 저서《분열된 자기》를 읽었던 시간은 내 인생에서 소중한 추억이 될 것이다. 이 책을 번역하면서 나는 감동과 함께 세상을 살아가는 지혜를 얻을 수 있었다. 옮긴이가 이 책의 문장 하나하나를 자세히 읽으면서 느끼고 배운 감동과 삶의 지혜가 독자들에게도 그대로 전달되기를 바란다.

1. 저자 소개

한 권의 책과 그 저자의 삶은 결코 분리될 수 없고, 분리되어서도 안 된다. 삶이란 한 사상을 둘러싼 배경 이상의 의미를 갖는다. 바로 그런 사상을 갖게 된 동기가 되고, 그런 사상을 낳은 산실이 되기 때문이다. 랭의 삶과 책의 관계도 마찬가지다.

로널드 데이비드 랭 R. D. Laing(1927~1989)은 1927년 스코틀랜드 글래스고에서 중산층 장로교인 가정의 독자로 태어났다. 랭의 아버지는 스코틀랜드 육군 엔지니어였다. 어머니는 랭을 임신한 내내 외출할 때마다 무거운 오버코트를 입어 임신 사실을 숨겼다.

랭의 첫 번째 '실존적 위기'는 랭이 다섯 살 때 찾아왔다. 부모에게서 산타는 없고 사실은 자신들이 산타 노릇을 했다는 이야기를 들은 것이다. 웃어넘길 이야기로 생각할 수 있지만 랭은 매우 심한 충격을 받았다. 이 이야기는 그 후의 생애 동안 그의 사고에 깊은 영향을 주었고, 이 사건은 그의 마지막 책이 《사랑의 거짓말 The Lies of Love》인 것과도 무관하지 않다.

랭은 어린 시절을 글래스고 고반힐에서 보냈다. 어린 시절부터 랭은 독서와 음악에 남다른 관심과 재능을 보인 학구적 소년이었다. 이 시절에 랭은 수많은 사상가들의 책을 섭렵했는데, 이 사상가들 가운데에는 프로이트와 칼 마르크스 Karl Marx, 니체, 그리고 누구보다도 키에르케고어가 있었다. 독서를 통한 이런 사상가들과의 폭넓고 깊은 대화는 훗날 랭이 더 깊은 차원에서 조현병 환자들을 이해하는 데 중요한 토대가 되었다.

고등학교를 졸업한 랭은 글래스고 대학(1945~1951)에서 의학을 공부했다. 의대 공부가 끝날 때쯤 랭의 관심은 자연스럽게 신경학과 정신의학에 집중되었다. 공부를 마친 랭은 스위스 바젤에 가서 칼 야스퍼스와 함께 연구하기를 원했지만, 영국 육군으로부터 영장을 받고 1951년부터 1953년까지 2년간 정신과 군의관으로 복무했다.

1952년 10월 11일 군복무 중이던 랭은 앤 헌Anne Hearne과 결혼해서 가정을 이뤘다. 이때 앤은 임신 상태였고, 같은 해 12월 7일에 부부는 첫 아이 피오나Fiona를 얻었다.

1953년 전역한 랭은 군을 떠나서, 정신의학 수련 과정을 마치기 위해 글래스고에 있는 가트나벨왕립정신병원Gartnavel Royal Mental Hospital으로 갔다. 이 병원에서 랭은 '야단법석 방Rumpus Room'이라는 실험적 치료 환경을 마련했다. 이곳의 조현병 환자들은 다른 병원에서와는 달리 편안한 환경에서 시간을 보냈고, 의료진과 환자들 모두 평상복을 입고 지냈다. 또한 환자들은 요리와 미술 활동을 하는 것이 허용되었고, 의료진과 자유롭게 의사소통할 수 있었다. 격리해야 할 환자가 아니라, 함께 소통하고 존중되어야 할 사람으로 대우받은 것이다. 그 결과 환자들은 모두 눈에 띌 만한 행동의 향상을 보였다.

1960년 랭은 지난 6년간의 일관되고 깊은 고민의 결과를 모아 한 권의 책을 썼는데, 그 책이 바로 우리 앞에 있는 《분열된 자기The Divided Self》다. 이 책을 쓰는 데 가장 큰 자극을 받은 책은 1956년 5월에 읽은 콜린 윌슨Colin Wilson의 《아웃사이더The Outsider》였다. 이 책을 읽고 나서 랭은 《아웃사이더》 같은 책을 쓰기를 열망했고, 그 결과로《분열된 자기》가 나왔다. 이후에도 랭은 왕성하게 저작 활동에 전념했지만, 엄밀하게 말해서 랭을 오늘날의 랭이 되게 한 것은 바로 이《분열된 자기》였다.

랭의 초기 저서로는 1961년에 출판한《자기와 타인들 Self and Others》과 공저로 지은 세 권의 책,《건전한 정신 광기 그리고 가족 Sanity Madness and the Family》(1964),《대인지각 Interpersonal Perception》(1966),《이성과 폭력 Reason and Violence》(1964)이 있다. 이후에도 랭의 집필 활동은 계속 이어졌다.《경험의 정치학과 낙원의 새 The Politics of Experiene and the Bird of Paradise》(1967),《인연 Knots》(1970),《가족의 정치학과 다른 에세이 The Politics of the Family and Other Essays》(1971),《나를 사랑하세요? 대화와 시의 즐거움 Do You Love Me? An Entertainment in Conversation and Verse》(1976),《소네트 Sonnets》(1979),《삶의 진실 The Facts of Life》(1984),《아담과 나타샤와 나눈 대화 Conversations with Adam and Natasha》(1984),《경험의 소리 : 경험, 과학, 정신의학 The Voice of Experience:Experience, Science and Psychiatry》(1983),《지혜, 광기, 어리석음 : 정신과의사 되기 Wisdom, Madness and Folly : The Making of a Psychiatrist 1927~1957》(1985) 등이 있다. 이러한 열정적 저작 활동은 1989년 테니스 경기를 하던 중 갑작스러운 심장마비로 세상을 떠나기 전 남긴 원고 '사랑의 거짓말'에 이르기까지 수많은 책으로 이어졌다.

1963년부터 랭은 대중매체에도 등장하기 시작했고, 강연 활동도 활발하게 진행했다. 이런 가운데 1967년 여자 친구 쥬타 워너 Jutta Werner와의 혼외 관계에서 큰아들 아담 Adam Laing을 출산했다.

결국 1974년 그동안 두 아이를 낳은 쥬타 워너와 결혼했지만, 1984년 또 다른 여자 친구 수 선켈Sue Sunkel이 랭의 아홉 번째 자녀 벤자민을 출산하면서, 1986년 다시 쥬타와 이혼한다. 1988년 마거리트Marguerite가 랭의 열 번째 자녀 찰스를 출산한다. 이렇게 네 명의 부인에게 열 명의 자녀를 얻었지만 가정은 늘 불안정했다.

산이 높으면 골도 깊은 편이다. 저술가이자 정신과 의사로서 랭의 헌신적인 연구와 치료 뒤에는 남모르는 가족의 아픔도 있었다. 2008년 6월 1일자《더 가디언The Guardian》지에서 랭의 아들 아드리언Adrian Laing은 말했다.

"아버지가 가족 정신과 의사로 잘 알려졌다는 것은 아이러니예요. 그러는 동안 아버지는 자기 가족에겐 아무것도 해준 게 없거든요."

아드리언이 이 이야기를 한 날은 그의 이복형제이자 랭의 장남인 아담이 술과 마약을 과도하게 복용한 후 사유지 텐트 안에서 경찰에 시신으로 발견된 지 12일이 지난 후였다.

다른 환자들의 병을 치유하는 데 평생을 바친 랭이지만 자신이 앓던 영혼의 병을 치유하지는 못했다. 랭은 인생 후반부에 우울증과 알코올중독을 겪어야 했다. 1987년 랭은 알코올중독 문제로 인해 영국 종합의료협회General Medical Council에서 사임해야 했다. 또한 충동적이고 공격적인 행동 때문에 네 번이나 결혼했으면서도 그토록 바라던 행복한 가정을 이루지 못했다. 누가 보기에도 완벽과는 거리가 먼 삶이었다. 하지만 어떤 치료자보다 영혼의 깊은 어두움과 정신적 고통의 무게를 잘 알았던 랭이었기에, 환자들의 아픔을 내 아픔처럼 공감하며, '상처입은 치유자'로서 자신의 사명을 감당할 수 있었던 게 아닐까?

2. 자아와 자기

이 책의 원제는 '분열된 자기The Divided Self'다. 여기서 'Self'라는 단어는 번역자에 따라, 자아로 번역하기도 하고, 자기로 번역하기도 해서 독자들에게 혼란을 준다. 하지만 다음과 같은 이유에서 이 책에서는 'Self'를 '자기'로 번역했다. 프로이트의 뒤를 이은 연구자 중 하나인 하트만H. Hartmann은 프로이트가 말한 자아Ich와 자기의 개념을 구분했다. 하트만에 따르면 자아란 성격의 하위 구조들 중 하나인 심리 구조를 가리키는 반면에, 자기는 다른 대상과 구별되는 한 개인의 전체 인격을 나타나는 개념이다. 대상관계 이론에서도 자아는 자기 안의 하위 요소로, 자기는 대상과 관계를 맺는 주체이자 전체 인격으로 이해한다. 이렇게 자기가 한 개인의 전체 인격을 의미한다는 면에서, 이 책에서 언급되는 'Self'를 '자기'로 옮기고 이해하는 편이 옳을 것이다.

3. 조현병

이 책은 조현성 성격장애와 조현병에 관한 책이다. 조현병調絃病이라는 용어는 아직 일반인에게 익숙하지 않다. 우리 사회에서는 2011년 대한신경정신의학회에서 개명할 때까지 조현병이라는 용어 대신 정신분열증이라는 용어를 사용했으나 정신분열증이라는 용어가 지닌 '낙인 효과'와 차별성을 고려해 조현병이라는 용어를 사용하게 되었다.

이 책을 읽는 독자들 중에는 조현병이 자신과 상관없는 남의 이야기라고 생각하는 사람이 많을 것이다. 하지만 전체 인구의 1%가 일생 동안 조현병을 앓을 가능성이 있는 것을 고려한다면 조현병은 적어도 50만 명이 넘는 대한민국 국민들과 그 가족이 겪는 아픔이라고 할 수 있다.

조현병은 인류의 역사와 함께한 오래된 병으로 고대 그리스와 중국, 인도, 그리고 조선 시대의 기록에서도 찾아볼 수 있다. 역사적으로 볼 때 많은 문화권에서 조현병 증상을 보이는 환자들을 악령에 사로잡힌 사람으로 여겼다. 조현병을 독립된 질환으로 다루기 시작한 것은 19세기 이후다. 프랑스의 정신과 의사가 '조발성 치매 démence précoce'라는 용어를 처음 사용하면서 이 병이 노인이 아닌 나이 어린 환자에게 발생하고, 환청과 망상이 공통 증상임을 지적했다. 오늘날 사용하는 조현병의 용어, 증상론, 진단 기준의 기초를 마련한 것은 크레펠린, 블로일러, 슈나이더 K. Schneider 세 사람이었다.

조현병의 원인에 대해서는 지금도 다양한 설명들이 있지만 랭이 이 책을 쓸 때와 비교하면 절대적으로 많은 연구자와 임상의들은 조현병이 뇌에 이상이 있어서 나타나는 뇌 질환이나 뇌 장애라는 데 의견을 같이한다. 랭은 조현병의 원인에 대해 주로 가족 내 갈등과 병든 양육 태도를 지적하지만 이는 환경적 요인일 뿐이다. 다른 정신 질환에서 그렇듯이, 조현병의 발병에는 생물학적 요소(유전)와 환경적 요소(양육)가 함께 작용한다고 보는 것이 더욱 타당하다.

조현병 증상은 크게 양성 증상과 음성 증상으로 나뉜다. 양성 증상은 환각, 망상, 기이하고 이상한 행동 등 다른 사람 눈에 띄면서 문제를 야기한다. 같은 조현병을 앓더라도 무표정, 의욕 없음, 대화 단절 등 특별히 겉으로 드러나서 문제가 되지는 않지만 오랜 시간이 지난 후 결국 일상적 정상 기능에 결핍을 보이면서 문제를 드러내는 사람들도 있다. 이런 경우에 보이는 증상들을 음성 증상이라고 한다. 조현병은 한마디로 '일상으로부터의 현저한 이탈'이라고 할 수 있다.

조현병의 진단에는 《ICD-10(질병 및 관련 건강 문제의 국제 통계 분류 10차 개정판)》과 《DSM-V(정신질환의 진단 및 통계 편람 5판)》의 진단 기준을 주로 사용한다. 미국 정신과의사협회의 진단 기준을 근거로 말한다면 망상, 환각, 상관성과 일관성이 결여된 지리멸렬한 이야기, 기이하고 이상한 행동이나 긴장성 행동 이상, 음성 증상 등 다섯 가지 증상들 중 두 가지 이상이 한 달 이상 지속되고, 발병 전에 비해 가정, 직장, 학교 등의 생활과 사회적 기능에서 현저한 감소를 보이거나 지속적 장애가 최소 6개월 이상 지속될 경우 조현병으로 진단 내린다.

우리 주변에는 조현병을 둘러싼 많은 오해가 있는 것이 현실이다. 그중 한 가지가 유발 요인을 원인으로 생각하는 것이다. 즉 사랑하는 연인과의 헤어짐, 자녀의 죽음, 시험에의 낙방 등 심리적 충격을 주는 사건을 병의 원인으로 생각한다는 것이다. 조현병에 대한 생물학적 요인이 있는 사람이 환경의 영향을 받음으로써 병 발생 요건의 가능성이 100%로 높아졌다면 이런 사건들이 병을 유발시키는 요인은 되겠지만 이런 사건 자체가 조현병의 원인이라고 보는 것은 치료에 도움이 되지 않는 생각이다.

조현병에 대한 두 번째 오해는 조현병이 전염된다고 생각하는 것이다. 즉 조현병에 걸린 사람과 가까이하거나 자신이 사는 마을에 정신병원이 들어서면 자신도 정신병에 옮을 수 있다고 생각하는 데 이 또한 근거 없는 걱정이다.

조현병에 대한 세 번째 오해는 약물치료가 아니어도 조현병을 치료할 수 있다는 생각이다. 물론 이 책의 저자 랭 역시 조현병 환자에게 조현병이라는 틀을 씌워놓고 무조건 약물로 치료하려는 방식은 반대했지만 이를 약물치료에 대한 완전한 금지로 받아들여서는 곤란하다. 조현병을 치료하려면 반드시 전문의에 의한 적절한 약물치료가 선행되어야 한다. 그와 더불어 랭이 말했듯이 조현병 환자의 입장에서 그가 당하는 고통에 귀 기울여주는 일이 병행되어야 할 것이다.

4. 이 책에 관해

랭이 이 책을 출판한 1960년, 그의 나이 겨우 서른세 살이었다. 아직 인생의 깊은 맛을 다 알기에는 너무 젊은 나이였지만 랭은 인류가 귀 기울여 들어야 할 놀라운 메시지를 가슴속에 품고 있었다. 정신이상은 환자의 입장에서 유용한 대인관계 전략이 될 수 있다는 것 그리고 정신이상이 단순한 질병이 아니라 치유의 과정이라는 메시지였다.

이 책은 랭이 서문에서 밝힌 대로 '조현성 성격장애 환자와 조현병 환자에 관한 연구'이며, 집필 목표는 '정신이상과 미쳐가는 과정'을 이해하도록 돕는 것이다. 하지만 이처럼 전문성 있는 주제를 다루고 있음에도 이 책은 정신의학 교실의 교과서가 아니라 대중을 위한 책이다.

랭이 이 책을 쓰던 당시의 정신의학 체계를 보면, 그 사회에 적응하지 못한다는 이유만으로 사람들을 정신병원에 가두는 것이 당연하게 여겨지던 사회였다. 랭의 《분열된 자기》는 그러한 시대의 평온한 운동장에 떨어진 원자폭탄이나 마찬가지였다.

랭은 정신의학적 도움을 구하려고 찾아온 사람들을 단순히 어쩔 수 없는 환자로만 볼 것이 아니라 '자신의 세계와의 관계에서 불화'를 경험하고, '자신과의 관계에서 분열'을 경험한 사람으로 이해하자고 제안한다. 즉 랭의 의견에 따르면, 조현병 환자는 하고 싶지만 하지 못한 이야기를 속에 담고 사는 사람이며, 자신의 이야기에 귀 기울여주고, 그 이야기를 진지하게 고려해줄 누군가를 찾아 헤매는 사람이다.

랭은 정신증이 의학적 상태가 아니라 '분열된 자기'의 한 결과이거나 우리 안에 있는 두 페르조나 사이의 갈등이라고 주장한다. 한 페르조나는 개인적이고, 진정하며, 실제적인 정체성, 즉 참-자기며, 또 다른 페르조나는 우리가 세계에 제시하는 거짓-자기다.

저자는 실존주의 철학과 현상학에 대한 깊은 이해를 바탕으로, 정신증 환자에게 정신증이 무엇을 의미하는지 그리고 어떤 역할을 하는지에 초점을 맞추어 설명한다. 랭은 정신증적 경험들에서 의미를 찾고, 환자의 관점에서 그 경험들을 이해하려고 시도했다.

랭에 따르면 정신증은 참을 수 없는 외부 세계에 대한 반응이다. 여기서 랭은 '존재론적 불안정ontological insecurity'이라는 개념을 발전시킨다. 존재론적 불안정은 한 개인에게 무엇인가 결여되어 있다는 막연한 느낌이며, 자기의 근본적인 동요다. 이 존재론적 불안정이 조현병의 뿌리라는 것이 랭의 주장이다.

사람들은 대부분 자신의 세계 속에서 안전하다고 느낀다. 랭은 이 것을 '근본적인 존재론적 안정primary ontological security'이라고 부른다. 하지만 어떤 개인들에겐 이 안정이 존재론적 불안정이 된다. 이들은 자신들이 현실로부터 박해받는다고 느끼는 것이다. 결과적으로 이 개인들은 자신을 보존하는 데만 집중한다. 자신이 비존재로 흩어져버린다는 두려움이 커져감에 따라 결국 이들은 자신의 몸과 외부 세계에서 자신을 분리한다. 그리하여 다른 사람들이나 세계와 직접적 관계를 맺지 못하고 상상과 기억 속 대상들하고만 관계를 맺게 된다. 이에 따라 자기 몸의 경험과 행동은 거짓-자기 체계의 일부가 된다. 거짓-자기 체계는 자기 자신을 상실한 채 다른 사람의 의도와 기대에 순응하면서 살 때 또는 다른 사람의 의도와 기대라고 상상하는 것을 따라서 살 때 생긴다.

사람들은 왜 거짓-자기를 발전시키는 것일까? 랭의 설명에 따르면 거짓-자기는 어린 시절 참-자기가 약화된 결과다. 거짓-자기로 세상과 상호작용하게 될 때 개인은 정신증을 겪을 위험에 빠진다. 자신과 사회에서 소외된 이 아웃사이더는 자신과 타인을 실제라고 느낄 수 없다.

랭은 조현병 환자를 색안경을 낀 시선으로 바라보는 것에 반대한다. 조현병 환자는 단순히 병든 사람이 아니라 우리와 같은 사람이기 때문이다. '우리와 같은' 사람이기에 우리는 조현병 환자를 이해하고 공감할 수 있다. 랭은 조현병에 걸린 개인들을 만나면서 그 한 사람, 한 사람을 증상의 덩어리로 보는 대신, 실제로 그 사람들에게 말을 건네고, 그들이 해야만 하는 이야기에 귀를 기울여주었다. 이 환자들은 일상의 삶에서 자신들에게 불안을 일으키는 자신들의 삶과 경험, 사건들에 대해 이야기했다.

랭은 '온전한 정신'인 우리를 '미친' 사람들과 구별하는 데 초점을 맞추는 대신, 험한 세상을 살아가는 인간으로서 우리 모두가 겪는 문제를 다룬다. 결국 이 책은 조현성 성격장애 환자나 조현병 환자라는 소수 사람들의 특별한 문제에 관한 책이 아니라 불안정하고 폭력적이며, 거친 세상을 힘들게 살아가는 우리 모두가 겪는 일반적 문제에 관한 책이다.

랭은 조현병 환자들과 더 따듯하고 인간적 방법으로 관계를 형성할 것을 조언한다. 랭의 이런 조언에 힘이 있는 것은, 랭이 먼저 정신과 의사로서 조현병 환자들을 차가운 전문가의 눈으로 보지 않고 그들의 삶과 아픔을 진정으로 이해하려고 애썼기 때문이다.

랭은 조현병 환자의 언어가 알아들을 수 없는 말이라는 기존 상식에도 반대한다. 조현병 환자의 말은 분명한 메시지를 가진 의사 표현이라는 것이다. 그러면 이 암호 같은 말을 어떻게 이해해야 할까? 이에 대한 랭의 조언은 다음과 같다. 조현병 환자의 말을 이해하려면 그 환자가 한 말의 대부분이 불안한 원가족 관계의 결과이거나, 자신의 정체성을 유지하려는 은밀한 시도라는 것을 고려하면서 그의 이야기에 경청하라는 것이다. 여기서 경청은 단순한 심리 치료 기법이 아니라 손상되었으나 여전히 존귀함을 지닌 동료 인간에 대한 예의다.

랭은 《경험의 정치학 The Politics of Experience》(1967)에서 사실 정상성은 소외되고 비인간화된 세계의 기만에 우리 자신을 적응시키는 것이라고 주장하면서 '정신질환'이, 극도로 상태가 제정신인 여행자들이 내면으로 떠난 여행에 사회가 붙이는 낙인이라는 독창적 해석을 제시했다. 이는 조현병에 대해 코페르니쿠스적 전환을 불러온 이해였다. 질병과 사람을 떼어서 보며, 정상을 벗어난 듯한 조현병 환자들의 기이한 행동과 말에서 그들만의 진지한 삶의 메시지를 읽도록 모든 사람들에게 관점의 변화를 촉구한 것이다. 또한 랭은 한 개인과 사회 환경 또는 제도와의 불협화음이란 관점에서 조현병을 이해할 수 있음을 설득력 있게 제시한다.

랭은 조현병 환자들에게 가혹했던 정신병원 문화를 바꾸는 데도 공헌했다. 실험적 도전을 통해 환자를 철창에 가두지 않는 식으로 병실 환경 개선, 정신병의 약물치료 반대를 주도했고, 동료와 함께 필라델피아협회라는 영국 정신건강 자선위원회를 창립해 조현병 환자들의 치료 후원에도 앞장섰다.

《분열된 자기》는 조현성 성격장애와 조현병에 대한 연구사에서 기념비적 책임에 분명하다. 그런데 책이 출판된 후 조현병의 유전적 요인, 구조적 뇌 손상, 인지적 왜곡에 대한 많은 증거들을 발견했고, 현대의 연구자들은 조현병에 대해 랭보다 더욱 설득력 있고 객관적인 설명을 제시하게 되었다. 하지만 이런 많은 변화와 발전이 있었다고는 해도, 랭이 주목해서 본 가족의 영향과 어머니의 양육 방식을 포함한 사회적 요소들은 여전히 조현병 환자들을 이해하고 돕는 데 중요한 고려 사항으로 남아 있다.

정신과 의사들과 심리 치료사들은 수련 단계에서 '알지 못한다는 자세not knowing posture'의 중요성에 대해 수없이 듣는다. 하지만 많은 공부를 하고 수련의 과정을 밟는 동안 의사와 심리 치료사들은 전지전능함이라는 착각에 빠져들 수 있다. 임상 전문가는 자신의 전문적 능력을 지나치게 과신하는 순간, 모든 사람의 속을 환히 들여다보는 독심술사가 된 듯한 착각에 빠진다. 이때 필요한 것이 '알지 못한다는 자세'로 환자를 대하는 태도다. 내 앞에 앉아 있는 환자는 어떤 정신의학 교과서나 이상심리학 교과서에서도 찾아볼 수 없는 독특하고 고유한 사람임을 잊지 말고, 진지하게 그의 존재가 외치는 소리에 귀를 기울이는 것이야말로 환자를 제대로 이해하고, 그의 상처를 치유하는 데 필수적 방법이기 때문이다.

이 책은 정신의학적 주제를 다루지만 그 교훈은 모든 이에게 적용될 수 있다. 바로 존중과 배려의 태도로 모든 사람을 대해야 한다는 것이다. 그것은 상대방의 이야기에 진심으로 귀 기울여주고, 세계 속에서 각자의 경험을 존중하는 것이다. 저자의 이런 주장은 "사랑의 첫 번째 임무는 귀 기울여주는 것이다"라는 폴 틸리히의 말을 떠올리게 한다. 자신의 잣대로 함부로 남을 판단하고, 남이야 듣든 말든 내 할 말만 소리 높여 외치는 것이 일상화된 우리 사회, 나와 다르면 무조건적으로 간주하며, 이질적 요소를 똑같이 만드는 것을 안정과 평화라고 생각하는 '정상적' 사람들이 넘쳐나는 우리 사회를 보면서 랭은 무슨 말을 할까?

랭은 "정신이상이란 미친 듯한 세상에 완벽하게 합리적으로 적응한 것이다"라고 말했다. 한 사회가 구성원 전부를 끝도 모를 무한 경쟁 속에 던져 넣고, 살아남는 소수에게만 행복을 약속할 때, 이러한 경쟁에서 뒤처지는 사람과 적응하지 못하는 사람에게는 가혹한 낙인을 찍을 때, 이토록 병든 세상에서 정상인이란 과연 어떤 의미를 지닐까? 오늘 우리 사회는 무조건적 순응을 거부하고, 목소리 높여 자신의 이야기를 들어줄 사람을 찾는 그들에게 과연 손가락질을 할 수 있을까?

사람으로 산다는 것은 자신만의 무거운 짐을 지고 고독한 길을 걷는 것이다. 조현병 환자들도, 그들을 진심으로 존중하고 그들의 이야기에 귀 기울였던 랭도, 그리고 이 책을 읽고 있는 우리 모두도 저마다 무거운 짐을 지고, 남모르는 아픔을 참아가며 자신의 길을 걷고 있다. 지금 우리에게는 무한 경쟁을 위한 바쁜 걸음을 잠시 멈추고, 곁에 쓰러진 사람의 아픔과 고통의 절규에 진심으로 귀를 기울일 여유가 필요하다. 랭의《분열된 자기》마지막 책장을 덮는 순간 이안 맥클라렌Ian Maclaren의 조언이 떠오른다.

"항상 친절하십시오. 당신이 만나는 모든 사람은 힘든 싸움을 치르고 있기 때문입니다."

이천에서
옮긴이

찾아보기

옮긴이 **신장근**

미국페퍼다인대학에서 임상심리학석사과정을 마치고 아주대학교에서 심리
학박사과정을 수료했다. 옮긴 책으로 《심리치료 사례의 통합적 해석》(2011, 동
문사), 《그림자 밖으로―성중독의 이해》(2011, 시그마프레스), 《권력과 거짓순
수》(2013, 문예출판사), 《신화를 찾는 인간》(2015, 문예출판사), 《창조를 위한 용
기》(2017, 문예출판사)가 있다.

분열된 자기

1판 1쇄 발행 2018년 11월 20일
1판 2쇄 발행 2019년 1월 10일

지은이 로널드 랭 | 옮긴이 신장근
펴낸곳 (주)문예출판사 | 펴낸이 전준배
출판등록 1966. 12. 2. 제 1-134호
주소 03992 서울시 마포구 월드컵북로 6길 30
전화 393-5681 | 팩스 393-5685
홈페이지 www.moonye.com | 블로그 blog.naver.com/imoonye
페이스북 www.facebook.com/moonyepublishing | 이메일 info@moonye.com

ISBN 978-89-310-1123-4 93180

이 도서의 국립중앙도서관 출판예정도서목록(CIP)은 서지정보유통지원시스템 홈페이지
(http://seoji.nl.go.kr)와 국가자료공동목록시스템(http://www.nl.go.kr/kolisnet)에서
이용하실 수 있습니다. (CIP제어번호: CIP2018035030)